삼박자
투자법

슈퍼개미 이세무사의
성공을 부르는 밸런스 주식투자

삼박자
투자법

이정윤 지음

이레미디어

변화에 적응하고 꿈꾸는 사람만이
미래를 대비할 수 있다!

개정판을 준비하면서 당연히 초판을 꼼꼼히 확인하며 수정할 부분을 작성해나가는 작업을 했습니다. 졸저인지라 부족한 부분도 많이 눈에 보였지만 최대한 수정을 자제하되, 구체적인 사례로써 시간이나 종목이 나온 부분은 과감히 전면 수정하였습니다. 또한 부록 부분은 5% 공시 종목이었던 샘표식품 분석을 제외하고는 새로운 내용으로 채웠습니다.

그 이유는 주식시장은 살아있는 유기체로써 생동감 있게 움직이기 때문입니다. 3년 전 상황에 맞게 든 사례가 현재에는 조선 시대의 갓을 쓰고 있는 것처럼 오래된 느낌을 받았습니다. 최근의 종목들로 사례를 재구성하면 현재 수식투자를 하는 독자들에게 제대로 많은 도움을 줄 수 있을 거라고 확신했기 때문입니다.

제가 주식시장에 20년 이상 참여하면서 살아남은 가장 큰 이유 중 하나는 변화에 적응하는 속도 그리고 미래를 대비하는 판단력이라고 봅니다. IMF, 인터넷 혁명, 밀레니엄 파동, 미국 9·11테러, 미국발 금융위기, 북미 정상

회담, 최근 진행되고 있는 제4차 산업혁명과 코로나19로 인한 위기의 시대까지 주식시장의 변화에는 시대의 경제 상황, 기술혁신 심지어 바이러스 확산까지도 중요한 계기가 된다는 것을 알아야 합니다. 이러한 중요한 변화의 시기에 대응하고 미래를 준비하는 자세야말로 자본주의를 살아가고 주식투자를 하는 우리에게 선택이 아닌 필수적인 덕목이라고 할 수 있습니다.

우리에게 4차 산업혁명으로 인한 기술혁신이야말로 경제성장의 최고의 원동력이라는 경제학의 가르침을 다시 한번 되뇌게 합니다. 먼 나라 이야기인 줄 알았던 테슬라의 지속성장으로 우리나라 산업의 지각변동이 일어나 2차전지 산업의 비약적인 성장이라는 결과가 나왔을 뿐 아니라 우리나라 투자자들의 미국투자가 늘어나면서 급기야 테슬라 지분의 1%에 육박하여 '한국 개미'들이 테슬라 10위 주주가 되었다는 기사가 나오고 있는 현실입니다. 가치주보다는 성장주의 시대가 도래한 것이며 이러한 변화에 적응하고 미래에 대비하고 있어야 한다는 뜻입니다.

코로나19로 인하여 거래소 지수 35%, 코스닥 지수 40%의 급락이 한 달 가까이 지속되면서 2020년 3월 19일에는 투매가 나오는 상황까지 갔습니다. 하지만 마지막 투매일을 기점으로 과거의 경험을 바탕으로 급락장 이후에 급등장이 온다는 학습효과를 가지고 있는 스마트머니들이 시장에 급속도로 진입했고, 주식투자 열풍이 이어지면서 '동학개미운동'이라는 신조어가 등장하기도 했습니다. 다만 아쉬운 점은 진입 타이밍은 좋았지만, 진입 종목이 좋지 않았다는 것이 여러 데이터로 알려지면서 '초심자의 행운'이 가득했을 법한 시기에 들어온 초보 투자자들이 앞으로 얼마나 어려움을 겪을지 걱정이 되기도 했습니다.

주식시장에 20년 이상 참여한 제가 느끼는 최근 시장의 변화는 이러합니다.

1. 시장참여자와 예탁금의 증가, 한시적이긴 하지만 공매도 제한
2. 미국증시의 신고가 행진, 그 중심축에 있는 4차산업혁명 관련 기술 성장주
3. 성장주의 시대를 이끈 기술혁신과 제로금리가 더 지속될 가능성
4. 코로나로 인한 유동성이 코로나로 인한 실적 악화를 이기는 유동성 장세

물론 이러한 변화 때문에 상승이 지속되었고, 언젠가는 고점을 찍고 하락장세가 기다리고 있을 것입니다. 그것이 언제인지는 알 수 없지만, 공매도 재개, 기술성장주의 거품, 금리 인상, 실적하락 등의 악재가 부각되면서 말입니다. 코로나19 이후에 5월 위기설, 6월 위기설, 7월 위기설, 8월 위기설, 9월 위기설, 매달 위기설은 계속되고 있지만, 시장은 계속 우상향 순항 중입니다. 여기서 주식투자는 예측과 대응이라는 말을 떠올려봅니다.

사실, 외국인과 기관 투자 주체를 제외한 개인투자자의 경우 예측보다 대응이 더 중요합니다. 투자자금이 수조 원 이상인 펀드매니저들의 경우 하루에 매수매도를 할 수 없기 때문에 시장 예측에 근거하여 중장기 포지션을 구축할 수밖에 없습니다. 그래서 예측이 더 중요합니다.

반면 투자자금이 적은 우리 개인투자자들의 경우에는 논리적이고 합리적인 결정을 내리는 결단력만 가지고 있다면, 시장 상황에 따라서 단기간에 매수매도를 하면서 포지션 변경이 가능합니다. 이것은 예측보다 대응이 훨씬 더 중요하다는 뜻입니다. 따라서 요즈음의 강세장을 충분히 즐기고, 하락 변곡의 조짐들이 나오는 시기가 오면 그때 보수적인 투자전략을 세워 대응하는 것이 최근 장의 가장 적합한 투자전략입니다.

초판이 출간된 지 3년 지났습니다. 그 당시 책에 저의 꿈 세 가지를 적었습니다. 작가로서의 꿈, 선생님으로서의 꿈, 사업가로서의 꿈입니다. 3년 동안 꿈을 위해서 열심히 살아왔습니다. 주변에서는 '이제 쉬어도 되지 않아'라고 말씀을 많이 합니다. 하지만 꿈이 있는 한 아직 쉬고 싶지 않습니다. 작가로서 《삼박자 투자법》의 후속편인 《슈퍼개미의 왕초보 주식수업》을 출간했습니다. 선생님으로서 다수의 방송, 강연, 유튜브 등에서 주식투자 교육 활동도 진행하였습니다. 사업가로서 '밸런스투자아카데미'와 '밸런스에셋' 등을 설립하여 재테크 분야의 자격증과 지식, 경험을 쌓아온 것을 바탕으로 종합재테크 컨설팅 분야에서 고객들을 부자로 만들기 위해 부단히 노력하고 있습니다. 저의 꿈은 계속 진행 중입니다. 여러분의 꿈도 계속 진행할 수 있기를 두 손 모아 기원하고 힘차게 응원합니다.

두 권의 책, 《삼박자 투자법》과 《슈퍼개미 왕초보 주식수업》을 내주신 이레미디어 대표님께 진심으로 감사의 말씀을 드립니다. 그리고 밸런스에셋과 밸런스투자아카데미에서 저와 호흡을 맞추며 주식투자 교육과 재테크 컨설팅을 해주는 밸런스 식구들, 유튜브 '슈퍼개미 이세무사TV' 구독자님들을 비롯한 블로그, 카페, 팟빵, 강연회 등에서 응원해주셨던 수많은 주식 제자, 아니 주식 동지들께 꼭 성공투자로 부자되는 그날까지 손잡고 함께 하자고 말씀드리고 싶습니다. 마지막으로 사랑하는 가족을 비롯한 모든 지인들의 건강과 행복을 기원합니다.

독자 여러분 모두 성공투자해서 행복하기 바랍니다. 파이팅!

– 늘 꿈꾸는 성실한 이세무사

○

차례

지은이의 말 | 변화에 적응하고 꿈꾸는 사람만이 미래를 대비할 수 있다! 004

Part

1 성공투자 8단계, 8T 성공법칙

1장 Type 당신의 투자타입을 알라

당신의 투자타입은? 022
당신의 투자전략은? 029

2장 Term 당신의 투자기간을 결정하라

재테크에서 라이프사이클은 중요하다 041
왜 투자기간을 결정해야 하나? 043
투자기간에 맞는 실전투자전략 만들기 046

3장　Trading 트레이딩 개념을 이해하라

당신은 투자하는가, 매매하는가?　053

가치를 볼 것인가, 가격을 볼 것인가?　055

가치냐 가격이냐, 전략이 다르다　059

'가격'을 제대로 이해해야 한다!　064

4장　Top-Down 통찰력을 갖고 선택과 집중을 하라

탑다운과 바텀업, 관점의 차이　068

탑다운 방식의 유용성　069

탑다운 방식 투자전략　072

5장　Trend 시장의 흐름을 읽어라

시대의 흐름, 트렌드를 읽어라　078

주식시장의 트렌드, 그 이중적 의미　079

추세분석 실전투자전략　081

6장　Technique 나만의 기법을 개발하라

왜 테크닉이 필요한가?　087

1단계 : 전통적 주식투자 분석기법　089

2단계 : 테크닉 숙달하기　096

3단계 : 테크닉 창조하기　097

나만의 기법을 개발하라　099

7장	Training 반복해서 훈련하라

주식 트레이닝이란 무엇인가? **103**
어떻게 트레이닝할 것인가? **105**
최종 단계 : 실전매매 트레이닝 112

8장	Try 시도하라, 시도하라, 그리고 또 시도하라

끊임없이 좌절하고 시도하라 **116**
재도전의 관건은 자금관리다 **118**
생존을 위한 나만의 자금관리 원칙 만들기 **121**

Part

2 이세무사 실전투자기법, 8테크

9장	투자기법 1 삼박자 투자법

삼박자 분석법이란? **132**
재무제표 분석에서 출발하기 **135**
차트분석에서 출발하기 **136**
새료분석에서 출발하기 **138**
결국 필요한 것은 지식과 경험이다 **139**

10장	투자기법 2 시가총액 비교법

주가 vs 시가총액, 비교해보자 **143**

PER vs 시가총액, 비교해보자 **146**

시가총액 상위종목 순위를 비교 분석해보자 **148**

동종업계 시가총액 순위를 비교 분석해보자 **151**

소형주 혹은 대형주, 공략에 유리한 쪽은? **153**

11장 **투자기법 3 분산투자기법**

분산투자란 무엇인가? **157**

분산투자만의 장점이 있다 **159**

포트폴리오 구성 방법_섹터냐 종목이냐? 161

매매시점 분신투자 vs 매매가격 분산투자 **163**

12장 **투자기법 4 상한가 매매기법**

왜 상한가분석을 할까? **169**

상한가종목 분석을 어떻게 해야 하나? **170**

직접매매 적용 I _연속상한가종목의 공략 172

직접매매 적용 II _강한 갭상한가종목의 공략 174

간접매매 적용_테마주 공략 177

13장 **투자기법 5 짝짓기 매매기법**

보완재와 대체재, 개념이해를 하자 **180**

짝짓기 매매 I _테마주 매매 184

짝짓기 매매 II _지분 관계회사 187

14장 **투자기법 6** 신고가종목 매매기법

추세매매란 무엇인가? **192**

상승추세종목은 어떻게 포착할 것인가? **193**

신고가종목 매매기법이란? **197**

불을 탈 것인가, 물을 탈 것인가? **199**

15장 **투자기법 7** 신규상장주 공략법

공모주 투자란? 신규상장주 투자란? **202**

신규상장주 공략의 진정한 의미 **207**

신규상장주 직접공략법 **209**

신규상장주 간접공략법 **212**

16장 **투자기법 8** 생활 속의 종목발굴법

일상생활도 주식투자에 미쳐야 한다 **215**

생활 속에서 어떻게 종목을 발굴하나? **217**

생활 속 종목 매수 시 주의사항은? **223**

Part

3 성공투자를 위한 꿀팁, 8Tip

17장 **주식투자자의 자질**
어떤 능력이 필요한가?

주식투자자의 자질 1_창의력 230
주식투자자의 자질 2_기억력 231
주식투자자의 자질 3_통찰력 232
주식투자자의 자질 4_분석력 234
주식투자자의 자질 5_결단력 236
주식투자자의 자질 6_자제력 238
주식투자자의 자질 7_호기심 239
주식투자자의 자질 8_성실성 241

18장 **주식투자자의 지식**
무엇을 알아야 할까?

주식투자자의 지식 1_자본 245
주식투자자의 지식 2_이익 248
주식투자자의 지식 3_배당 250
주식투자자의 지식 4_주가 253
주식투자자의 지식 5_차트 256
주식투자자의 지식 6_위험 혹은 리스크 258

19장 **주식투자자의 심리**
어떻게 마음을 다스릴 것인가?

주식투자자의 심리 1_심리적 안정이 필요하다 262
주식투자자의 심리 2_아무도 믿지 마라 264

주식투자자의 심리 3_이것 또한 지나가리라 266
주식투자자의 심리 4_주식, 참 어렵다 267

20장 주식투자자의 경험
무엇을 겪을 것인가?

주식투자자의 경험 1_시장위험과 개별위험 272
주식투자자의 경험 2_해외증시 상관관계 275
주식투자자의 경험 3_주말/연휴/연말/연초, 시기별 대처 277
주식투자자의 경험 4_폭락장 대처 279

21장 주식투자자의 동기부여
어떻게 동력을 부여할 것인가?

주식투자자의 동기부여 1_왜 동기부여가 중요한가? 284
주식투자자의 동기부여 2_왜 부자가 되고 싶은가? 285
주식투자자의 동기부여 3_왜 주식투자를 하는가? 289
주식투자자의 동기부여 4_성실하게 투자하고 있는가? 291

22장 주식투자자의 투자일지
늘 작성하고 작성하라

주식투자자의 투자일지 1_기록은 늘 중요하다 295
주식투자자의 투자일지 2_단기매매 296
주식투자자의 투자일지 3_관심종목분석 302
주식투자자의 투자일지 4_수익률분석 305

23장 주식투자자의 즐거움
주식투자를 즐기는 다양한 방법

주식투자자의 즐거움 1_인생이 주식투자 308

주식투자자의 즐거움 2_건강과 주식투자 310

주식투자자의 즐거움 3_취미와 주식투자 314

주식투자자의 즐거움 4_앉으나 서나 주식생각 317

24장 주식투자자의 성공
나는 이렇게 성공했다

주식투자자의 성공 1_성공담과 실패담 328

주식투자자의 성공 2_세상 밖으로 나온 이유 337

주식투자자의 성공 3_꿈은 계속 된다 342

부록

부록 1 삼박자 투자법에 의한 종목선정 사례 345

부록 2 투자일지 사례 371

부록 3 테마주 분석사례 387

Three
rules
of
investing

PART 1

성공투자 8단계,
8T 성공법칙

욕심보다 중요한 것!

지금, 자신이 성공투자로 가는 길을 알고 있다고 생각하는가? 만약 모른다면 혹시 지금 너무 쉽게 주식투자를 하고 있지 않은지 되돌아봐야 한다. 아무 준비 없이 주식투자 세계에 들어와 주식투자가 무엇인지 제대로 파악하지 못한 채 주식시장의 하이에나들에게 생살을 뜯기고 있는 것은 아닌지 생각해봐야 한다. 혹은 기본도 모르면서 알고 있다고 착각하고 있는 것은 아닌지 고민해봐야 한다. 결국 어느 분야든 기본은 중요하며, 주식투자에서도 예외는 아니다. 서지 못하면 뛸 수 없다. 이런 평범한 진리를 생각하면 주식시장에서 스스로 바로 설 수 있는 기본의 중요성을 명심해야 한다. 당장 수익을 내려는 욕심보다는, 주식투자의 기본을 쌓고자 하는 생각으로 천천히 한걸음 한걸음 나아가야 한다.

8T 성공법칙

모든 일에는 단계가 필요하다. 구구단도 1단부터 9단까지 순서대로 외워야지 1단도 모르면서 9단을 외울 수는 없는 법이다. 1부는 1장부터 8장까지 성공투자로 가는 길이 단계식으로 구성되어 있다. 각 장은 T로 시작하는 단어인 Type, Term, Trading, Top-down, Trend, Technique, Training, Try를 키워드로 구성되어 있다. 이 8개의 단어는 주식투자의 핵심개념으로, 8T의 어덟 단계를 따라 계단을 오르다 보면 어느 순간 시장에서 지지 않는 투자가로 거듭나 있음을 느끼게 될 것이다.

성공하고 싶다면 기본에 충실해야 하지만, 정작 기본이 무엇인지 모르는 경우가 많다. 1부에서는 성공투자를 위한 기본을 단계별로 묶었다. 중국인들에게 '8'이라는 숫자가 돈을 버는 숫자의 의미로 받아들여지듯이, '8T 성공법칙'이 수익률 향상을 위한 작은 씨앗이 되었으면 한다.

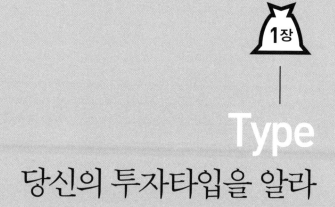

Type

당신의 투자타입을 알라

당신의 투자타입은?

누구나 자신만의 이상형이 있다. 또 사람에 따라 이상형 타입^{Type}도 서로 다를 것이다. 자신의 타입과 상대방이 좋아하는 타입이 일치하도록 노력하는 것이 사랑받는 가장 좋은 방법일 것이다.

그렇다면 주식시장은 어떨까? 주식시장에서는 어떻게 타입을 구분하며, 그 타입을 시장에서는 이렇게 받아들이고, 또한 타입에 따른 투자전략은 어떻게 달라질지 진지하게 생각해봐야 한다. 다음에 나오는 6가지 기준에 따라 자신의 타입을 나누고 결정하는 것이 주식투자의 첫걸음이다. 지피지기면 백전백승이라 했다. 전투에서 승리하기 위한 첫걸음은 자기 자신을 아는 것이다.

💰 얼마나 투자에 열중할 수 있나?_전업투자자, 프리랜서, 직장인

주식투자를 사업처럼 하라고 한다. 다르게 표현하면 쉽게 투자하지 말고, 사업자등록증을 내고 사업을 하듯이, 주식투자를 함에 있어서도 신중하게 최선을 다해서 하라는 뜻일 것이다. 심하게 말하면 학창시절에 시험을 잘보기 위해 열심히 공부하는 것처럼 해야 한다. 주식투자도 비슷한 이치로 생각하면 될 듯하다. 공부든 사업이든 주식투자든 다를 리 없다. 투입된 노력과 그 산출물은 비례하는 법이며, 그래서 주식투자자는 주식투자에 최선을 다하고 결과를 기다려야 한다.

하지만 모든 투자자가 똑같이 최선을 다한다고 해도 개인별로 노력하고 투자할 수 있는 시간은 서로 다를 수밖에 없다. 우리나라에서 장중 시간은 오전 9시부터 오후 3시 30분까지다. 이 6시간 30분 동안 전력으로 가능한가, 아닌가에 따라 주식투자 전략이 크게 달라진다. 장이 열려 있는 시간 내내 전부 매매에 집중할 수 있다면 전업투자자이고, 거의 집중할 수 없다면 직장인 투자자일 것이고, 그 중간형이라면 아마도 프리랜서 투자자라고 정의할 수 있을 것이다.

즉 주식투자에 투입할 수 있는 시간, 특히 개장시간 중에 어느 정도 시간을 할애할 수 있느냐에 따라 '전업투자자', '프리랜서', '직장인'이라고 타입을 나눌 수 있다. 타입에 따라 각기 다른 투자전략을 세워야 한다.

💰 지식과 경험은 어느 정도인가?_상급, 중급, 하급

주식투자도 바둑의 급수처럼 등급을 나눌 수 있을까? 있다고 생각하면 있고, 없다고 생각하면 없다. 그나마 수치로 규격화된 등급은 딱 하나라고 본다. 아마도 계좌잔액의 수익률이 아닐까? 그래서 주식투자를 수익률게임이라고 하고, 실제 증권회사에서도 매년 수익률게임대회를 개최하는 것이다.

그렇다면 계좌의 장기적인 수익률곡선으로 그 사람의 주식투자 등급을 평가할 수 있을까? 당연히 그렇다고 본다. 주식투자의 절대적이며 기본적인 목적은 수익을 내는 것이니 계좌의 장기적인 수익률곡선으로 투자자의 등급을 평가할 수 있다. 미국의 피터 린치나 워런 버핏 등의 투자자를 전설로 추앙하는 이유도 결국 장기적인 수익률곡선으로 자신들의 높은 수준을 증명하였기 때문이다. 하지만 이러한 것도 일부의 사례이고, 모든 투자자의 계좌수익률을 우리가 확인할 수 있는 방법은 없다.

그래서 지식과 경험을 상, 중, 하 등급으로 나누는 것이 중요한 의미가 있다. 장기수익률곡선이 우상향할 수 있는 확률과 정의 상관관계가 있기 때문이다. 즉 다음과 같이 분류할 수 있다. 자신의 지식과 경험의 등급을 생각해보고 투자전략을 세워야 한다.

- 지식 및 경험 상급 : 5년 이상 실전투자를 하면서 열심히 연구분석을 한 투자자로, 이러한 유형은 어느 순간부터 계좌진액이 우상향할 확률이 높다.
- 지식 및 경험 중급 : 2년 이상 실전투자를 하면서 열심히 연구분석을 한 투자자로, 계좌잔액이 하방경직성을 확보할 확률이 높다고 할 수 있다.
- 지식 및 경험 하급 : 2년 미만 실전투자를 한 투자자들로, 만약 현재 계좌에 수익이 많이 나고 있다하더라도 운이 좋았다고 생각해야 한다. 더 열심히 연구분석하며 경험을 쌓아가야 한다.

💰 위험에 대한 반응은 어떠한가?_위험선호, 중립, 회피

재무관리에서는 모든 합리적인 투자자는 위험을 회피한다고 가정한다. 즉 모든 투자자들은 위험회피형이라서 확실한 100원과 불확실한 100원 중, 확실한 100원을 선택한다는 것이다. 만약 불확실한 대안을 택한다면 기대가치는 110원 정도는 되어야 하고, 이 10원의 차이가 위험에 대한 프리미엄인 위험프리미엄이라는 것이다.

그런데 정말 앞의 예처럼 모든 사람들이 합리적으로 택할까? 세상의 모든 투자자들은 위험에 대해 프리미엄을 받아야 할 만큼 회피해야 할 것으로 여길까? 개인적인 견해로는 이론과 실제는 전혀 다르다고 생각한다. 복권의 평균환급률 50%, 경마장의 평균환급률 73%, 카지노의 평균환급률이 90%임에도 많은 참가자들이 복권을 하고 게임을 즐기고 도박을 한다. 위험회피자가 아니고 위험선호자라는 뜻이다. 위험프리미엄을 더 받아 불확실한 110원과 확실한 100원을 동일하다 생각하는 것이 아니라, 도박참가비를 더 내면서까지 불확실한 50원과 확실한 100원을 동일하게 생각한다는 것이다.

그렇다면 주식은 다를까? 우선 주식시장에서 주식투자자의 위험선호 현상을 살펴보자. 주식투자에서 종목에 대한 위험계수를 통상적으로 베타로 표현한다. 시장 전체, 즉 지수의 움직임에 반응하는 계수인 베타계수는 정확한 측정이 불가능하다. 하지만 통상적으로 소형주의 베타가 대형주에 비해서 높다고 본다. 이건 직관적으로 봐도 당연한 이치다. 가벼울수록 쉽게 움직인다는 논리이다.

지금 이 책을 읽고 있는 독자들이나 보통 투자자들은 삼성전자를 사는가? 테마주를 사는가? 아마도 대다수의 투자자들은 고베타 종목을 선호할 것이고, 그것은 위험을 선호한다는 뜻과 같다. 심지어는 관리종목이나 우선주 매매에 치중하는 투자자도 있다. 이들은 틀림없이 위험선호형이다.

💲 당신의 재능은 분석인가, 매매인가?_펀드매니저, 트레이더, 애널리스트

증권사, 자산운용사, 투자자문사 등 주식투자 관련 기관들의 인적구성은 관리직 스태프를 제외하면 크게 펀드매니저, 트레이더, 애널리스트, 3가지로 나눌 수 있다. 이들은 기관의 형태에 따라 펀드매니저가 주역할을 할 수도 있고, 트레이더가 주 역할을 할 수도 있고, 애널리스트가 주 역할을 할 수도 있다.

예를 들면 펀드매니저는 스포츠 팀 감독과 비슷하다. 전체 펀드규모를 파악하고 규모에 따라, 지역/자산/위험에 따라 어떻게 자산배분을 할지 결정해야 한다. 반면 트레이더는 스포츠 팀에 속한 선수와 비슷하나, 주어진 규모의 자금을 이용해 수익을 내야 한다. 자신만의 룰 또는 회사의 룰을 지키면서, 결국 수익률로 보여주어야 한다. 마지막으로 애널리스트는 감독과 선수처럼 경기에 직접 참여하지 않지만, 경기에 이기기 위해 상대팀 분석을 해서 리포트를 작성하는 구단 내 코칭 스태프와 같은 역할을 한다.

그렇다면 당신의 재능은 어떤 유형인가? 당신이 어느 쪽에 가까운지 생각하고 거기에 맞는 투자전략을 세워야 한다.

- 펀드매니저 유형 : 전체 자금을 배분하고, 투자의 큰 그림을 그린다.
- 애널리스트 : 차분하게 기업분석을 한다.
- 트레이더 : 매일매일 긴장하고 하루하루의 수익률을 즐긴다.

💰 당신은 인베스터인가, 트레이더인가, 갬블러인가?

인베스터와 트레이더의 차이점은 무엇일까? 우선 트레이더는 거래자다. 사고팔고를 반복하는 사람이다. 반면에 인베스터는 투자자다. 사고팔고가 목적이 아니라 향후 증가되는 가치가 목적인 것이다. 즉 단기적인 가격변동에 따른 시세차익이 목적인 경우라면 트레이더, 장기적인 가치변동에 따른 배당과 시세차익이 목적인 경우라면 인베스터라고 할 수 있다. 트레이더와 인베스터의 가장 큰 차이점은 투자기간, 그리고 가치변동과 가격변동 중 중요한 투자요인으로 무엇을 생각하는지의 차이라 할 수 있다.

그렇다면 갬블러와 트레이더 차이는 무엇일까? 트레이더는 사고파는 것, 즉 매매에서 분석에 따른 명확한 근거가 있다. 반면에 갬블러는 매매에서 근거 없이 홀짝의 개념으로 감®에 의해 매매에 임한다고 볼 수 있다. 이기면 2배를 주는 홀짝 게임에서 홀 또는 짝에 베팅하는 것은 분석이 아니라 감에 의한 것이다. 홀이 세 번 나온다고 다음번에 짝에 베팅을 하는 것은 분석이 아니다. 이는 독립적 확률에서 이미 시행된 사건은 다음에 나올 사건의 확률에 아무 영향을 못 미치기 때문이다. 근거 없는 예측은 분석이 아니다. 즉 트레이더는 매수의 근거, 매도의 근거를 연구분석한 후에 결정하는 사람이다. 갬블러는 홀짝의 개념으로 '오르겠지, 아니면 떨어지겠지' 등의 감으로 결정하는 사람이다.

💰 대상에 대한 집중도는 어느 정도인가?_스페셜리스트, 멀티플레이어

대상에 집중하는 것, 집중력은 주식투자 세계만이 아니라 사실 인생을 살아가는데 굉장히 중요한 개념이다. "한 우물만 파라"가 좌우명인 스페셜리스트가 될 것인가? 아니면 융복합의 시대에서 통합적 시각을 가지는 멀티플레이어가 될 것인가? 아니, 너무 멀리 나가지는 말고 주식투자에 국한해서 얘기해보자.

주식투자에서 스페셜리스트는 여러 가지 기법 중 한두 가지 기법, 또는 여러 가지 업종 중에 한두 가지 업종 등에 국한해 연구하고 매매하는 사람을 말한다. 실제로 미국의 트레이더 중에는 애플 한 종목만 수년째 매매하거나 특정 상품 또는 특정 외환선물 등 한 종목만 매매하는 이들이 상당수라고 한다. 반대로 멀티플레이어는 여러 가지 기법을 사용하고, 전체 종목을 연구하고, 시장 전체를 먼지 보고 매매하는 투자자라고 할 수 있다.

만약 투자범위를 주식 이외 것으로 넓혀 본다면 주식에만 투자하는 투자자를 스페셜리스트, 주식을 비롯해 부동산이나 다른 금융상품을 함께 투자한다면 멀티플레이어로 볼 수 있을 것이다. 결국 스페셜리스트와 멀티플레이어의 구분은 투자범위 또는 관심범위에 따라서 달라지는 것이다.

당신의 투자전략은?

자, 이제 주식투자를 해야 한다. 그런데 선택할 사항이 많은가? 당연히 많다! 거래를 위한 계좌를 만들 때 어느 증권사를 선택할지 결정해야 하는 것을 시작으로 주식투자는 선택의 연속이다. 계좌에 돈은 얼마나 입금할지(투자규모), 언제 돈을 다시 출금할지(투자기간), 어느 종목을 살지(투자대상), 어떻게 고를지(투자기법) 등 수많은 선택의 기로에 서게 된다. 인생은 B^{birth}와 D^{death} 사이의 C^{choice}라고 하지 않는가? 주식도 마찬가지다. 주식은 선택의 연속이며, 최고의 선택이 이어졌을 때에야 투자성과가 성공으로 귀결될 수 있다. 갈림길에서 올바르게 선택하기 위한 전제조건은 자기 자신의 타입을 알고 그에 맞는 적절한 투자전략을 세우는 것이다.

투자자의 타입은 앞서 설명한 6가지 카테고리로 단순화시켜서 구분할수 있다. 같은 논리로 투자전략도 타입별로 쉽게 이해할 수 있을 것이다. 세상에는 수백, 수천 가지의 투자전략이 있을 수 있지만 단순하게 기본적 특성에 따라 3가지로 나눠볼 수 있다.

① 투자기간 : 장기투자 VS 단기투자
② 분석관점 : 탑다운 VS 바텀업
③ 종목분석방법 : 기본적 분석 VS 기술적 분석 VS 재료분석

앞에서 6가지 사항으로 투자자 타입을 구분했다. 그렇다면 투자자 타

입에 따라 투자전략은 어떻게 적용되는 것이 합리적인지 살펴보겠다. 다만 미리 당부하고 싶은 것은, 여기에서 제시하는 구분법은 필자의 경험에 의한 판단이지 절대불변의 진리는 아니다. 각각의 투자타입에 어울리는 투자전략을 제시하는 것도 역시 주관적인 판단일 뿐이다. 다만 자신의 투자타입을 분석하고, 어울리는 투자전략을 결정하는데 도움이 되기를 바란다.

💰 얼마나 투자에 열중할 수 있나?_전업투자자, 프리랜서, 직장인

주식투자에 활용할 수 있는 시간이 많을수록 단기투자, 탑다운, 재료분석, 기술적 분석이 유리하다. 주식투자에 활용할 수 있는 시간이 적을수록 장기투자, 바텀업, 기본적 분석이 유리하며 장중시간이 9시부터 3시 30분까지임을 고려하면 더욱 그러하다. 장중에 시간을 투입할 수 없다면, 단기투자나 재료분석 투자는 불가능하기 때문이다.

만약 주식투자를 하려는데 직장인이라면, 스마트폰으로 단기투자를 하는 어리석음을 범하지 말아야 한다. 목숨 걸고 단기매매하는 단기트레이딩 전업 투자자가 많다. 그런데 이들을 상대로 회사에서 몰래몰래 스마트폰을 보면서 단기트레이딩한다고 이길 수 있을까? 불가능에 가깝다. 그렇다고 직장인투자자가 장기투자를 하면 성공할 확률이 높아진다는 것은 아니다. 장마감 이후 장기투자를 위한 기업분석에 시간을 투입할 수 있는지는 별개의 문제이기 때문이다.

여기서 생각해야 할 것은 재료분석, 기술적 분석, 그리고 기본적 분석 중 절대적으로 시간이 많이 걸리는 분석은 무엇인가이다. 이는 지식과 경험의 편차, 3가지 분석의 중요도에 대한 개인의 생각에 따라 다를 것이다. 그래도 절대적인 투입시간만을 고려해보자. 필자 경험에 비추어 판단하면 '재료분석 > 기술적 분석 > 기본적 분석' 순으로 연구시간이 많이 걸린다. 물론 여기서 기본적 분석은 탐방을 제외한 재무제표, 애널리스트들의 리포트, 참고자료 등의 서류검토만을 말한다.

그러나 안타깝게도 많은 직장인 투자자들이 투자에 활용할 수 있는 시간을 고려하지 않고 투자하고 있다. 필자는 직장인들의 현실적인 시간활용을 생각하면, 단기투자의 단점과 장기투자의 장점을 고려해 '기본적 분석─바텀업─장기투자'의 투자전략으로 연구노력해서 종목을 선택 매수하고 장기보유해야 한다고 본다. 하지만 대부분은 재료분석이나 추천종목을 이용하여 단기투자 목적으로 일단 매수하고, 그 종목이 예상과 달리 주가가 하락하면 자의 반 타의 반으로 장기투자 전략으로 전향하게 된다. 즉 처음부터 기본적 분석을 이용해 장기투자 종목을 선정하지 않고 손실이 난 후 의도치 않게 장기투자가 되는 것이다. 이렇게 잘못된 선택을 하는 직장인 투자자는 의외로 많다.

🔅 지식과 경험은 어느 정도인가?_상급, 중급, 하급

앞에서 투자시간에 따른 투자전략을 설명했다. 그런데 지식과 경험에 따라 투자전략을 선택하는 것은 투자시간 기준보다 애매하다. 명확하게 구분 짓는 차이 혹은 등급을 정할 수 없기 때문이다. 주식투자계의 큰 산맥인 제시 리버모어와 워런 버핏의 투자법을 예로 들어보겠다. 제시 리버모어는 단기투자, 탑다운, 재료분석, 기술적 분석의 대가이다. 반면에 워런 버핏은 장기투자, 바텀업, 기본적 분석의 대가이다.

경험과 지식을 기준으로 보면 제시 리버모어식 투자는 경험이 지식에 비해 중요하다. 한마디로 '경험 > 지식'이다. 제시 리버모어의 투자스토리를 보면 극단적인 성공과 극단적인 실패의 반복이라 할 수 있다. 그의 투자는 정답이 없는 상황별 투자전략과 같아서, 책으로 공부하는 지식과는 다르다. 직접 경험하고 느껴봐야 알 수 있는 부분이 크다. 상승장에서 오버슈팅식의 대박과 탐욕, 하락장 및 폭락장에서의 쪽박과 공포, 이런 극단적인 싸이클을 두 번 정도는 경험해봐야 제시 리버모어식 투자를 한다고 할 수 있다.

반면에 워런 버핏은 지식이 경험보다 중요하다. 정리하면 '지식 > 경험'이다. 그래서 워런 버핏식 투자는 정답을 찾아나가는 과정이다. 버핏의 스승 벤자민 그레이엄의 《현명한 투자자》를 시작으로 가치투자자들은 자료를 공유해가며 어떤 방법으로 주식의 적정가치를 산정할 수 있는지 연구했다. 또한 주식이 적정가치를 산정할 수 있으면 주식의 이론가치와 시장가치는 일시적으로 어긋나더라도 결국은 수렴할 수밖에 없다는 논리를 믿고, 연구하고 또 연구해왔다. 이러한 투자전략은 경험보다 지식이 중요하다. 재무제표를 볼 수 있어야 하지만, 단순히 회계사가 보듯이 하는 게 아니라 애널리스트 입장에서 혹은 기업 오너 입장에서 볼 수 있어야 하기 때문이다.

경험과 지식에 근거해서 자신에게 어울리는 투자전략을 선택해야 한다. 본인이 경험보다 지식이 좀 더 강하다고 생각하면 워런 버핏식 투자전략이 맞을 것이다. 반대로 지식보다는 경험이 좀 더 강하다고 생각하면 제시 리버모어식 투자전략이 맞을 것이다.

그렇다면 지식과 경험이 둘 다 약하거나 부족한 초보투자자는 어떤 투자전략을 써야 할까? 필자는 초보투자자라면 워런 버핏식 투자가 좀 더 유리하다고 생각한다. 왜냐하면 경험은 시간이 지나야 쌓일 수 있지만, 지식은 개인의 노력에 따라 빠른 시일 내에 쌓을 수 있기 때문이다. 이제 막 투자를 시작했다면 이것을 생각해야 한다. 지식은 노력과 시간으로 빠르게 쌓을 수 있지만, 상승장과 하락장의 큰 싸이클을 두 번 경험하기 위해서는 최소 10년 정도는 필요하다는 것을 말이다.

💰 위험에 대한 반응은 어떠한가?_위험선호, 중립, 회피

위험회피 경향이 클수록 주식투자 자체가 불가능할 수 있다. 은행, 채권투자에 비해서 위험도가 높은 투자대상이 주식인데, 굳이 위험회피 경향이 다른 사람에 비해 큰 투자자가 높은 위험을 감수해가며 투자할 필요가 있겠는가? 괜히 본인에게 맞지 않는 옷을 입고 고난의 길로 들어설 필요는 없다고 본다. 그래서 이 책에서 말하는 위험회피 성향의 투자자는 주식투자를 감내할 수 있는 정도의 수준이라고 미리 말해두겠다.

주식투자자 중에는 굉장히 공격적으로 미수와 신용을 쓰면서 매매하다가 깡통계좌가 되는 경우가 많다. 어떻게 생각하면 이런 유형이 위험선호형이라고 생각하지만, 아닐 가능성이 크다. 이들은 오히려 위험회피 경향이 큰 주식투자자임에도 불구하고 주식투자에 대한 기본공부가 잘못되어 있어서 위험과 수익률에 대한 개념이 정립이 되지 않은 상태다. 그러다보니 위험은 무시한 채 수익률만 생각하다 공격적인 매매를 하게 된 경우가 대다수이다. 이런 유형이 공격적 매매를 하다가 주식투자에 실패하게 되면 더 좌절하고, 더 힘들어한다. 그러므로 투자자 자신의 위험에 대한 태도를 정확히 인식하고, 그에 따른 투자전략을 수립하는 것은 매우 중요하다.

그렇다면 위험에 대한 태도에 따라서 어떤 투자전략이 어울릴까? 일단 어떤 투자전략이 더 위험하고, 어떤 투자전략이 덜 위험한지를 판단해야 한다. 투자기간별 전략을 보면 단기투자가 장기투자보다 더 안전하다. 장기투자를 선호하는 쪽은 아니라고 하겠지만, 개념적으로는 분명히 그렇다. 위험이라는 것은 고점과 저점의 벌어져 있는 편차라고 이해하면 쉽다. 1개월 투자 후의 고점과 저점의 편차, 10년 후의 고점과 저점의 편차, 어느 것이 클까? 당연히 기간이 길수록 편차는 커진다.

횟수를 고려하면 얘기는 또 달라진다. 10년을 한 종목을 갖고 있는 것, 1개월씩 종목을 변경하며 120번의 매수 혹은 매도를 반복하는 것 중 어느 것이 위험할까? 좀 애매한 문제이지만 필자는 10년 동안 한 종목을 갖고 있는 것이 더 위험하다고 생각한다. 물론 거래 관련 부대비용은 0으로 가정했을 때 이야기이다. 이것은 분산투자의 개념을 생각하면 된다. 10년을 한 종목을 갖고 있다면 오늘 1만 원짜리가 10년 후에 2만 원 혹은 3만 원이 될 수 있지만, 10년이 되기 전에 상장폐지될 수도 있다. 시장을 보라. 실제로 10년 전에 있다가 지금은 사라진 종목들이 얼마나 많은가? 반대로 120번의 매수, 매도를 반복하는 것은 분산투자의 개념으로 수익이 낮을지 몰라도 위험은 현저히 줄어든 투자전략이 된다(다시 한 번 강조하지만 거래 관련 부대비용을 0으로 가정한다). 이는 1종목을 가지고 있는 것과 120종목을 가지고 있는 것의 종목에 대한 분산효과 또는 1종목에 대해서 한 시점에서 투자하는 것과 120번의 투자시점에 투자하는 것의 시기적인 분산효과를 고려하면 당연한 이치다.

그런데 우리는 왜, 장기투자가 단기투자보다 안정적인 투자전략이라고 오해하고 있을까? 3가지 이유가 있다. 첫째, 거래 관련 부대비용이 훨씬 작기 때문이다. 둘째, 답이 빨리 나오지 않기 때문이다. 단기투자는 답이 빨리 나오니 틀린 결정, 잘못된 투자에 대한 피드백이 된다. 그래서 단기투자 실패 기억이 강하게 남는 것이다. 셋째, 위험과 수익률에 대한 오해이다. 우리는 장기투자로 성공한 사람을 알고 있다. 바로 전설적 투자자 워런 버핏이다. 반면에 단기투자로 성공한 사람을 별로 알지 못한다. 그래서 장기투자로 수익을 더 안전하게 낼 수 있다고 생각하는 것이다.

그러나 세상에 안전하게 수익을 더 많이 내는 방법은 없다. 안전하게 수익을 조금 내든지, 아니면 위험하게 수익을 많이 내든지, 양자택일이 있을 뿐이다. 워런 버핏은 다른 가치투자자에 비해서 위험하게 수익을 많이 낸 투자자라고 보면 된다. 위험과 수익률의 트레이드오프 관계는 재무관리의 기본개념이며, 주식투자에서 반드시 명확하게 인식해야 하는 개념이다. 위험과 수익률, 2가지를 모두 고려할 때 장기투자가 단기투자보다 수익률 측면에서 유리하다면, 당연히 위험 측면에서는 불리할 수밖에 없음은 당연하다.

탑다운과 바텀업 중에는 어느 투자전략이 더 위험할까? 바로 바텀업 전략이다. 탑다운 투자전략은 시장 전체를 보면서 시장이 좋지 않을 때는 현금비중을 높이는 등의 시장위험에 대한 리스크관리가 적용된다. 반면에 바텀업 투자전략은 투자시기를 중요한 요인으로 보지 않고, 현재 거래되고 있는 주가보다 더 낮은 적정본질가치의 기업을 찾아서 매수를 하는 전략이다. 물론 매수 후 보유전략이므로 적정한 종목선정의 여부에 따라 수익률이 높아질 수 있지만 위험 또한 높아질 수 있다.

기본적 분석, 기술적 분석, 재료분석 중에는 어느 분석기법이 가장 안전할까? 기본적 분석이 가장 안전한 방법이라고 할 수 있다. 주식투자에서 가장 큰 리스크는 기업의 부도리스크, 좀 더 정확히 말하면 보유종목의 상장폐지 리스크이다. 앞에서 언급한 장기투자가 단기투자보다 더 위험한 이유는 길어진 투자기간 때문에 부도리스크, 상장폐지 리스크가 더 커지기 때문이다. 즉 재무제표를 바탕으로 기본적 분석을 하지 않고, 재료분석 혹은 기술적 분석만으로 종목선정을 한다면 부도리스크를 회피할 수 없다.

위험 선호 여부에 따라 투자전략을 정리하면 다음과 같다.

- 위험선호 투자전략 : 장기투자, 바텀업, 재료분석, 기술적 분석
- 위험회피 투자전략 : 단기투자, 탑다운, 기본적 분석

💰 당신의 재능은 분석인가, 매매인가?_펀드매니저, 트레이더, 애널리스트

분석 혹은 매매에 대한 투자자의 적성 여부에 따라 구분하는 것은 상식적인 선에서 쉽고 간단하다. 트레이더 타입의 투자자는 제시 리버모어식 투자전략(단기투자, 탑다운, 재료분석, 기술적 분석)이 더 적합하다. 애널

리스트 타입의 투자자는 워런 버핏식 투자전략(장기투자, 바텀업, 기본적 분석)이 더 적합하다. 펀드매니저 타입의 투자자는 양쪽 타입의 중간에서 약간 애널리스트 타입으로 기울어져 있다고 이해하면 좋을 것이다.

- 트레이더 : 제시 리버모어식 투자전략. 단기투자, 탑다운, 재료분석, 기술적 분석
- 애널리스트 : 워런 버핏식 투자전략. 장기투자, 바텀업, 기본적 분석
- 펀드매니저 : 트레이더와 애널리스트 방식의 중간 정도

💰 당신은 인베스터인가, 트레이더인가, 갬블러인가?

앞에서 갬블러 타입의 투자자는 매매에서 정확한 근거 없이 홀짝의 개념으로 접근하는 타입이라고 했다. 이렇게 볼 때 갬블러는 주식투자에 적합하지 않은 투자자, 즉 도박꾼일 뿐이다. 사실 카지노의 도박사들도 환급률을 100% 이상으로 높이기 위해 블랙잭에서 카드카운팅 기법을 연구하다가 카지노 블랙리스트에 오르기도 한다. 이런 마당에 주식투자 승률을 올리기 위해 아무런 노력도 하지 않고 홀짝 개념으로 사고파는 것을 반복한다면, 사실 주식투자를 할 필요는 없다. 그냥 카지노를 가라고 하고 싶다.

필자 개인적으로는 파생상품 투자, 특히 선물옵션 만기일을 하루 이틀 앞두고 외가격 옵션 순매수 포지션을 취하는 경우가 홀짝의 개념으로 매매하는 갬블러 타입의 투자라고 생각한다. 승률은 매우 낮지만, 수익률이 한 번 크게 터지면 소위 말하는 대박이 나기 때문이다. 9·11 테

러 때나 도이치 사태 당시를 생각하면 지속적으로 소액 베팅을 하는 갬블러 타입의 투자자들이 파생상품시장에 존재하는 것은 안타까운 현실이다.

그렇다면 인베스터 타입의 투자자와 트레이더 타입의 투자자들은 어떤 투자전략을 세워야 할까? 정리하면 이렇다. 트레이더 타입은 제시 리버모어식 투자전략(단기투자, 탑다운, 재료분석, 기술적 분석)이 적합할 것이고, 인베스터 타입은 워런 버핏식 투자전략(장기투자, 바텀업, 기본적 분석)이 적합할 것이다.

- 트레이더 투자자 : 제시 리버모어식 투자전략. 단기투자, 탑다운, 재료분석, 기술적 분석
- 인베스터 투자자 : 워런 버핏식 투자전략. 장기투자, 바텀업, 기본적 분석

🏦 대상에 대한 집중도는 어느 정도인가?_스페셜리스트, 멀티플레이어

스페셜리스트 타입의 투지지는 여러 가지 기법 중에 한두 가지 기법을 사용한다고 가정하고, 멀티플레이어 타입의 투자자는 여러 가지 기법을 사용한다고 가정한다면 적절한 투자전략은 쉽게 찾을 수가 있다.

스페셜리스트 타입 투자자들은 초보투자자 시기에 기본적 분석이나 기술적 분석 등 다양한 전략을 학습한 후 본인에게 맞는 투자전략을 선택해야 한다. 그리고 오랜 시간 경험을 해보며 분석법을 갈고 닦아야 한다. 평범한 사람도 전문가로 만든다는 1만 시간 이상을 연구해서 반드

시 한 분야의 전문가가 되도록 노력해야 한다. 반면에 멀티플레이어 타입의 투자자들은 초보투자자 시기에 여러 투자전략에 대한 학습을 해야 한다. 그 후 전체적인 관점에서 시장상황에 맞추어 시기마다 적절한 투자전략을 수립해야 할 것이다.

2장

Term

당신의 투자기간을 결정하라

재테크에서 라이프사이클은 중요하다

　부자들은 재테크를 길게 본다. 인생이 길기 때문이다. 부자들이 하는 재테크를 잘 살펴보면, 어떤 투자대상의 투자여부를 결정할 때 투자기간이 투자결정 선택에 매우 중요한 변수다. 복리의 마법을 알기에 단리의 1회성 투자보다 단기투자의 반복적인 재투자 또는 장기투자 상품에 투자한 후 무한복리를 취하는 선택을 하는 경우가 많다.

　평균수명이 길어지고 있는 100세 시대에 이러한 관점의 투자는 선택이 아니라 필수다. 은퇴 이후 삶의 기간이 너무 길어졌기 때문이다. 자신의 인생에서 라이프사이클을 미리 계획하고 거기에 맞춰 투자가 이뤄져야 한다. 일반적인 재테크 라이프사이클은 수입발생(취업, 사업), 결혼, 출산, 자녀의 진학, 은퇴 등의 중요한 사건에 따라 기간을 나누는데, 이는 이런 중요한 사건에서 수입과 지출에 큰 변화가 생기기 때문이다. 우리나라에서 보통 성인이 되기 전까지는 용돈으로만 생활하다가 20세 중반이 넘어서야 최초의 수입(첫 월급)이 발생한다. 재무제표로 따지면 순자산 혹은 순이익이 최초로 발생한 것이다.

첫 수입 발생 후 그다음 큰 사건은 결혼이다. 결혼은 재테크 라이프사이클에서 큰 지출이 발생하는 사건인데, 낮은 취업률과 임금 수준을 고려하면 개인에게 큰 부담이다. 이런 라이프사이클을 고려하면 사회생활 초기에 모으는 목돈, 시드머니는 상당히 중요하다. 결혼 같은 큰 사건에서 당연히 많은 돈이 들어가지만, 인생이 결혼만 한다고 완결되는 것은 아니지 않은가? 멀리 보고 결혼자금을 최소화해야 한다. 결혼 후에 자녀출산과 자녀진학 같은 매월 고정경비가 들어가는 사건이 있기 때문이다. 이 지점에서도 욕심을 부리기 시작하면 끝이 없기 때문에, 만약 수입을 초과하는 지출이 발생한다면 개인의 재테크 측면에서 회복은 거의 불가능하다. 주식으로 치면 자본잠식기업이 되어 흑자전환하는 턴어라운드 기업이 되기 힘들다는 뜻이다.

왜 그럴까? 과거에는 자녀의 독립 이후 다시 지출이 줄어들면서 부부의 지출만 필요한 시기가 길었는데, 요즘에는 그렇지 않다. 은퇴는 빨라졌고 자녀의 독립은 늦어지는 이중고에 시달리는 것이다. 즉 자녀의 출생부터 경제적 독립 사이에는 지출과 수입이 거의 비슷하거나 혹은 약간의 순수입이 생길 뿐이다. 결국 결혼 전 순수입과 자녀의 독립 이후 은퇴 전까지의 순수입이 은퇴자금이 된다. 은퇴 이후의 삶이 길어질수록 은퇴자금에 대한 대비책 또한 강화되어야 한다.

이러한 라이프사이클을 재무상태표로 빗대면 대부분 자본잠식으로 갈 확률이 높은 것이고, 손익계산서는 적자지속으로 갈 확률이 높은 것이다. 이것을 막으려면 어떻게 해야 할까? 간단한다. 지출을 줄이고, 자기계발을 통해서 사업 또는 근로소득을 높여야 한다. 그래야만 적자가 흑자로 전환된다. 개인도 기업과 마찬가지로 손익계산서상 매년 순이익이 쌓이면 유보금이 쌓이는 것으로 재무구조가 안정될 수 있다. 그렇다고 단순히 그것만으로 끝내서는 안 된다. 현금만 쌓아놓는 회사는 미래이익 혹은 미래성장이 정체된다. 현금자산을 재투자해서 재투자자금이 다시 수익으로 창출되어야 한다. 이것이 바로 돈이 나를 위해 일하고, 돈이 돈을 벌게 하는 것이다.

그렇다면 유보금을 재투자하는 방법에는 무엇이 있을까? 부동산 투자, 주식투자, 채권투자, 예금이나 보험 가입 등 여러 가지 방법이 있다. 부동산은 임대소득, 주식투자는 배당소득, 채권이나 예금 저축성 보험 등은 이자소득 등을 일정하게 발생시켜줄 것이다. 또한 부동산 투자와 주식투자는 매년 임대소득과 배당소득 외에도, 매각을 할 경우 매각차익이라는 특별이익을 발생시킨다. 이런 일련의 과정이 바로 재테크 활동이다. 그런데 이런 재테크 활동과 투자기간Term은 무슨 상관이 있는 걸까?

왜 투자기간을 결정해야 하나?

신문에서 롱텀자금, 숏텀자금, 롱텀투자, 숏텀투자 등의 용어를 접할 수 있을 것이다. 여기서 텀Term은 사전적 의미와 같은 '기간'이다. 기간은 시점과 대비되는 개념이다. 일반적으로 재무상태표는 일정 시점의 재무상태를 말하며, 손익계산서는 일정기간의 손익흐름을 나타낸다. 그래서 재무상태표는 '12/31일 기준'이라는 식으로 기준일이 있으며, 손익계산서는 '1/1-12/31'이라는 식으로 회계연도라는 정해진 기간이 명시되어야 한다. 마찬가지로 롱텀, 숏텀에서의 '텀'은 투자기간, 즉 투자에 자금이 투입될 때 목표(예정)기간을 뜻한다. 따라서 롱텀투자는 장기투자, 숏텀투자는 단기투자와 동일한 뜻이라고 생각하면 된다.

부동산 투자도 기간을 고려한다. 약한 환금성을 생각해 목표투자기간을 세우는 것이다. 그렇다면 주식투자도 부동산 투자처럼 기간에 대한 계획을 세워서 하고 있는가? 예를 들면 이런 식이다. '적금만기가 되어 1억 원의 만기적립금이 생겼는데, 1년 후에 돈이 필요하니 1년만 주식에 투자해야지'라거나 '퇴직금으로 받은 3억 원이 있는데, 은행이자도 낮고 사업할 자신은 없네. 그럼 앞으로 잔여수명을 한 20년으로 잡고 20년 동안 배당금 잘 주는 배당성향 높은 기업 위주로 주식투자를 해야지' 하는 식이다. 바로 이렇게 해야 한다.

대학졸업, 취업, 결혼, 출산, 자녀독립, 은퇴 등 어느 정도는 자신의 라이프사이클을 예상할 수 있을 것이다. 라이프사이클에 맞춰 필요한 자금을 예상할 수 있을 것이다. 또 당장 주식투자를 한다면 투입할 여유자금과 미래에 필요한 소요자금도 예상할 수 있다. 이런 예상에 따라 주식투자기간을 결정할 수 있다.

단기투자와 장기투자는 모든 면에서 완전히 다르다. 투자를 하기 전에 투자기간이 단기인지 장기인지 결정하는 것과 결정하지 않는 것은 투자성공 여부에 큰 영향을 미친다. 또한 필요소요자금 집행시기만 단기투자와 장기투자 결정에 영향을 미치는 것은 아니다. 사실 필요소요자금의 집행시기는 첫 번째 조건일 뿐이다. 만약 장기투자로 정해진다 하더라도 투자자 타입에 따라 예정 투자기간 내에서 전체기간인 장기투자를 할지, 아니면 전체기간을 단기로 쪼개어 단기투자를 수차례 반복하며 재투자할지 결정해야 한다. 투자자 타입에 따른 단기투자 혹은 장기투자 선택은 1장을 참고하면 된다.

하지만 이러한 과정을 거쳐 장기투자 혹은 단기투자를 결정하는 투자자는 거의 없다. 자신의 필요소요자금의 집행시기와 자신의 투자타입과는 상관없이 다른 사람이 이미 내린 결정에 영향을 받고 무작정 따라하려 든다. 워런 버핏이 장기투자로 성공했으니 '우리들도 장기투자만이 살 길이다'라고 외치는 투자자나, 사돈의 팔촌이 나에게만 준다는 매력적이고 비밀스러운 고급정보로 단기투자를 하는 투자자나, 모두 논리가 빈약하다. 다만 우리가 알아야 할 핵심논리는 단기투자는 단기투자대로, 장기투자는 장기투자대로 적정위험과 그 적정위험에 대한 수익률만을 보장받을 수 있다는 것이다. 한마디로 투자기간을 먼저 결정하고 그에 맞는 투자전략을 수립해야 한다.

주식투자의 목적은 무엇일까? 결국 수익을 통한 재산의 증식이다. 이 수익을 얻는데 투자기간의 길고 짧음이 투자성공 여부를 결정하는 것도 아니고, 투자수익률에 영향을 주는 것도 아니다. 그렇다면 투자자는 자신에게 맞는 투자전략이 과연 장기투자전략인지, 단기투자전략인지만 결정하면 된다. 이때 타인이 결정해준 정답을 의심하지 않고 받아들이는 것은 올바른 주식투자자의 자세가 아니다. 단기투자냐 장기투자냐,

선택은 오로지 투자자의 몫이다.

투자기간에 맞는 실전투자전략 만들기

투자기간을 결정한 후 단기투자와 장기투자에 따른 투자전략은 어떻게 수립하는 것이 적절할까? 우선 단기투자는 완전 초단기인 당일매매로 가정하고, 장기투자는 완전 초장기로 Buy&Hold 전략으로 가정해 보겠다. 그렇다면 초단기, 오늘 사서 오늘 팔려고 하는 이유는 뭘까? 이는 위험을 극도로 회피하려는 투자자이다. 주식을 보유하는 것과 현금을 보유하는 것 어느 것이 더 위험한 행위인가? 당연히 주식을 보유하는 것이 위험한 행위이다.

어쩌면 주가가 상승할 주식을 사면 수익이 발생하니 위험하지 않은 것 아니냐고 생각할지 모르겠다. 그렇다면 '위험'이라는 개념을 다시 이해해야 한다. 위험은 미래의 불확실성을 의미하는 것이지 미래의 수익률이 아니다. 오늘의 1만 원은 1년 후에도 변함없이 1만 원이기 때문에 현금은 위험확률도 0%, 기대수익률도 0%인 무위험 자산인 것이다.

즉 오늘 사서 오늘 팔려는 투자자는 원칙적으로 장마감 후 현금보유가 목적이며, 찬스가 왔을 때 주식을 매수하려고 노력하는 투자자이다. 반대로 오늘 사서 보유한다는 것은 위험을 무릅 쓰고 수익률을 극대화하려는 투자자이다. 길고 긴 투자기간 동안 투자한 주식은 크게 오르던 크게 떨어지던, 오늘의 주가보다 변동할 확률이 높다. 이것은 곧 위험이 크다는 말과 같다.

그렇다면 단기투자와 장기투자 중 어느 쪽이 위험감소를 위해 분산투자가 필요할까? 앞에서도 얘기했지만 단기투자에 비해 장기투자가 더 위험한 투자이므로 당연히 장기투자에 필요하며, 필수이다. 상대적으로 단기투자는 선택과 집중효과를 노려야 한다. 정리하면 단기투자는 상대적으로 덜 위험하니 종목 분산 없이 2~3개 종목에 집중해 단기매매 집중도를 높여 수익률 극대화를 추구해야 한다. 반면에 장기투자는 상대적으로 더 위험하니 5~10개 정도 종목에 분산하여 수익률을 조금 낮추는 대신 위험도를 낮추려는 노력이 필요하다.

그런데 이런 실전을 경험하지 못한 1~2년차 투자자들이 소 뒷발 잡듯이 한두 번 낸 수익으로 자신의 실력을 과신하다가 큰 코 다치는 경우가 있다. 한 종목에 1년 동안 100% 수익을 목표로 매수하는 장기투자자들이 간혹 있는데, 그러다가 해당 종목이 상장폐지되어 소리 소문 없이 주식시장에 사라질 수 있다.

반대로 분산효과가 그다지 필요 없는 단기투자에 10종목으로 포트폴리오를 구성하면서 위험을 낮추려는 투자자도 있다. 위험은 낮아질지 모르지만 신경은 신경대로 쓰면서 수익은 생각대로 나오지 않는 방법이다. 그러다가 결국 지쳐서 주식은 역시 장기투자라고 하면서 전략을 바꾼다. 한 종목만 잘 고르면 된다는 생각으로 자신의 판단이 아닌 타인의 판단으로 몰빵투자를 하는 것이다. 악순환이다. 단기투자든 장기투자든 제대로 된 이해 없이 시작하면 늦든 빠르든 주식시장에서 아웃될 것이다. 비정하고 냉정해 보일지 모르지만 이게 주식투자 세계의 현실이다.

그렇다면 단기투자 투자전략에서 가장 중요한 종목선정은 어떻게 해야 할까?

첫째, 기본적 분석이다. 기본적 분석, 즉 재무제표 분석은 단기투자에서 그렇게 중요하지 않다. 단기투자는 보유기간이 짧은 만큼 관리종목이 상장폐지될 가능성이 낮기 때문이다. 극단적으로 스캘퍼를 비롯한 데이트레이더들은 자신이 그날 무슨 종목을 매매했는지 재무제표는커녕, 기업 이름도 장마감하면 잊는 경우가 대부분이다.

둘째, 재료분석이다. 재료분석은 단기투자에서 가장 중요한 분석도구이다. 주가는 단기적으로 재료가치에 의한 수요의 쏠림현상으로 상승하는 경우가 대다수이다. 그러므로 재료를 미리미리 분석해서 아직 재료가치가 주가에 다 반영되지 않았는지, 또는 추가적으로 더 나올 재료가 있는지 등을 예상하는 것이 굉장히 중요하다. 여기에는 상한가분석, 테마주분석 등도 포함되며 종목 간의 주가움직임의 상관관계도 미리미리 확인해놓을 필요가 있다.

셋째, 기술적 분석이다. 이 방법은 사례에 따라 다르다. 투자시기에 따라 턴어라운드형 종목들의 비단에서 빈등하는 차트, 또는 성장형 기업들의 신고가 패턴차트, 또는 하락장세에서의 급락 후 반등패턴 등 여러 차트의 유형과 패턴들이 아무런 재료 없이 차트만으로 움직일 때가 있다. 따라서 기술적 분석으로 매매하는 투자자들은 재료분석과 달리 장마감 후에 전 종목 차트를 돌려보며 차트우량주를 검색해 내일의 매매종목으로 압축시켜야 한다.

반면에 장기투자에서 위험분산효과를 위한 종목선정은 어떻게 해야 할까?

첫째, 기본적 분석이다. 기본적 분석, 즉 재무제표 분석은 가장 중요한 분석도구이다. 장기투자에서 가장 큰 위험은 관리종목 편입, 상장폐지 위험이다. 그러므로 재무안정성을 나타내는 지표들을 검토해 재무구조가 부실한 종목은 포트폴리오 편입종목에서 반드시 제외시켜야 한다. 간혹 장기투자자가 재료가치에 의해 투자하는 경우가 있는데, 그런 투자는 성공 가능성이 희박하며 성공한다 해도 운이 좋은 경우임을 명심해야 한다.

또 재무제표를 분석할 때 중요하게 고려할 것이 성장성이다. 이는 장기투자에서 두 번째로 큰 위험이 주가가 오르지 못할 위험이기 때문이다. 매출액 증가율, 또는 이익이나 영업이익 증가율 등의 성장지표들을 확인하여 재무제표상 성장형 기업을 선택해야 한다. 재무제표를 분석해서 성장형 기업이 아닌 매출액, 이익률, 영업이익률이 유지되는 기업을 택한다면 주가는 장기적으로 횡보할 가능성이 있다. 단기투자는 발 빠른 종목교체가 이루어지기 때문에 기회비용을 고려할 필요가 없지만, 장기투자는 굉장히 큰 기회비용의 손실이 날 수 있다는 것을 기억해야 한다.

둘째, 재료분석이다. 장기투자에서 재료분석은 그리 중요하지 않다. 장기투자에서 재료는 신기루와 같은 존재이기 때문이다. 극단적으로 말하자면 재료는 단기적인 주가에 영향을 미칠 뿐이고, 결국 기업가치가 장기적인 주가에 영향을 미친다고 생각하면 된다. 재료분석은 단기투자에서는 매우 중요하지만, 장기투자에서는 그다지 중요하지 않음을 반드시 이해하고 기억해야 한다.

셋째, 기술적 분석이다. 기술적 분석은 장기투자에서 단기투자에 비해 중요하다. 많은 투자자들이 기술적 분석을 단기투자(단기매매)를 위한 기법이라고 생각하고 있다. 하지만 실질적으로 단기투자는 주가변화가 빠르고 재료에 의한 주가움직임이 많이 나오기 때문에 기술적 분석보다 재료분석이 더 중요하다. 반면에 장기투자에서는 이 종목의 위치가 어디쯤인지, 특히 신고가 차트인지, 신저가 차트인지, 반등형 차트인지는 투자결정을 할 때 반드시 고려해야 한다. 장기투자에서는 기본적 분석이 가장 중요하지만, 기술적 분석도 차순위로 중요하다.

넷째, 분산효과이다. 장기투자는 단기투자와 달리 종목교체가 잦지 않다. 그렇기 때문에 한 종목에만 투자했을 경우 투자실패를 돌이킬 수 없다. 따라서 기대수익을 좀 낮추더라도 여러 종목으로 포트폴리오를 구성하는 것이 유리하다. 또 업종, 그룹, 자본금 규모 등 여러 가지를 고려하여 서로 다른 주가움직임을 가지는 종목군을 담아야 유리하다. 포트폴리오 분산효과를 높이려면, 포트폴리오 구성종목 긴의 관계가 음의 상관관계여야 함을 기억해야 한다.

단기투자와 장기투자에서 위험과 수익률의 관계, 투자전략, 종목선정은 대략 다음과 같이 정리할 수 있다.

- 단기투자 : 상대적으로 위험과 기대수익률이 낮으므로, 선택과 집중의 투자전략이 필요하다. 재료분석이 주로 쓰이며, 기술적 분석으로

보완한다.

- 장기투자 : 상대적으로 위험과 기대수익률이 높으므로, 위험을 낮추기 위한 분산효과를 고려해서 투자해야 한다. 기본적 분석이 주로 쓰이며, 기술적 분석으로 보완한다.

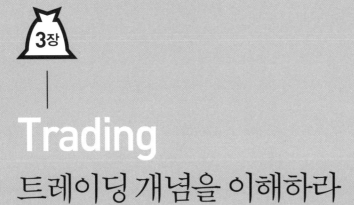

Trading
트레이딩 개념을 이해하라

당신은 투자하는가, 매매하는가?

　주식투자와 관련해서 투자, 투기, 혹은 도박이라는 말을 혼용해서 많이 사용한다. 주식투자자, 주식투기꾼, 심지어 주식도박꾼이라는 말도 있다. 이런 걸 보면 도대체 주식투자가 무엇인지 알쏭달쏭하다. 또 한편으로는 주식투자를 바라보는 시각이 참 다양하다는 생각이 든다. 사실 필자는 주식을 투자라고 하든, 투기라고 하든, 도박이라고 하든 크게 상관없다. 어떻게 바라보든 그 시각이 내 수익률에 영향을 끼치지만 않는다면 말이다. 수익률이 영향을 받지 않는다면 타인의 시선, 혹은 주식투자를 바라보는 투자자의 관점도 중요하지 않다. 자신의 관점이 투자인데 주식에서 손해를 보는 투자가가 되고 싶은가? 아니면 자신의 관점이 투기인데 주식에서 이익을 보는 투기꾼이 되고 싶은가? 아마도 다수의 주식투자자들은 후자를 선택할 것이다.

　이 책은 주식에 관련 학술 서적이 아니다. 궁극적으로는 이 책으로 주식투자를 시작하거나 수익률을 향상시키기를 원할 것이다. 필자는 최고의 수익창출을 위해서 투기와 투자의 차이점을 구분하는 것은 큰 실익이 없다고 본다. 하지만 '매매와 투자의 차이점'을 구분 짓는 것이 수익률 제고에 도움이 되며, 그 차이를 공부하여 명확히 이해할 필요가 있다고 본다. 아니 더 정확히 말하면 '매매와 투자의 차이점'은 주식투자자가 알아야 할 가장 중요한 필수 개념이다.

왜 우리는 주식매매라는 말보다 주식투자라는 말을 더 당연히 받아들이는 걸까? 트레이드^{Trade} 개념은 서양에서 온 것이다. 서양은 트레이드^{Trade}의 문화였다. 싸게 사서 비싸게 파는 것이 핵심인 교역문화가 스페인, 네덜란드, 영국, 미국 등의 서양강국을 탄생시킨 배경이었다. 반면에 우리나라는 유교가 뿌리 깊게 박힌 지역이며, 유교적 사농공상 때문에 상인을 천한 직업으로 생각했다. 아마도 이러한 이유로 트레이드 문화를 은연중에 배척하는 것이 아닐까? 어찌됐든 자본주의 사회에서 남보다 싸게 사서 비싸게 파는 것은 당연한 것이다. 이 논리는 주식시장에서도 마찬가지다.

그런 의미에서 필자는 매매와 투자에 대한 구분이 명확하다. 투자는 투자대상이 가치변화를 예상하고 가치증가에 의한 이익추구가 목적이고, 매매는 매매대상의 가격변화를 예상하고 가격상승에 의한 이익추구가 목적이라는 것이다. 그렇다면 '투자대상의 가치'와 '매매대상의 가격'은 어떻게 다른 것일까?

가치를 볼 것인가, 가격을 볼 것인가?

우선 시장가치와 시장가격의 개념을 다음과 같이 정리하겠다.

- **시장가치**^{Market Value} : 장래 기대되는 미래가치 현금흐름을 현재가치로 평가
- **시장가격**^{Market Price} : 매매당사자 간 교환의 대가로 시장에서 지불된 금액

가치는 단기간에 변동하지 않지만, 가격은 수요공급의 변동에 따라 변하므로 일시적으로 가격과 가치는 오차가 발생하면서 괴리가 발생할 수 있다. 하지만 장기적으로는 수요공급의 원칙상 적절한 수요와 공급의 조절로 인해 시장가격은 균형점에서 균형가격을 형성할 것이고, 이 균형가격은 시장가치와 일치하려는 경향이 있다. 따라서 투자자는 투자대상의 가치가 높아지기를 기대하면서 투자를 하고, 매매자는 매매대상의 가격이 높아지기를 기대하면서 매매를 한다. 장기적인 관점에서 투자자와 매매자는 행위의 과정은 다르지만 결과는 같을 수 있다. 결국 투자행위와 매매행위의 과정은 다르다는 것이 분명해진다.

투자자는 투자대상의 가치를 높이기 위하여 자금투자뿐만 아니라 실제 행동으로 노력하고 기여할 수 있다. 즉 투자자는 투자대상의 가치를 높이는데 능동적 위치에 있는 것이다. 반면에 매매자는 매매대상의 가격이 시장에서 결정되므로, 매매대상의 가격이 높아지기를 수동적으로

기대할 뿐이다. 즉 매매자는 매매대상의 가격이 올라가는데 수동적 위치에 있다.

다음의 다양한 예를 보자.

- 시장에서 반찬거리로 고등어를 샀다. 매매일까, 투자일까? 이 행위는 단순한 소비이며 매매도, 투자도 아니다. 돈을 투입한다고 매매나 투자가 되는 것은 아니며, 유출된 돈이 다시 자신에게 유입되는 과정이 있어야 매매 혹은 투자가 된다.

- 미술품 경매시장에서 5년 후에 가격이 오르면 다시 매각할 목적으로 좋은 미술품을 샀다. 매매일까, 투자일까? 이것은 매매이다. 왜냐하면 미술품의 본질적 가치는 변하지 않고(본질가치가 거의 확정된), 수요와 공급에 의해 가격만 달라지기 때문이다.

- 3년 전에 산 아파트를 1억 원의 양도차익을 내고 팔았다. 매매일까, 투자일까? 언뜻 보면 가치를 사는 투자인 것 같지만, 사실 매매이다. 냉정하게 따지면 아파트는 시간이 지난만큼 감가상각을 통해 가치가 하락한다. 그러므로 건물의 가치는 증가하시 않는다. 다만 아파트 시장의 수요와 공급에 의해 가격의 변동이 생겨 매매이익이 발생한 것이다.

- 5년 전 산 토지에 빌라를 신축하고 '토지 구입가격+빌라 건축비+5억 원'의 이익을 주고 팔았다. 매매일까, 투자일까? 투자이다. 우선 아무것도 없던 토지에 추가적으로 자금을 투입하여 빌라를 신축함으로써 토지의 가치를 증가시켰다. 그래서 이것은 가

치의 증가가 가격의 증가를 가져온 투자이다.

• 엔씨소프트를 2015년에 18만 원에 사서 5년이 지난 2020년에 5배인 90만 원에 팔았다. 매매일까? 투자일까? 투자이다. 엔씨소프트가 사업을 잘해서 가치가 올랐고, 장기적으로 가치의 증가가 가격을 변동시켰기 때문이다.

• 더존비즈온을 2015년에 1만 원에 사서 5년이 지난 2020년에 10배인 10만 원에 팔았다. 매매일까? 투자일까? 투자이다. 더존비즈온이 사업을 잘해서 가치가 올랐고, 장기적으로 가치의 증가가 가격을 변동시켰기 때문이다.

• 테마주의 단기 급등을 예상하고 저가주를 1,000원에 사서 하루 만에 상한가인 1,300원에 팔았다. 매매일까, 투자일까? 매매이다. 물론 가치의 증가가 향후 있을 수도 있다. 하지만 하루만에 30% 주가급등은 주식시장에서 테마주에 의한 단기 초과수요가 발생하면서 그에 의한 가격급등이 훨씬 큰 이유이기 때문이다.

• 선물옵션 거래로 1년에 10억 원씩 안정적으로 번다. 매매일까, 투자일까? 매매이다. 선물옵션을 포함한 파생상품은 파생상품 시장에서의 가격만 존재할 뿐 가치가 없는 무가치상품이기 때문이다. 가치변동이 아닌 가격변동을 목적으로 매매를 하여 수익을 낸다.

매매인지, 투자인지 명확히 구분되고, 구분할 수 있는가? Trading과 Investment를 정확히 구분하면 그에 따른 수익률 제고를 꾀할 수 있다.

이는 가치의 상승과 가격의 상승의 이유가 서로 다르기 때문이다. 가치 상승에 가장 중요한 것은 경제학적 관점에서 생산자 시장과 생산요소시장에서 투입 대 산출의 효율적 활용에 가장 큰 영향을 받는다. 투입 대비 산출이 높은 투자대상의 가치는 장기적으로 상승할 수밖에 없다. 반면에 가격상승에 가장 중요한 것은 경제학적 관점에서 수요공급 시장에서의 초과수요 상황이다.

'주식투자'는 가치상승에 투자한 것이므로 그 기업의 투입 대 산출이 효율적 활용으로 이루어지는지 늘 감시하고 체크해야 한다. 재무제표와 리포트, 심지어 기업탐방을 통해서 기업의 가치가 상승하고 있는지 파악해야 한다. 반면에 '주식매매'는 주식시장에서 그 기업의 주식수요가 증가하고 있는지, 어떤 매매주체가 순매수를 하는지 매매동향을 체크해야 하고, 왜 사려고 하는지 재료를 파악해야 하며, 주가의 변동성이 어떻게 나타나는지를 파악하기 위해 차트연구를 해야 한다. 이 모든 활동은 가격변동을 예측하기 위함이지, 가치변동을 예상하기 위함이 아님을 명심하자.

앞에서 매매와 투자의 차이점을 얘기했다. 여기에서 가상 중요한 부분은 '장기적으로 가치와 가격은 일치한다는 명제에 대한 자신만의 관점'이다. 결국 투자철학을 정립해야 하는 것이다. 이 부분에 대한 필자의 견해는 이렇다. 단기적인 관점에서 가치와 가격은 불일치한다고 보며, 장기적인 관점에서도 가치와 가격이 가까워지기는 하겠지만 일치보다는 불일치한다고 보고 있다. 대략 다음과 같이 이해하면 된다.

- 단기 : 가치 ≠ 가격 (차이가 큼)
- 장기 : 가치 ≠ 가격 (차이가 작음)

이 부분에 대해 투자자마다 관점과 철학이 다를 것이다. 명확하지 않다면 지금부터라도 고민해야 한다. 혹시 자신을 주식투자자라고 하면서, 기업가치보다 시장가격에 더 집중하고 있지 않는가? 혹시 자신을 주식매매자라고 하면서, 시장가격보다 기업가치에 더 집중하고 있지 않는가? 또 아니면 여태 투자와 매매, 그리고 가치와 가격에 대한 고민을 한 번도 해본 적도 없으면서 습관적으로 HTS를 열고 매매버튼을 클릭하고 있었던 것은 아닌가? 다시 한 번 물어보겠다.

당신은 트레이더인가, 인베스터인가?
당신이 관심 있는 것은 가격인가, 가치인가?

가치냐 가격이냐, 전략이 다르다

앞에서 투자와 매매는 다른 것이라고 했다. 투자는 가치의 증가에 의한 투자차익을 목적으로 자금을 투입하는 것이고, 매매는 가격의 상승에 의한 매매차익을 목적으로 자금을 투입하는 것이라고 설명했다. 시중에 나와 있는 수많은 주식 관련 책들이 가치투자전략을 다룬다. 주식에 투자해봤고, 관련 서적들을 읽어본 투자자라면 동의할 것이다. 하물며 포털에서 '가치투자전략'을 검색하면 수천수만 가지의 글이 검색된다. 그런데 가치 대신 가격, 투자 대신 매매를 넣어서 '가격매매전략'을 검색해보면 글이 별로 없다. 여기서 알 수 있는 것은 주식투자를 하는 대부분의 투자자는 가치에 관심을 갖고 있지, 가격에는 관심이 없다는 것이다.

가격추세추종전략의 원조 트레이더인 제시 리버모어와 무용수 출신 니콜라스 다비스 뿐만 아니라, 수많은 월가의 트레이더들이 가격정보에 의한 추세추종전략으로 성공했다. 이런 사례는《시장의 마법사들》시리즈 등의 수많은 책에서 쉽게 찾을 수 있다. 그런데도 우리나라 투자자들은 가격에는 별 관심이 없다. 물론 장기투자에서 가치분석은 가장 중요한 요소이다. 반면에 단기투자에는 가격분석이 가장 중요한 요소임에도 불구하고, 여전히 시장참여자들은 가격분석을 못 믿는다. 아니 좀 더 정확히 말하면 가격분석에 대해 알지 못한다.

장기투자에 맞는 투자전략이 가치투자전략이라면, 단기투사에 맞는 전략이 가격매매(트레이딩)전략이라고 가정해보고 이야기하자.

시장가격은 변한다. 매일 매시간 변힌다. 가치투자자는 시장가석이 변하는 것에 크게 의미를 두지 않는다. '미스터마켓Mr. Market'이라는 비유를 써가며 변덕쟁이 미스터마켓을 무시하고 가치를 정확히 분석하면 결국 변덕쟁이 미스터마켓은 가치를 따라온다고 설명한다. 하지만 변덕쟁이 미스터마켓의 예는 장기적인 기간에서만 적용될 뿐이며, 또한 그것이 맞는지 틀리는지의 검증은 거의 불가능하다. 가치에는 주관적인 판단이 존재하기 때문이다. 그에 반해서 가격은 어떠한가? 시장가격에는 주관적인 판단이 개입될 여지가 없다. 그냥 시장의 가격이 모든 사람에게 동일하게 객관적으로 주어질 뿐이다. 지금 이 시간 시장에서 거래된 가격이 시장가격이기 때문이다.

우리나라 시가총액 1위 기업인 삼성전자가 2020년 7월 29일 장중에 6만 원에 거래되었다. 삼성전자의 당시 시장가격은 얼마인가? 6만 원이다. 당시 삼성전자의 가치는 얼마일까? 분석하는 사람마다 다르다. 가장 뛰어나다고 인정받는 주식고수 10명에게 삼성전자 가치를 물어본다면 누구는 4만 원이라고 하고, 누구는 8만 원이라고 하고, 누구는 6만 원이라고 할 것이다.

다시 한 번 말하지만 주식가치는 주관적인 판단이 개입된 분석에 의한 것이기에 모든 시장참여자들의 가치분석은 다를 수밖에 없다. 반면에 주식가격은 시장에서 특정시간에 누구에게나 주어지고 거래되는 가격으로서의 객관적인 수치이다.

따라서 단기투자를 할 때 가격이 아닌 가치를 중심으로 분석하는 것은, 가치와 가격의 개념을 이해하지 못해 생기는 투자자의 오류이다. 하물며 장기투자에서조차 가치를 분석하는 것에 대해 합리적 의심을 품고 자신의 투자철학을 정립해야 한다. 우리나라는 특이하게도 미국의 워런 버핏 추종자들보다 더 많은 추종자들이 큰 목소리를 내고 있다. 이제 막 시작하는, 자신만의 투자철학이 제대로 정립되지 않은 초보투자자들을 한쪽만 바라보는 외눈박이로 만들고 있다. 심지어는 가치투자를 하지 않으면 주식투자를 도박처럼 한다는 이상한 논리를 전개하는 가치투자자들이 많다.

우리나라에서 '가치투자자'들이 워런 버핏의 투자사례와 투자철학을 정확히 이해하고 있는지 명확하지 않다. 미국식 가치투자가 한국에서도 적용이 되는지에 대해 의문을 품고 과학적으로 접근하는 경우를 거의 본 적이 없다. 가치투자를 함에 있어 주관적인 판단이 개입되는 가치분석을 어떻게 객관화시킬 수 있는지와 장기적으로 가치와 가격이 일치하는지, 이 2가지 문제는 주식투자자라면 주식투자를 그만두는 그날까지 고민해야 하는 숙제라고 본다.

그렇다면 가치와 달리 분석할 필요도 없고, 주관적인 판단의 개입의 여지도 없는 시장가격을 단기매매에서 어떻게 이용할 수 있을까? 가격을 이용해서 단기투자에 성공하기 위한 전략이 있기는 한 걸까? 가격매매전략 또는 가격트레이딩전략이라는 말을 아무리 검색해도 나오지 않는데, 왜 그럴까? 이유는 간단하다. 1장에서 설명한 성공한 장기투자자는 찾기 쉬운데 성공한 단기투자자는 찾기 어려운 이치와 정확하게 일치한다.

가격매매전략을 쓰는 트레이더들은 자신의 기법을 주변에 말하는 것이 유리할까, 불리할까? 전적으로 불리하다. 이는 매수단가기 올라가기 때문이다. 트레이더들의 투자기간은 아주 짧다. 그래서 다른 투자자보다 아주 조금 더 싸게 사고 다른 투자자보다 아주 조금 더 비싸게 팔아야 하는 것이 매매성공의 핵심 포인트이다. 그런데 주변에 자신의 기법을 말하는 순간 그 방법을 사용하는 신규참여자들이 발생하고, 이는 경쟁을 심화시켜 원래 살 수 있는 가격보다 더 비싸게 사고, 원래 팔 수 있는 가격보다 더 싸게 팔 수밖에 없다. 그래서 돈을 번 트레이더는 하나도 없고 망한 트레이더만 있는 것이다.

그렇다면 세상에 워런 버핏처럼 돈을 많이 번 가치투자자만 존재하는 이유는 무엇일까? 가치투자 기법은 주변에 알릴수록 성공한 가치투자자 본인에게 유리하기 때문이다. 왜냐하면 성공한 가치투자자의 추종자들이 같은 방법으로 분석한 종목은 결국 성공한 가치투자자의 보유 종목일 것이고, 수요공급상 당연히 주가에 긍정적인 영향을 미친다. 워런 버핏의 발언이나 행위가 다른 사람들에게 긍정적인 영향을 미치는 것을 '버핏 효과'라고 하지 않는가?

경제학 용어 중에 '역선택'이라는 것이 있다. 정보의 불균형으로 인해 불리한 의사결정을 하게 되는 것을 말하는데, 대표적인 예가 보험회사와 보험 가입자이다. 보험회사는 평균 사망률이나 평균 질병발생률에 의해서 보험료를 산출하지만 건강한 사람은 보험에 가입하지 않고, 건강하지 않은 사람이 보험 가입을 더 많이 하는 상황이 발생한다. 결국 보험회사는 부실해진다. 또 다른 예로 중고차 시장을 예로 들 수 있다. 중고차의 판매자는 차에 대한 정보를 구매희망자보다 훨씬 많이 가지고 있다. 따라서 자신의 차의 가치가 중고차 시장가격보다 낮다고 판단하면 시장에 내놓고, 소유한 차의 가치가 중고차 시장가격보다 높다고 판단하면 시장에 내놓지 않을 것이다. 결과적으로 시장에는 질이 좋지 않은 차가 더 많아지고, 구매희망자들은 가격에 비해 좋지 않은 가치의 중고차를 구매하게 된다.

딱 들어맞지는 않지만 이 '역선택'이 개념적으로 비슷하다고 본다. 가치투자기법을 가진 가치투자자와 가격트레이딩기법을 가진 트레이더들은 각각 자신의 정보를 알고 있고, 시장참여자들은 그들의 계좌상태, 투자성공여부를 알 수가 없다. 시장에서 성공하는 투자기법은 혼자 알고 있어야 내가 더 유리하므로 시장에 알려지지 않고, 시장에서 실패하는 투자기법은 남들도 알아야 내가 더 유리하므로 시장에 널리 알려진다. 이것이 필자가 생각하는 주식시장의 역선택이다. 또한 '아무도 믿지 마라'를 첫 번째 좌우명으로 삼는 이유이기도 하다.

'가격'을 제대로 이해해야 한다!

가격매매전략을 사용하려면 가격을 깊게 이해해야 한다. 그래서 가격 결정 이론인 수요공급의 법칙, 그리고 가격의 움직임을 구분하는 추세와 비추세에 대해 간략하게 알아보겠다.

가격은 왜 변하는 것일까? 가격결정이론인 **수요공급** 법칙을 보면 가격은 결국 수요자의 수요량과 공급자의 공급량이 같아지는 균형가격에서 결정됨을 알 수 있다. 따라서 가격을 변화시기는 변수는 수요사의 수요량과 공급자의 공급량에서 출발해야 함을 알 수가 있다. 수요자와 공급자들이 수요량 또는 공급량을 결정하게 만드는 요인은 무엇일까? 시장참여자들의 주가분석기법 모두를 생각하면 정답이 될 수 있다. 시장참여자 중 가치투자분석을 연구해서 매수와 매도를 결정하는 사람이 있다면 바로 그 방법, 시장참여자 중에 가격추세분석을 연구해서 매수와 매도를 결정하는 사람이 있다면 바로 그 방법, 시장참여자 중에 탑다운 방식을 연구해서 매수와 매도를 결정하는 사람이 있다면 바로 그 방법, 시장참여자 중에 재료가치분석을 연구해서 매수와 매도를 결정하는 사람이 있다면 바로 그 방법, 이러한 방법을 포함한 세상의 모든 방법에 의해서 수요와 공급이 결정되고 가격이 결정된다.

가치투자분석 하나만 해도 주관적인 분석이 개입되고 검증하기 힘든데 앞에서 말한 모든 기법을 다 사용해 오늘 이후의 수요와 공급을 예상하고, 오늘 이후의 가격을 예상할 수 있을까? 이것이 가능하다면 가장 정확하게 가격을 예상할 수 있는 방법이겠지만, 실상은 불가능하다. 따라서 가격이 형성되는 결정원리인 수요공급 법칙보다 더 주식투자자에게 중요한 것은 형성된 가격이 어떻게 움직이는지에 대한 관찰이다. 그 관찰의 핵심은 가격이 추세대로 움직이는지 추세 없이 움직이는지에 따라, 추세와 비추세를 구분하는 것이다.

지금 이 순간 가격은 상승하든지, 하락하든지 둘 중 하나이다. 여기에 시간 개념이 들어가면 훨씬 더 복잡해진다. '상승-하락-상승-하락'을 1분마다 반복하기도 하고, 매일 반복하기도 하고, 매년 반복하기도 한다. 또는 '상승-상승-상승-상승'을 1분마다 연속으로 상승하거나, 매일 연속으로 상승하거나, 매년 연속으로 상승하기도 한다. 우리는 이러한 연속적인 움직임을 추세라고 한다. 그렇다면 주식의 가격, 즉 주가의 움직임은 추세적 관점에서 2가지로 구분할 수 있다. 상승 또는 하락의 한 방향으로 움직이는 추세구간과 상승과 하락을 반복하는 비추세 구간이 그것이다.

주식시장에서 매우 중요한 정보가 가격에 대한 정보이다. 가격정보에서 가장 중요한 것은 현재의 구간이 상승추세구간인지, 하락추세구간인지, 아니면 비추세구간인지의 판단이다. 상승추세구간에서 매수가담 또는 하락추세구간에서 매도가담을 해서 수익을 내는 투자전략을 구사할 것인가? 아니면 비추세구간에서 박스의 저점에서 매수가담, 박스의 고점에서 매도가담을 해서 수익을 내는 투자전략을 구사할 것인가? 이런 것을 결정하면 된다. 사실 추세매매는 책 한 권을 할애해서 다뤄야 하지만, 간략하게 정리하면 다음과 같다.

① 가격정보의 중요성 인식
② 가격정보로서 추세구간과 비추세구간의 구별
③ 추세구간의 투자전략과 비추세구간의 투자전략 선택
④ 지속적인 훈련과 경험

앞의 4단계를 밟아 나간다면 실패하지 않는 가격매매 트레이너가 될 수 있을 거라고 확신한다.

Top-Down

통찰력을 갖고
선택과 집중을 하라

탑다운과 바텀업, 관점의 차이

《갈매기의 꿈》에 "가장 높게 나는 새가 가장 멀리 본다"라는 구절이 있다. 이 말을 관점을 달리 해서 본다면, "가장 낮게 나는 새가 가장 자세히 본다"라는 말이 성립되지 않을까? 이번 장에서 말하고자 하는 바도 비슷하다. 탑다운Top-Down 방식과 바텀업Bottom-Up 방식은 결국 관점의 차이고, 보는 시각에 따라서 같은 사물이나 현상을 다르게 바라보고 해석하는 것이라고 말이다. 관점의 차이는 과학, 철학, 경제학 등 세상의 거의 모든 학문뿐만 아니라 음악, 미술, 문학과 같은 모든 예술에 걸쳐서 나타난다.

그렇다면 경제학적 관점, 주식투자 관점에서 탑다운과 바텀업은 어떻게 구분될까? 탑다운 방식은 '경제분석-산업분석-기업분석' 순으로 분석을 넓은 범위에서 좁은 범위로 해나가는 것이고, 바텀업 방식은 '기업분석-산업분석-경제분석' 순으로 분석을 좁은 범위에서 넓은 범위로 해나가는 것이다.

탑다운 방식의 유용성

'특정한 작업을 수행하기 위한 일련의 과정'이라는 뜻의 루틴이라는 말이 있다. 대략 고정된 습관으로 이해하면 될듯하다. 만약 골프를 좋아한다면 골프샷을 하기 전에 자신만의 일정한 루틴을 만들어야 한다는 말을 많이 들어 보았을 것이다. 마찬가지로 주식투자자들도 크게 3가지의 루틴을 반복하고 있다고 가정해보겠다.

첫째, 주식투자자 60%의 투자루틴은 다음과 같다.

① 주변에서 종목을 추천받는다(이웃, 회사동료, 동창회 때 만난 친구 등 누구라도 좋다).

② 늦게 사면 더 오를까봐 걱정이니 오늘 빨리 사야 한다.

③ 매수하면서 30%만 정도만 수익이 나도 꼭 이익실현을 하겠다고 결심한다.

④ 약 10%가 오를 때까지 설레면서 곧 이익실현의 그날이 다가온다고 생각한다.

⑤ 반락을 시작하면서 매수가 대비 -10% 혹은 -20%가 된다.

⑥ '본전은 오겠지'라고 위안하면서 '난 장기투자자'라며 자기 세뇌를 시작한다.

⑦ 타의에 의한 장기투자를 시작하면서 투자한 기업이 어떤 기업인지 공부를 시작한다.

둘째, 주식투자자 30%의 투자루틴은 다음과 같다.

① 기본적 분석 대가가 되는 것을 목표로 공인회계사 수준의 회계공부를 하려고 결심한다.

② 회계원리 수준의 회계지식을 쌓았지만 더 깊게 공부할 필요가 없다고 만족한다.

③ 상장기업정보에서 내가 공부하며 만들어낸 조건에 부합되는 명품주식을 찾는다.

④ 가치투자는 주식타이밍이 아무 의미가 없다며 분석이 끝나면 바로 명품주식을 매수한다.

⑤ 내가 계산한 기업가치가 시장의 가격보다 높기 때문에 장기적으로 가격은 가치를 따라서 올라가야 한다고 믿는다.

셋째, 남아 있는 10%의 주식투자자들 투자루틴은 어떨까?

① 국제증시와 환율, 금리, 상품시장을 보면서 세계경제의 싸이클을 확인한다.

② 글로벌 경제 내 우리나라 경제의 위치를 파악해본다.

③ 우리나라 경제 내에서 유망한 업종이 있는지 살펴본다.

④ 유망한 업종 내에 탑픽Top Pick 종목을 찾는다.

⑤ 탑픽 종목의 최적 매수타이밍을 찾아낸다.

⑥ 매수 후 언제 매도를 할지 시나리오를 설정해놓는다.

이렇게 분류한 3가지 투자루틴은 어쩌면 극단적인 예이고, 실제와는 다를 것이다. 그래도 첫 번째보다는 두 번째, 두 번째보다는 세 번째 유형에 가까운 게 낫지 않을까? 앞에서도 말했지만 탑다운과 바텀업은 관점의 차이일 뿐이다. 주식투자자 30% 유형이라고 소개한 두 번째 사례는 바텀업$^{Bottom-Up}$이 아닌 그냥 바텀^{Bottom}이다. 바텀업은 바텀의 분석으로만 끝내지 말고 업^{Up}의 과정을 거치라는 것이다. 바닥만 자세히 분석하고 끝내지 말고, 바닥을 분석한 후 하늘을 한 번 올려다보자. 세 번째 유형이 하늘을 분석하고 아래를 분석하는 것처럼 말이다.

그렇다면 탑다운 방식을 유용하게 이용하려면 어떤 준비를 해야 할까? 만약 투자자 자신이 경제학적인 용어나 현상에 대한 이해가 부족하다고 생각한다면, 회계학이나 상장기업분석 관련 책보다는 경제학 원론을 한 번 읽어보는 것이 좋다. 경제학 원론 한 권을 정독하고 이해할 수 있는 수준이라면 우리나라 경제신문의 웬만한 기사들, 증권사의 웬만한 기시경제 관련 리포트들을 읽고 이해하고 비판할 수 있다.

우리나라 증시에서 외국인들의 성공적인 투자가 오랫동안 지속되고 있다. 왜 그럴까? 간단하다. 외국인들은 전체 포트폴리오 중 글로벌 투자대상에 대해 자금배분을 한 후, 나머지인 일부분을 우리나라 증시에 투자하면서 탑다운 방식을 이용하고, 국내의 투자자들(기관, 개인)은 한국 주식시장에서 종목 포트폴리오만 운용하므로 바텀업 방식을 이용하고 있기 때문이다. 혹자들은 외국인들의 정보력 또는 기업 분석력을 높이 평가하는데, 사실은 그것보다 경제 전체를 바라보는 시각 또는 접근방법의 차이 때문은 아닐까? 하지만 결국 선택은 투자자의 몫이다. 낮게 날며 자세히 보는 갈매기가 될지, 높게 날며 멀리 보는 갈매기가 될지, 아니면 때에 따라 낮게도 날고 높게도 날 수 있는 갈매기가 될지 말이다.

탑다운 방식 투자전략

💰 탑다운 방식의 장점 1_통찰력

탑다운 방식으로 접근하는 것을 계속 훈련하면 주식투자에 대한 통찰력을 기를 수 있다. 통찰력은 전체를 보지 않고서는 길러질 수 없다. 책으로 배울 수 없는 것이다. 책으로 최소한의 경제용어와 경제이론을 공부한 후, 매일매일의 연구와 사색을 통해서 자라나는 것이다. 또한 통찰력은 스스로 기르는 것이지, 통찰력 있는 사람에게 전수받는다 해도 한계가 있다. "주식시장은 장기적으로 우상향한다는 것과 다른 어떤 재테그보다 매력적인 수단이라는 것은 변힐 수 없는 진리임을 밋사." 필사가 주식투자 블로그를 만든 첫날 썼던 소개글이다. 주식시장이 장기적으로는 우상향한다는 것은 널리 알려진 사실이지만, 필자에게는 오랫동안 주식시장을 관찰한 결과이자 오랜 시간 통찰한 결과였다. 나만의 통찰력을 믿기에 주식시장에서 오랫동안 살아남아왔고, 앞으로도 계속 살아남을 수 있다고 믿고 있다.

그럼 주식시장이 장기적으로 우상향한다는 것에 대해 생각해보자. 기술적 분석상 전 세계 모든 지수 그래프와 상품선물 그래프는 장기적으로 우상향하고 있다. 그러나 기술적 분석은 과거의 주가흐름일 뿐 미래의 주가를 나타내지 못한다. 과거에 우상향했다고 앞으로도 우상향할 것이라고 말하고 싶지는 않다.

그렇다면 주식시장이 장기적으로 우상향하는 이유는 무엇일까? 당연히 금리 때문이다. 오늘의 돈의 가치를 현재가치, 미래의 돈의 가치를 미래가치라고 한다. 미래가치는 현재가치보다 언제나 크다. 단, 금리가 양수라면 말이다. 금리가 양수이면 은행에 저금을 하면 원금에 이자까지 합산시켜주니 당연히 '현재가치+이자=미래가치'가 된다. 주식시장은 기업들의 주식이 거래되는 시장이다. 기업은 여러 가지 구성요소의 합인 기업가치로 구성되어 있다. 이 '기업가치의 현재가치'와 '기업가치의 미래가치'를 비교한다면 당연히 미래가치가 커야 한다. 금리가 플러스로 유지되는 한 주식시장은 언제나 장기적으로 우상향한다. 이것은 주식시장뿐만 아니라 부동산, 상품 등 가격으로 표시되는 모든 상품에 동일하게 적용되는 이론이다. 금리가 플러스로 유지되는 한 월급은 언제나 장기적으로 우상향하고, 금리가 플러스로 유지되는 한 짜장면, 짬뽕 가격은 언제나 장기적으로 점점 더 비싸질 것이다.

💰 탑다운 방식의 장점 2_포트폴리오 구성

탑다운 방식으로 접근하는 법을 연구하고 훈련하면 포트폴리오 구성 능력이 향상된다. 탑다운 방식으로 시장에 접근하다 보면 전체적으로 보는 습관이 생기고, 전체적으로 보는 습관이 생기면 어느 업종에 얼마의 비중으로 투자할지 판단이 선다. 포트폴리오의 핵심원리는 분산효과이고, 분산효과의 핵심은 최적의 포트폴리오를 구성하여 개별리스크인 비체계적 위험을 없애려는 것이다(시장리스크인 체계적 위험은 어쩔 수 없다).

이런 기본원리를 생각한다면 업종별 분산투자를 위해 업종별 지수를 매일 또는 매주 확인할 필요가 있다. 종합주가지수와 코스닥지수로 현재 시장이 단기·중기·장기적으로 상승장인지 하락장인지를 파악할 수 있다면, 업종별지수를 통해서 지금 어느 업종이 상승업종이고 어느 업종이 하락업종인지를 파악할 수 있다. 바텀업 전략을 기본으로 하는 가치투자자들이 가장 놓치기 쉬운 부분이다.

탑다운 방식으로 접근하면 강세 업종으로 포트폴리오를 구성할 수 있으며, 나아가 포트폴리오 비중을 업종별로 적절히 조절할 수 있다. 반대로 시장 전체 상황 분석 없이 개별종목의 가치로만 접근하는 투자자는 업종별 포트폴리오 비중을 조절하는 능력이 부족할 수밖에 없다. 즉 개별기업의 가치 대비 주가 저평가를 과학적 분석으로 접근한다 해도, 시장 또는 업종의 위험이나 변동에 대한 대응방법이 미진할 수밖에 없다. 이런 관점에서 볼 때 '최고의 명품종목을 발굴해 주식매수를 하면 된나'라는 논리는 적절한 포트폴리오 구성이라는 중요한 절차가 빠져 있는 것이다.

다시 한 번 강조하지만 시장 전체에 관심을 갖고 업종별 비중을 적절히 조절하여 포트폴리오를 구성하면 투자성과가 더 좋아질 수 있다. 나아가 경기순환을 고려하여 주식과 현금의 비중을 적절히 조절하면 투자성과가 더 좋아질 수 있다고 생각한다. 그 근거로 경제학적인 경기순환 이론을 들 수 있다.

수많은 경제학자들이 가설과 검증을 통해 경기가 변동하는 법칙을 규명했다. 각각 이론이 이유는 다르게 설명하지만 핵심은 '팽창-정점-수축-저점'이다. 어쨌든 경기는 상승을 하고 정점을 지나면 하락을 하게 되고, 저점을 지나면 다시 상승하게 된다. 이를 압축하면 상승과 하락을 반복하고 있음을 알 수 있다. 그러므로 상승시기를 예측하여 현금비중 축소·주식비중 확대를 하고, 하락시기를 예측하여 현금비중 확대·주식비중 축소를 하는 것이야말로 포트폴리오 운영의 기본원칙이 되어야 한다. 포트폴리오에는 반드시 현금이 포함되어 있어야 하며, 현금비중을 적절히 조절하기 위해서는 예측이 맞든 틀리든 탑다운 접근방식이 필수적이다. 이것이 탑다운 방식의 두 번째 장점으로 포트폴리오 구성 능력을 꼽은 이유이다.

💰 탑다운 방식의 장점 3_선택과 집중

신림동 고시촌에서 세무사 자격증 시험공부를 할 때 고시 관련 잡지에 실린 합격기를 읽으면서 많은 도움을 받았다. 내가 경험하지 못한 시간들을 먼저 보낸 합격자들의 이야기에서 얻을 수 있는 나름의 노하우 혹은 소중한 팁이 있었기 때문이다. 특히 합격기에는 '선택과 집중'이라는 말이 많이 나왔다. 보통 사법고시, 행정고시 합격자들이라면 "열심히 노력하자"와 같은 말을 많이 쓰지 않을까 싶었는데, 절대 그렇지 않았다. 노력은 기본이기에 노하우를 보여주는 합격기에 굳이 쓸 필요가 없기 때문이다. 공부할 시간은 하루에 최대 15시간 정도인데, 시험범위는 방대하고 봐야 될 책은 수십 권이다. 그렇다면 당연히 '선택과 집중'을 해야 한다.

마찬가지로 주식투자의 선택과 집중을 생각해보자. 대다수의 일반투자자들은 제한된 자금을 가지고 있다. 만약 투자자금이 1,000억이라면, 1조 원이라면, 10조 원이라면 투자에 대한 선택의 폭이 훨씬 다양할 것이다. 즉 투자자금이 커질수록 포트폴리오 구성이 거의 시장포트폴리오와 비슷하게 이뤄져야 할 것이다. 그러나 일반투자자들의 투자자금은 극히 제한되어 있으며 투자대상은 너무나 많다. 우리나라 거래소, 코스닥 종목만 대략 2,000종목이다. 어떻게 해야 할까? 잘 선택해서 소수의 투자대상에 집중해야 한다. 투자대상을 잘 선택하기 위해서 종목만 보면 되는지, '시장-업종-종목' 순으로 봐야 하는지는 각자의 판단이다. 1장에서도 말했지만, 투자자 개개인은 모두 타입이 다르다. 바텀업과 탑다운의 접근방식 차이는 결국 관점의 차이다.

다만 서로 다른 관점이라면 2가지를 다 사용하면 더 좋지 않을까? 시장을 본 후 업종을 보고 종목을 보다 심도 있게 분석하면, 2가지 접근방식을 융합시킨 것은 아닐까? 접근방법이 다르더라도 결국 목표는 투자수익률 극대화이다. '선택과 집중'을 잘 고려해서 제한된 투자자금으로 투자대상을 잘 선택하고, 선택된 투지대상에 온갖 노력을 집중하자. 그것이야말로 투자자의 최고 덕목인 수익률 향상에 든든한 초석이 될 것이다.

5장

Trend

시장의 흐름을 읽어라

시대의 흐름, 트렌드를 읽어라

일반적으로 '트렌드^{Trend}'는 유행 혹은 경향을 뜻하지만, 필자는 '흐르는 물'이라고 생각한다. 이 흐르는 물결과 같은 트렌드를 쫓다 보면 자신의 정체성을 잃을 수도 있다. 반대로 너무 트렌드를 무시하다 보면 세상과 동떨어진 사람이 될 수도 있다. 방송, 인터넷, SNS 등에서 트렌드가 굉장히 빠르게 전파되고, 변한다. 보통 패션이나 방송이 이러한 트렌드의 변화에 민감한 분야인데, 주식시장도 이에 못지않다.

이제 트렌드를 읽는 것은 현대사회에서 거의 필수직이다. 그렇다면 주식투자자들 또한 트렌드를 읽으려 노력해야 한다. 중장기투자자도 해당되기는 하지만, 특히 단기매매를 주로 하는 투자자라면 트렌드 읽기가 필수다. 시장의 흐름, 나아가 세상의 흐름을 빨리 읽어내고 그 변화를 감지하여 투자에 적용하는 것은 굉장히 중요하고 의미가 있다.

주식시장의 트렌드, 그 이중적 의미

　주식시장에서 트렌드는 어떤 의미가 있을까? 주식시장에서의 트렌드 분석은 2가지 의미가 있다. 첫 번째는 상품시장에서 트렌드의 영향을 받아 성장성이 높아질 회사를 미리 예측하기 위해 트렌드 분석을 하는 경우이다. 두 번째는 주식시장에서의 트렌드 분석, 소위 말하는 추세분석이다.

　첫 번째 트렌드 분석, '생활 속의 종목발굴법'은 말 그대로 실생활 속에서 히트상품을 발견하고 이용하면서 그 상품에 소비자가 매력을 느끼는 것을 확인하면 제조하는 회사의 주식을 매수하는 방법이다. 특히 최근 몇 년 동안 특징인 소비주 강세 현상이 더 지속된다면, '생활 속의 종목발굴법'은 주식투자 종목선정에 굉장히 중요한 기법이 될 것이다. 소비주는 증권사 애널리스트의 기업탐방, 재무제표 분석 리포트보다 실생활에서 그 상품의 장단점이나 히트상품 가능성을 분석해보는 것이 더 정확하고 빠르다. 예들 들어 투자자가 여성이라면 화장품이나 의류주에 강점을 가지고 상품들을 분석할 수 있다. 또 투자자가 의사나 약사 같은 전문가들이라면 제약바이오주에 강점을 가지고 상품들을 분석할 수 있을 것이다.

　두 번째, 트렌드 분석 혹은 추세분석은 무슨 의미일까? 필자 개인적으로는 상품시장의 트렌드 분석보다 주식시장의 추세분석이 주식투자 성공에 더 큰 영향을 끼친다고 생각한다. 한마디로 추세분석이 더 중요한 것이다. 그렇다면 주식투자에서의 추세의 개념은 무엇일까?

사전적 의미로 추세는 어떤 현상이 일정한 방향으로 나아가는 경향이다. 주식투자에서도 똑같은 의미로 적용된다. 주식투자의 분석, 특히 기술적 분석에서 추세분석은 주식가격(주가)이 일정한 방향으로 나아가는지를 분석하는 것이다. 이때 가격이 나아가는 방향은 3가지 밖에 없다. 오르던지, 내리던지, 변함없던지 말이다. 이것은 상승추세, 하락추세, 비추세, 3가지로 나눌 수 있으며 주가의 현재 추세가 상승추세, 하락추세, 비추세 중 어디에 해당하는지를 분석하는 것이 추세분석이다.

추세에는 시간 개념이 결합되어야 더 정확하다. 상승추세는 1시간짜리 상승추세, 일일상승추세, 단기상승추세, 중기상승추세, 장기상승추세 등 시간에 따라 여러 가지가 있을 수 있다. 이렇게 시간을 고려해서 추세를 생각해야 하는 이유는 투자자들의 투자기간이 서로 다르기 때문이다. 단기투자자에게는 단기추세, 장기투자자에게는 장기추세가 중요한 지표임은 당연한 것 아니겠는가?

추세는 왜 중요할까? 이는 주기가 일정한 방향으로 나아가려는 속성이 있기 때문이다. 주식투자자 입장에서야 주가가 위로만 오르면 좋겠지만, 주가는 일정한 시간 또는 일정한 기간 동안 일정한 방향으로 나아가려는 속성이 있다. 그렇다면 여기서 일정한 시간을 예측하는 것이 어려울까? 일정한 방향을 예측하는 것이 어려울까?

추세분석 실전투자전략

주가의 추세를 분석한다는 것은 주가가 어느 정도의 시간 또는 기간 동안 어느 방향으로 움직이는지를 분석하는 것을 뜻한다. 추세에는 상승추세와 하락추세, 그리고 비추세, 3가지가 있다. 상승추세, 하락추세, 비추세를 구분하는 것은 미래의 주가움직임이 아니라 과거와 현재의 주가움직임이다. 간단히 말하면 한 달 전보다 오늘 주가가 높으면 한 달짜리 상승추세를 지속하고 있는 것이고, 일 년 전보다 오늘 주가가 높으면 일 년짜리 상승추세를 지속하고 있는 것이다.

물론 봉차트상 패턴분석이나 이동평균선 간의 수렴, 확산, 상승돌파, 하락돌파, 고점과 저점을 선으로 연결하는 추세선, 채널선, 그리고 수많은 보조지표를 통해서 각각의 추세를 확인하는 방법이 있다. 그러나 굳이 추세선을 그리거나 보조지표를 볼 필요도 없이 이동평균선 차트만 봐도 추세가 상승인지 하락인지 쉽게 구분되는 차트들이 있다. 만약 10명의 투자자가 하나의 차트를 두고 상승추세인지 하락추세인지 비추세인지 의견이 다르다면, 그 종목은 비추세라고 생각하면 된다. 상승추세는 누가 봐도 상승추세, 하락추세는 누가 봐도 하락추세여야 한다.

"누가 봐도 상승추세인 종목을 오늘 사면 되는 것인가?"라고 묻는다면, 필자의 대답은 "그렇다"이다. 다만 전제조건이 있다. 투자자가 손절매에 자신이 있어야 한다. 그 이유는 앞에서 언급한대로 주가는 일정한 기간 동안 일정한 방향으로 움직이려는 속성이 있기 때문이다. 일정한 방향으로 움직이려는 속성은 어제와 오늘의 주가를 비교하면 쉽게 확인할 수 있다. 이 추세가 오늘 끝날지, 한 달 후에 끝날지, 일 년 후에 끝날지는 예측하기 힘들다. 따라서 상승추세 종목이 언제 상승추세를 마무리할지 예측하기 힘들다면, 일단 상승추세를 지속한다고 가정하는 것이 투자가에게 유리할 수 있다.

결국 추세매매의 핵심은 "오르는 주식을 사고 내리는 주식을 팔아라"이다. 그런데 이 명제의 가장 큰 맹점은 오르는 주식이 언제부터 떨어질지 모른다는 데 있다. 따라서 주가가 분명한 추세를 가지고 움직이면 상승추세가 확실한 종목을 찾아 매수하고, 일정 기간 추세가 유지되는 동안 보유하다가, 상승추세가 붕괴되는 하락이 나올 때 매도하는 것이 추세분석기법이라 정리할 수 있다. 만약 상승추세가 확실한 종목을 찾아낼 수 없다면, 본인이 중요하게 생각하는 일간 상승률 상위종목, 주간 상승률 상위종목, 월간 상승률 상위종목, 분기 상승률 상위종목, 연간상승률 상위종목들을 분석해보면 쉽게 찾을 수 있을 것이다. 일정한 기간 동안 주기가 상승을 했다는 이야기가 일정한 기간 동안 상승추세에 있냐는 이야기와 동일한 이야기임을 투자자가 직접 차트를 확인하면 알 수 있을 것이다.

"산은 산이요 물은 물이로다"라고 하셨던 성철스님이 주식투자를 하셨다면 아마 이런 말씀을 하셨을 것이다. "주가는 주가요, 거래량은 거래량이다." 주식투자의 기술적 분석에서 가장 중요한 것은 주가와 거래량이다. 그런데 우리는 그것을 1차 변형, 2차 변형을 시키면서 어렵게 분석하며, 자기도 뭐가 뭔지 모르는 여러 가지 보조지표를 혼합하여 어려운 분석을 하고 있는 것은 아닐까 싶다. 추세분석은 결국 주가가 일정

기간 동안 상승하는지, 하락하는지 분석하는 것이 본질임을 생각하면, 주가상승률은 어느 무엇보다 객관적이고 명확한 추세분석 도구가 될 수 있다.

추세분석에도 여러 가지 기법과 판단이 있다. 하지만 가장 잊지 말아야 할 핵심은 추세분석이 가치가 아닌 가격의 움직임을 분석한다는 점이다. 3장에서도 말했지만 가치와 가격은 다르다. 다만 가치를 분석한다는 것은, 가치와 가격이 다르므로 가치에 비해 낮은 가격에 거래되는 저평가 가치주를 발굴해 적정가격으로 수렴하는 것을 기대하겠다는 것이다. 그런데 이 부분에도 맹점이 있다. 첫째, 일정 정도 벌어진 가치와 가격의 차이가 시간이 지나도 수렴하지 않으면 어떻게 될까? 둘째, 가치와 가격의 차이가 수렴한다 해도 시장 전체의 리스크를 고려한다면 가치와 가격이 모두 떨어지는 상황이 발생할 수 있다. 금리, 환율, 물가, 천재지변 등 회피할 수 없는 수많은 체계적 위험이 벌어지는 상황을 생각해보라.

가치분석의 이러한 단점을 보완할 수 있는 분석이 바로 가격분석과 추세분석이다. 이미 가격에 모든 가치정보들이 녹아들어 있으니 가격의 추세분석을 하면 가치의 추세분석까지 가능한 것이다. 또한 가치분석으로는 할 수 없는 시장 전체의 분산 불가능한 변동위험을 가격분석으로는 하락추세에의 대비로서 어느 정도 준비할 수 있다.

마지막으로 필자가 가격분석과 추세분석을 좋아하는 가장 큰 이유는 바로 이것이다. 가격분석, 즉 추세분석은 숫자로만 이루어진다는 점이다. 다이아몬드가 1억 원이고 생수가 1,000원이면, 가격분석상으로 다이아몬드가 생수보다 무려 1만 배의 가격차이가 있다. 그런데 가치분석으로 다이아몬드와 생수의 가치가 왜 1만 배가 나는지 분석할 수 있는가? 없다. 모든 소비자가 느끼는 가치가 주관적이기 때문이다.

마찬가지로 A라는 기업의 시가총액이 1억 원이고 B라는 기업의 시가총액이 1,000만 원이면, A가 B의 시가총액의 정확히 10배라고 확실히 말할 수 있다. 하지만 A가 B의 가치의 정확히 10배인지 분석할 수 있는가? 없다. 이는 모든 투자자들이 느끼는 가치가 주관적이기 때문이다. 그래서 필자는 가격분석 특히 추세분석을 주식투자, 특히 트레이딩에서 필수불가결한 분석으로 본다.

그렇다면 추세분석을 통해 어떤 매매기법을 사용해야 할까?

먼저 종목의 주가차트를 보고 상승추세와 하락추세, 그리고 비추세, 3가지 중 하나로 구분을 할 수 있어야 한다. 자신만의 차트, 자신만의 방법으로 이 3가지 유형 중 하나로 구분하는 능력을 키워야 한다. 진정한 추세매매자라면 하락추세 종목에는 관심을 가질 필요가 없다. 가끔 하락추세 종목의 바닥을 잡으려고 노력하는 추세매매자가 있는데, 이는 추세매매에 대해 명확히게 이해하지 못했기 때문이다. 추세분석매매의 핵심은 오늘까지의 추세가 미래에도 이어진다는 가정 하에 매매가 이루어지는 것인데, 하락추세 종목을 매수한다는 것은 그 종목의 바닥을 미리 예측하려는 것으로 추세매매 본질에서 벗어난다. 추세매매는 예측이 아니라 대응이다.

물론 매매기법 중에는 비추세매매인 박스권 저점매수 고점매도, 하락추세매매인 손절매라인을 좁게 잡는 바닥권 매매가 있다. 하지만 이러한 매매기법들은 추세매매의 예외적인 매매기법들이다. 투자자의 타입에 따라 비추세 종목의 박스상단과 박스하단이 두 번 이상 저항과 지지로 이루어져서 구분이 쉬운 박스권을 형성하고 있을 때 박스하단에서 저점매수, 박스상단에서 고점매도를 할 수 있다. 개인의 취향에 따라 비추세 종목을 매매할 때 마음 편하고 수익이 잘 나는 경우도 있다. 그러므로 자신의 타입과 매매성향을 확실히 이해하고 적용해야 한다.

추세매매의 핵심이 "오를 때 사서, 내릴 때 팔아라"라고 했다. 이 말은 제시 리버모어가 창안한 피라미딩 매매기법이다. 피라미딩 매매기법은 파생투자 쪽에서는 성공한 파생투자자들이 많이 이용한 기법으로 널리 알려졌다. 주식투자에서도 척후병 매수, 1차매수, 2차매수 등 올라가면서 추가매수하는 것을 피라미딩 매매기법이라고 하며, 그 비율은 각각의 위험에 대한 태도에 따라 달라질 수 있다.

보통 투자자들은 떨어지는 종목에 대해 손절매가 아닌 물타기로 대응한다. 이러는 이유는 심리적으로 주가가 떨어지면 싸게 보이면서 곧 주가가 오를 것 같은 막연한 예상을 하기 때문이다. 반대로 투자자들이 올라가는 종목에 대해 과감하게 피라미딩 기법을 사용하지 못하는 이유는 심리적으로 주가가 올라가면 비싸게 보이면서 곧 주가가 떨어질 것 같은 막연한 예상을 하기 때문이다. 만약 그동안 물타기 기법을 사용해서 주식투자에서 성공하지 못했다면, 반대의 전략인 피라미딩 기법을 고려해보는 것은 어떨까?

6장

Technique
나만의 기법을 개발하라

왜 테크닉이 필요한가?

테크닉Technique은 기법 또는 기술을 뜻한다. 요즘은 그런 말을 잘 안하지만, 20~30년 전만 해도 그 당시 부모들은 자식들에게 "기술 배우는 게 최고야"라고 말했다. 그만큼 기술 우위의 시대였고, 사회 전반적으로 소위 '기술자'를 대우해주는 시대였었다.

기술을 개발하고 발전시키는 딘게는 3단게로 나눌 수 있다. 1단게가 기술을 배우는 단계, 2단계가 기술을 숙달하는 단계, 3단계가 기술을 창조하는 단계이다.

대학의 단과대학 중 공과대학을 생각하면 이해가 빠를 것이다. 기술은 과학이론을 실제로 적용해 자연의 사물을 인간생활에 유용하도록 가공하는 수단이다. '기술을 배운다'라고 해서 무조건 실전부터 하는 것은 아니다. 기술을 배운다는 것은 과학이론을 배우고 적용할 기술을 이론으로서 학습하고, 그 후에 실제로 적용해보는 것을 의미한다. 생각해보라. 국가기술 자격증 시험에 왜 이론시험이 있겠는가? 이론을 바탕으로 기술을 배운 후에 실전에 적용시켜야 하기 때문이다.

주식투자에도 기술 혹은 기법이 있다. 크게 기본적 분석기법과 기술적 분석기법, 2가지로 나눌 수 있다. 투자자들도 기본적 분석을 하는 쪽과 기술적 분석을 하는 쪽으로 크게 나눌 수 있다. 그러나 이제 이러한 구분은 크게 의미가 없다. 최근 어떤 분야의 기술이든 굉장히 빠른 속도로 변화하고 있으며, 특히 2개 이상 분야의 기술이 융복합되어 발전하고 있는 추세이기 때문이다. 금융분야의 발전속도 또한 빠르게 변화하고 있으며 이에 따라 전통적인 기법을 기본으로 두고 새로운 기법들을 계속 익혀야 한다.

그러므로 전통적인 기법인 기본적 분석(펀드멘탈 분석)과 기술적 분석(테크니컬 분석)은 보다 실전적이고 현대적인 기법을 배우기 위한 기초지식이라고 생각하면 된다. 테크닉을 배우는 주식투자 초기단계에서 여러 이론들을 배우면서 나만의 이론 토대를 정립하도록 노력해야 한다. 즉 주식투자 초기의 투자자들은 기초 이론들을 폭넓게 이해하고 학습하여 다양한 투자기법과 기술들을 배움에 있어 부족함이 없는 수준을 만들어야 한다. 특히 주식투자 초기에 테크닉을 배우는 단계에서는 주식투자와 관련한 기초적인 종합참고서를 먼저 보고 기본적 분석, 기술적 분석 등에 정통한 학습서들로 구체적인 학습에 들어가야 한다. 기초를 튼튼히 하는 것이 만사형통의 출발점이다.

1단계 : 전통적 주식투자 분석기법

주식투자 출발점에 서 있다면 꼭 알아야 하는 전통적 주식투자 분석기법이 있다. 다음에 나올 4가지 분석기법이다. 하지만 이 투자기법을 살펴보기 전에 하나 짚고 넘어갈 것이 있다. 필자는 주식투자를 하려면 종합적인 내용이 들어 있는 원론을 보고 그다음에 각론을 봐야 한다고 생각한다. 그런데 우리나라 주식투자 서적들의 내용들을 살펴보면 기본적 분석 관련 책이 50%, 기술적 분석 관련 책이 30%, 자서전 10%, 기타 번역 서적이 10% 정도이다.

이 수치를 보면 원론 성격의 책들이라기보다 기본적 분석 각론, 기술적 분석 각론 등 각론 위주의 책들이다. 심지어는 기술적 분석 중에 하나의 지표 설명이 책 한 권인 경우도 꽤 많다. 각론서를 읽는 게 잘못됐다는 것은 아니다. 학습의 순서를 경험과 발맞추어 나간 투자자에게는 큰 문제가 되지 않을 것이다. 하지만 학습과 경험이 미흡한 초보투자자가 각론서부터 읽는 것은, 수학정석도 풀지 못하는 고등학생에게 대학교 수준의 미적분 전공책을 공부하라고 주는 것과 다를 바 없다. 늘 강조하지만 가장 중요한 것은 기본이다.

💰 기본적 분석 : 가치분석

기본적 분석, 펀드멘탈 분석은 조금 더 정확히 표현하면 기업가치 분석이다. 그래야 더 정확하게 이 분석기법의 의미를 이해할 수 있다. 그럼 기업가치 분석은 어떻게 해야 할까? 회계학적인 평가로 기업의 내재

가치를 자산가치와 수익가치의 합으로 평가할 수도 있고, 재무관리적인 평가로 미래에 예상되는 기대흐름의 현재가치로서 평가할 수도 있다. 학문적 기본서로는 대학생들이 가장 많이 보는 회계원리와 재무관리 책을 한 권씩 보면 가장 좋지 않을까 싶다. 또는 주식투자 관련 서적을 읽으면서 벤자민 그레이엄, 워런 버핏, 피터 린치 같은 유명한 가치투자자들의 기업분석 차이점을 보면 많은 공부가 될 것이다.

안전마진 개념을 예로 들어보겠다. 과거의 기업가치 분석에는 안전마진의 개념이 상당히 중요했는데, 2가지 이유가 있다. 첫째는 가치와 가격의 단기 괴리가 현재보다 훨씬 컸기 때문이다. 따라서 기업가치 평가 없이 주식투자를 할 경우, 가치 대비 훨씬 비싼 가격에 주식을 사는 경우가 발생할 수 있었다. 둘째는 미래의 성장가능성 예측이 거의 불가능에 가까웠기 때문이다. 그래서 안전마진 개념에 의한 투자가 기업가치 분석의 핵심일 수밖에 없었다.

그러니 요즘은 이 또한 변했다. 가치와 가격의 단기 괴리는 점점 좁아지고 있으며, 여전히 힘든 영역이지만 미래 성장가능성 예측도 전보다 수월해졌다. 정보공개가 많아지고 정보를 처리할 연산능력도 발달하고 있어서 미래의 성장가능성 크기가 점점 예측 가능의 영역으로 접어들고 있는 것이다. 정보의 투명성과 정보처리기술의 발달로 가치를 조금 더 정확히 평가할 수 있게 된 것이다. 가치와 가격의 갭이 작아지고 있다는 것은 투자기법의 적용과 개발에 있어 굉장히 중요하다.

💰 기술적 분석 : 가격분석

기술적 분석은 시장가격 분석이라고 부르는 것이 더 정확한 표현일 것이다. 시장가격 분석은 가치 뿐만 아니라 가격도 주식투자에서 유의미한 역할을 한다는 믿음에서 출발한다. 만약 가치만이 주식투자 매수매도의 유일한 판단기준이라면 기술적 분석은 의미가 없어진다. 가치뿐 아니라 가격 또한 매수매도에서 중요한 의미가 있다고 논리적으로 이해해야만, 가격에 대한 연구를 시작해 효과를 볼 수 있다.

시장가격 분석, 즉 기술적 분석은 주가움직임을 분석하여 매수매도 시기를 결정하는 것이다. 기술적 분석은 분류방법에 따라 패턴분석, 지표분석, 추세분석 등 여러 가지로 구분할 수 있다. 하지만 결국 이것도 가격의 변동을 어떻게 바라볼 것인가에 대한 질문의 해답을 찾는 유사한 과정들일 뿐이다.

기술적 분석은 다음과 같이 이해하면 된다. 가격의 변동을 봉의 형태 또는 이동평균선의 형태로 분석하는 것이 패턴분석이다. 가격과 거래량의 원자료를 수정변경한 후 새로운 지표로 변경조정하여, 그 수치들이 정해놓은 규칙상 의미 있는 숫자가 되는 시점을 파악하는 것이 지표분석이다. 가격변동의 움직임이 한 방향으로 나아가는 모습을 보이는지 여부를 분석하는 것이 추세분석이다.

캔들 패턴 분석의 핵심은 시가, 종가, 고가, 저가의 수치를 어떤 식으로 해석하는지이다. 이 분석은 정형화된 해석툴이 있다기보다, 이동평균선상에서 캔들 위치가 굉장히 중요하다. 그러므로 다른 기술적 분석 기법과 결합해서 적용할 필요가 있다.

이동평균선 패턴 분석의 핵심은 이동평균선의 정배열과, 역배열, 단기 이동평균선과 장기 이동평균선의 수렴과 확산에 따른 이격도의 변화, 그리고 그 과정의 교차 등을 이용하는 분석기법이다. 이동평균선 패턴 분석은 세력들이 역으로 이용하기도 하고, 외국인이나 기관들이 주로 보지 않기 때문에 대형주인지, 중소형인지, 세력성 종목인지 아닌지에 따라서 그 유용성이 달라지기도 한다.

지표분석은 여러 가지 보조지표 중 하나 이상의 복수지표를 선택하여 교집합을 이루고 있을 때 매수매도 판단을 내리는 것을 목적으로 하는 분석방법이다. 보조지표의 의미를 명확히 파악하여 서로 보완해줄 수 있는 보조지표를 선택하는 것이 좋은 결과를 낳을 수 있다.

추세분석은 시장의 현재 구간이 상승추세인지, 하락추세인지, 비추세 구간인지를 분석하여 각 구간마다 다른 매매기법을 사용하기 위하여 분석하는 방법이다. 미국이나 유럽의 기술적 분석 목적은 대부분 추세분석임을 알 수 있다.

🪙 재료분석 : 정보분석

앞에서 언급한 대로 기술적 분석, 즉 시장가격 분석의 전제조건은 가격분석이 주식투자에서 유의미하다는 판단이다. 가치와 가격이 결국 수렴한다는 가치투자자들의 신념이 사실이라면, 가치를 분석하는 것과 가격을 분석하는 것은 관점의 차이일 뿐 유의미한 분석이 될 것이다. 그렇다면 기업의 호재, 악재 등 기업의 가치 또는 가격에 영향을 미치는 재료는 어떨까?

이에 대한 답을 얻기 위해서는 기업의 이용가능한 정보가 즉시 반영되어 투자자들이 정보에 의해 초과수익을 얻을 수 있느냐 없느냐의 이론인 효율적 시장가설을 떠올려보면 된다. 효율적 시장가설은 약형, 준강형, 강형이 있고 그 형태에 따라 과거의 정보, 현재의 공개된 정보, 미래의 내부정보가 반영되는 반영정도에 대한 이론이다. 효율적 시장가설은 투자자를 이성적인 투자자라고 가정을 한다. 그렇기에 시장은 과거, 현재뿐만 아니라 미래의 공개되지 않은 내부정보까지 포함되어 있는 강형시장으로 금융시장을 바라본다. 하지만 이론과 실제가 다름을 우리는 잘 알고 있다.

투자자가 이성적이라는 가정 자체는 현실을 무시한 이론이다. 또한 그 외에 2가지 이유 때문에 실제로는 강형시장이 아니라고 판단하고 있다. 첫 번째는 정보를 이용해서 초과수익을 내는 투자자들이 현실에 많이 있기 때문이고, 두 번째는 미래의 정보는커녕, 현재의 정보조차 투자자들이 얻을 수 있는 속도와 주가에 반영시키는 속도가 다르기 때문이다. 즉 시장이 강형시장이라고 믿는 투자자에게는 재료가 의미가 없다 (실제로 강형이라면 초과수익을 얻을 수 없기 때문에 주식투자를 할 필요조차 없다). 하지만 약형 또는 적어도 준강형 정도라고 믿는 투자자에게 재료분석은 굉장한 의미가 있다.

특히 재료분석 시 주목해야 할 2가지 요인은 정보의 획득 속도와 정보의 크기 판단이다. 정보의 획득 속도는 객관적이다. 즉 가장 빨리 정보를 얻을 수 있는 노하우를 각자 알아서 찾아내야 한다. 미국 주식정보를 빨리 받으려는 투자자라면 블룸버그 방송을 실시간으로 볼 수 있어야 하며, 자신의 매매에서 전자공시 정보가 중요한 투자자라면 전자공시 사이트에 접속해서 하루 종일 남들보다 빨리 공시내용을 검색해야 한다. 기업의 내부사정을 남들보다 하루라도 빨리 알고 싶다면 공시담당자에게 매일 전화라도 걸어야 한다. 실제로 수 년 전만 해도 공시담당자에게 전화하여 재료를 확인하는 매매노하우는 주식 좀 한다는 주식투자자들에게는 기본 중의 기본이었다(요즘은 공정공시제도가 있기 때문에 미리 정보를 얻는 것이 힘들어졌다). 어쨌든 길게 설명했지만 결론은 '기업의 가치에 영향을 주는 중요한 정보를 남들보다 빨리 얻어내는 기술'이 중요하다는 것이다.

두 번째로 주목하고 싶은 것은 정보의 크기 판단이다. 공정공시제도 이후로 이 부분의 중요성이 커졌다. 정보의 크기 판단은 주관적이다. 어떠한 정보가 세상의 모든 투자자들에게 똑같은 시간에 노출되었다고 해보자. 효율적 시장가설의 시장이라면 이 정보는 동일하게 주가에 반영되어서 아무도 초과이익을 얻을 수 없다. 그러나 현실은 다르다. 한미약품을 예로 들어보자.

2020년 상반기 최고의 급등주이자, 코로나수혜주의 핵심 대장주 역할을 한 씨젠의 재료는 코로나 진단키트였다. 씨젠의 첫 상한가는 2020년 3월 6일에 나왔다. 한국 식약처로부터 코로나19 진단키트 긴급사용승인을 받은 4개 국내기업 중 유일한 상장사라는 점과 유럽연합 등 세계 여러 나라에서 주문이 쇄도한다는 재료였다. 이날 거래량을 보면 꽤 많은 투자자들이 매수에 가담했고, 또 반대로 꽤 많은 기존 보유자들이 매도에 가담했다. 같은 재료를 가지고 어떤 이들은 매수를, 어떤 이들은 매도를 결정한 것이다. 이는 매수·매도에 참여하는 투자자들이 재료를 바라보는 시각과 판단이 주관적이기 때문이다. 결과는 모두가 알고 있듯이 씨젠은 첫 상한가가 나온 날의 종가 48,350원에서 5개월 후인 8월 10일 322,200원 고점까지 6배가 넘게 폭등했다. 씨젠의 사례처럼 우리가 정보를 빨리 획득하는 것도 중요하지만, 그 크기를 정확히 판단하는 것 또한 매우 중요하다.

💰 수급분석 : 기관, 외국인, 증권사 창구 등 매매동향 분석

수급분석은 사실 외국의 주식 관련 서적에서는 거의 찾아볼 수 없는, 우리나라 시장의 특수성에 기인한 분석법이다. 그래서 전통적 의미의 투자기법인지에 대해 논란이 있을 수도 있다. 하지만 우리나라 투자상황상 꽤 오래된 분석기법이며, 실제 시장에서는 의미 있는 분석기법이기 때문에 간단히 정리하겠다.

우리나라 주식시장에는 3대 주체가 있다. 기관, 외국인, 개인이다. 이 중에서 전통적인 강자는 외국인, 전통적인 약자는 개인이라고 생각하면 틀림없다. 그래서 과거부터 매수종목 선정시 외국인 선호종목을 매수종목으로 선정하는 기법들이 있었던 것이다. 특히 외국인들이 저PER주장세, 자산주장세, 블루칩장세 등을 만들어내며 특정 종목군이 아닌 특정 종목개발기법을 이용한 투자로 우리나라 시장을 변화시킬 정도의 역할을 해왔음은 부인할 수 없다. 여기에다 또한 최근 수년 동안에는 기관의 역할이 크게 강조되면서 기관투자가들에 의해서 기술주장세, 차화정장세, 가치주장세, 전차장세 등이 이루어졌다고 보면 된다.

그렇다면 증권사의 창구분석은 무슨 의미가 있을까? 좀 더 세밀한 분석을 하고 싶을 때 의미가 있다. 특정 기관이나 외국인 중에 구체적인 매매주체, 또는 일반투자자 중 세력들의 움직임을 포착하고 싶을 때 일정 기간 증권사 창구분석을 해보면 어떤 증권사 창구에서 얼마만큼의 수량이 순매수 또는 순매도가 되는지 확인할 수 있다. 이러한 수급분석은 결국 수요와 공급, 즉 매수와 매도의 세력이 누구이며, 누구의 편에 줄을 서야 하는지에 대한 판단이 핵심이다.

2단계 : 테크닉 숙달하기

기술을 개발하고 발전시키는 2단계는 테크닉을 숙달하는 단계이다. 테크닉을 배우는 1단계와 테크닉을 숙달하는 2단계의 가장 큰 차이점은 투입한 질내시간과 경험의 유무나. 《1만 시간의 법칙》에서 성공하는 사람의 공통점을 찾아보았더니 대부분 한 분야에서 1만 시간 이상을 노력했다고 한다. 하루에 3시간씩 10년 또는 하루에 6시간씩 5년을 노력하면 성공할 수 있다는 뜻이다. 주식투자도 비슷하다. 필자는 5년의 시간이 중요하다고 강조한다. 1만 시간의 법칙 때문이기도 하지만, 더 중요한 의미가 있다.

바로 주기이다. 경제에는 경기순환주기라는 것이 있고, 주식시장도 유사한 상승하락의 순환주기가 있다. 가장 짧은 순환주기를 고려해도 주식시장에서 5년 이상은 투자를 해야 시장의 상승기, 전환기, 하락기를 다 경험해볼 수 있다. 추세로 설명하자면 장기 상승추세, 장기 비추세, 장기 하락추세를 경험하는데 최소 5년은 필요하다는 것이다. 상승장과 하락장, 그리고 비추세장에서의 매매 테크닉이 서로 다르기 때문에 5년 이상 시장을 경험하지 않고서는 테크닉을 숙달할 수가 없다.

만약 채 5년이 되지 않은 투자자가 짧은 기간 동안의 매매성공으로 주식투자에 대해 과한 자신감이 있다면, 반드시 겸손한 마음으로 투자에 임하기를 당부한다. 반면에 채 5년이 되지 않은 투자자가 아직 수익률이 만족스럽지 못하다면 조금만 기다려보라고 하고 싶다. 그동안 열심히 했다면 조만간 수익률곡선이 우상향하는 기적(?)을 경험하게 될 것이다.

마지막으로 투자경력이 5년이 넘었음에도 불구하고 아직 투자기법이나 투자마인드, 자금관리 등이 정립되어 있지 않고, 자신만의 매매기법을 만들고 지켜나가지 못한 투자자도 있을 것이다. 이런 투자자는 진지하게 자신을 되돌아보고 반성해봐야 한다. 그 뒤에 새로운 접근법을 찾든지 아예 주식투자를 그만둬야 한다. 투자세계는 냉정하다. 자존심 때문에 돈을 잃는 것보다, 자존심을 잃고 돈을 지키는 게 더 현실적이고 올바른 선택이다.

3단계 : 테크닉 창조하기

기술을 개발하고 발전시키는 3단계는 테크닉을 창조하는 것이다. 여기서 오해하면 안 되는 게 기술개발은 단계별로 이루어져야 한다는 점이다. 테크닉 숙달 없이 테크닉을 창조할 수 없다. 더 나아가 테크닉을 배우지도 않고 창조하려 한다면 사상누각에 불과하다.

바둑을 예로 들어 생각해보자. 바둑 프로대회를 보라. 아마추어는 아마추어끼리 접바둑을 두지만, 프로기사는 그 누구에게도 한 수 접어주는 대국을 두지 않는다. 프로는 실력으로 평가받으며 실력으로 우승을 해서 상금을 타고 자신의 가치를 높인다. 골프도 이와 다르지 않다. 아마추어끼리 라운딩을 할 때는 서로 핸디를 주며 비슷한 조건에서 내기를 하지만, 프로대회에서는 핸디는 커녕 기싸움을 하며 18홀을 돈다. 프로의 라운딩은 친선의 장이 아니라 생존의 장이다.

주식시장의 주식투자자는 어떨까? 주식시장은 프로의 세계일 뿐 아니라, 바둑이나 골프처럼 심판이 있거나 정정당당한 스포츠 정신이 있는 곳도 아니다. 즉 주식시장은 좋게 말하면 프로의 세계이지만, 나쁘게 표현하면 사기꾼들이 난무하는 정글이다. 사기꾼들이 난무하는 정글에서 자신의 소중한 돈을 지키기 위한 무기인 테크닉이 필요하다. 이 테크닉을 개발할 때, 테크닉을 배우고 숙달하며 창조한 사람과 싸워서 이기려면 자신도 그 이상의 과정을 거쳐서 테크닉을 창조해야 한다.

그렇다면 테크닉을 창조한다는 의미는 무엇일까? '이 세상에 새로운 것은 없다'라는 관점에서 본다면 모방은 창조의 어머니이다. 그렇다고 단순히 따라하기 식의 모방이 창조로 추앙받는 것도 아니다. 인터넷과 SNS의 발전으로 단순한 모방에 대해 감시의 눈이 강화되었다. 기술개발에서 가장 창조적인 모방이 되려면, 융복합 시대에 걸맞는 2가지 이상의 기술이 결합되어 모방의 수준을 뛰어넘어야 한다.

특히 기법을 개발하는 문제에서 '나의 경쟁자'가 누구인지 규정하는 것은 매우 중요하다. 외국인이나 기관을 이기는 기법을 개발할 것인지, 다른 개인투자자를 이기는 기법을 개발할 것인지에 따라 다르다. 주식투자를 게임이라고 생각한다면, 이 게임은 내가 산 주식을 나보다 더 비싸게 사는 바보를 찾는 게임이다. 만약 나보다 더 비싸게 사는 바보를 찾지 못한다면, 내가 가장 비싸게 사는 바보가 될 것이다. 지피지기면 백전백승이라고 한다. 내 경쟁자는 누구인가? 개인투자자인가, 기관투자자인가, 외국인투자자인가?

혹자들은 개인투자자의 적을 기관투자자 또는 외국인 투자자라고 한다. 하지만 필자는 개인투자자의 적은 개인투자자라고 생각하는 게 가장 적합한 시각이라고 본다. 이는 매매대상 종목과 매매대금, 그리고 투자전략 등에 굉장히 큰 차이가 있기 때문이다. 사실 개인투자자들은 같은 게임판에서 같은 게임을 하는 것 같지만, 그저 같은 공간에서 함께할 뿐이다. 각각은 전혀 다른 기법을 사용한다고 생각해야 한다. 내 경쟁상대가 개인투자자라고 규정하면, 어떤 기법을 개발해야 하는지 조금 더 구체화시킬 수 있을 것이다.

나만의 기법을 개발하라

앞에서 기술개발의 3단계인 배우고, 숙달하고, 창조하는 과정에 대해 설명했다. 그렇다면 나만의 레시피라고 할 수 있는 나만의 주식투자분석법, 또는 매매기법을 개발하기 위해서는 어떻게 해야 할까? 먼저 전통적 의미의 주식투자기법 모두를 배우고 익힌 후에 내 것으로 만들어내는 과정이 필요하다. 야구 투수가 직구, 커브, 슬라이더를 정확히 익힌 후에 자신의 주특기 혹은 주무기를 만들어내는 것처럼, 주식투자도 기본이 우선이다. 기본을 익혀야 자신에게 맞는 것을 찾을 수 있다.

나만의 기법을 개발하기 위해서 또 하나 중요하게 생각해야 하는 것은, 그 기법이 꼭 과학적으로 검증되거나 합리적일 필요는 없지만 반드시 수익을 가져와줘야 한다는 것이다. 즉 수익률이 기준이 되어야 한다. 어느 분석기법 또는 어느 매매기법으로 매매를 했더니 수익이 많이 나는구나 싶다면, 그 방법을 지속적으로 연구개발하면 나만의 레시피, 나만의 매매기법이 완성되는 것이다. 목적을 명확히 해야 한다. 학문적으로 빈틈없는 과학적 분석법을 연구해 이론개발가로 이름을 떨칠 것인가? 아니면 내 계좌를 수익으로 살찌우기 위함인가?

앞에서 설명한 전통적인 투자기법들을 학습하고 실전매매에서 적용시키다보면 자신만의 기법이 서서히 정립되어가고 있음을 느낄 수 있을 것이다. 이때 틀에 박힌 사고방식이 아닌 열린 마음, 창의력, 관찰력 등이 필요하다. 주식투자자의 궁극적 목표는 결국 수익이라는 단순한 논리를 기억하여 자신에게 수익을 주는, 자신에게 맞는 투자기법을 발견하고 갈고 닦아야 한다.

필자도 20여 년 동안 주식투자를 하면서 나만의 기법을 만들었다. 그중 일부를 2부에서 다루려고 한다. 모방 없는 창조가 없다고 하듯이, 2부에서 소개하는 8개 기법들도 주식투자를 한 사람들이라면 들어본 적

있는 기법에 불과하다. 하지만 누구나 들어본 기법을 학습하고 익혀서 내 것으로 만들어서 내 계좌를 살찌웠다는 점에서, 필자에게는 매우 의미 있고 가치 있는 기법이다. 기존에 알려진 기법들과 내용은 유사하지만 세부내용은 조금씩 다를 것이다.

그러나 필자에게는 적용되는 기법들이 어떤 투자자들에게는 약이 되기도 하지만, 또 어떤 투자자들에게는 손실을 입히는 독이 될 수 있다. 투자자 자신의 타입과 자금의 투자기간 등에 따라 투자전략은 분명히 달라질 수 있다. 그러므로 단순 참고용으로만 하되, '나만의 기법을 개발하라'는 명제만 기억해줬으면 한다.

나만의 주 무기를 만들어 시장의 승리자가 될 것인가? 다른 사람의 주 무기에 당하는 패배자가 될 것인가? 이제 당신만의 기술technique을 개발해야 한다.

7장

Training

반복해서 훈련하라

주식 트레이닝이란 무엇인가?

성공하기 위해서 인간의 선천적인 능력과 후천적인 노력 중, 어느 것이 큰 영향을 미칠까? 이에 대해 많은 논쟁이 있지만 증명할 수 없으니 정답은 없다고 생각한다. 어느 한쪽이다가 아닌 각각 일정 비율로 성공에 영향을 미치는 것이라 짐작할 뿐이다. 다만 필자는 예전부터 이렇게 생각했다. 어떤 분야든 최상위와 최하위에서는 선천적인 능력이 그게 영향을 미치고, 그 중간 단계에서는 노력이 큰 영향을 미치는 것이라고 말이다. 주식투자는 어떨까? 선천적인 능력이 우선할까, 후천적인 노력이 우선할까?

필자는 주식투자 성공을 위해서는 선천적 능력보다 후천적 노력이 중요한 요건이라고 본다. 후천적 노력이야말로 성공할 수 있는 가능성을 열어주는 것이다. 선천적 능력은 어쩔 수 없다 해도 후천적인 노력은 할 수 있는 것이기 때문이다. 그렇다면 결론은 하나이다. 후천적인 노력으로 최선의 트레이닝을 해야 한다.

주식은 어떻게 트레이닝해야 하는가? 영어든 수학이든 스포츠든 음악이든 이러한 분야는 학교, 학원, 혹은 관련 교육기관이 있다. 그런데 주식은 교육기관이 없다. 물고기를 잡아준다는 그럴듯한 교육기관은 많은 것 같지만, 물고기 잡는 법을 가르쳐주는 교육기관은 찾기 힘들다. 아니, 적어도 필자가 아는 한 그런 교육기관은 없다. 심지어는 물고기를 잡아준다면서 수강생을 어장 물고기로 생각하는 곳도 많다고 하니 조심해야 한다. 이럴수록 드는 생각은 "아무도 믿지 마라" 뿐이다. 결국 남는 것은 스스로 공부하는 방법밖에 없다. 다른 사람에게 배울 수 없다면 스스로 학습하는 방법밖에 없는 것이다.

여기서 또 의문이 발생한다. 혼자 공부해야 한다면, 도대체 무엇을 공부해야 할까? 무엇을 해야 할지를 모르는 투자자에게는 매일매일 증권사리포트와 외국의 수많은 주식투자 번역서를 읽는 것을 추천한다. 이렇게 각 증권사의 리포트를 읽다 보면 시황을 보는 법과 분석도구들, 그리고 종목을 선정하는 법과 선정이유 등에 대해 익숙해진다. 익숙해지면 그 이후에 내 것으로 만들어서 나만의 시황, 나만의 관심종목을 만들수 있다. 또 외국(특히 미국)의 주식 관련 번역서는 상당히 도움이 된다. 그곳은 우리나라보다 훨씬 역사가 오래된 시장이다. 그렇기에 그곳에서 성공한 투자자들이 쓴 책을 읽다보면 주식투자에 대한 다양한 시각과 다양한 기법을 접할 수 있다. 이런 과정을 거치면서 매일매일 실전투자를 하면 된다. 이 매일매일의 실전투자도 일종의 학습과정이다.

실전투자를 통한 학습을 하려면 2가지를 중요하게 생각해야 한다.

첫째, HTS의 여러 가지 기능들에 대한 이해와 사용이다. 증권사들의 경쟁이 심해지면서 HTS에는 투자가로서 꼭 필요하거나 적어도 알면 유용하게 쓸 수 있는 기능들이 많아지고 있다. HTS의 여러 기능들을 정확히 이해하고 분석이나 매매에 이용할 수 있다면, 다른 사람보다 한 발 앞서 나갈 수 있다. 가끔 블로그를 통해 스터디 모임을 하는데, 조건검색 기능을 한 번도 쓰지 않은 투자자들이 꽤 많았다. 아마 이 책을 읽는 독자들 중에도 조건검색 기능을 한 번도 안 써본 투자자들이 꽤 있을 것 같다. 주식시장은 남이 모르는 것도 내가 알아야 성공하는 곳이다. 그런데 남이 아는 것을 내가 모른다는 것이 말이 되겠는가?

둘째, 매매를 할 때 배운다는 자세를 잊지 말아야 하며, 매매를 할 때마다 매매일지를 작성해야 한다. 자신이 실패한 매매에 어떤 특징이 있는지를 밝혀내는 것은 수능을 준비하는 학생이 오답노트를 작성하는 것과 같다. 자신이 실패한 매매가 왜 실패했는지 원인을 찾아내지 못하면, 계속 실패가 반복될 수밖에 없다. 실패한 매매가 밑거름이 되어 이익으로 전환되어야 한다. 그래야만 성공한 투자에 한걸음 더 다가가는 것이다. 다음은 필자가 경험한 주식투자 훈련법이다.

어떻게 트레이닝할 것인가?

💰 1단계 트레이닝 : 책

주식투자자에게는 어떤 트레이너가 좋은 트레이너일까? 아니 주식투자자에게 트레이너가 있을 수 있을까? 아마 많은 분들이 주식투자에도 트레이닝이 필요하다는 것에 동의할 것이다. 하지만 트레이너가 필요한가에 대해서는 의견차이가 있을 것이다. 필자 개인적 견해로는 주식투자자에게 트레이닝은 필수이지만, 트레이너를 찾기란 거의 불가능에 가깝다고 생각한다. 그래도 굳이 찾는다면 투자 관련 회사 종사자들에게는 소속된 회사의 상사가 트레이너라고 할 수 있다. 조직 내에서의 약간의 강제성을 생각한다면 말이다.

하지만 개인투자자에게는 멘토는 있어도 트레이너가 있기는 힘들다. 이것은 앞에서 언급한 강제성 때문이다. 트레이너의 역할은 잘못된 습관이나 행동을 바로잡고 올바른 훈련을 통해서 실력향상에 도움을 주는 것일 텐데, 강제성이 없으면 소기의 성과를 이루기 힘들지 않을까 싶다. 어쨌든 이런저런 이유를 생각하면 주식투자 트레이닝 방법은 트레이너 없이 스스로 트레이닝을 하는 것이다.

먼저 자신의 트레이닝 방법이 정립되지 않은 투자자는 타인의 트레이닝 방법을 접하고 자신에게 맞는 트레이닝을 찾아내야 한다. 이때 직접경험의 한계를 이겨내기 위해서는 결국 간접경험을 통해서 얻어내야 하는 부분이 있다. 그리고 간접경험 최고의 도구는 결국 책이다. 책을 통해 타인의 트레이닝 방법을 이해한 후 자신만의 방법으로 가다듬어야 한다. 책을 자신의 트레이너라고 생각하고, 인내심을 갖고 꾸준하게 훈련하는 방법밖에 없다. 필자도 책을 통해 트레이닝을 하고 그 후에 추가로 새로운 트레이닝법을 시도했었다. 꼭 이것이 정답은 아니며, 기법이나 매매방법을 알려주는 트레이닝이 아니라 주식투자에 성공하기 위한 트레이닝 방법임을 강조하고 싶다.

💰 2단계 트레이닝 : 증권사리포트

　지금은 수많은 정보들을 손쉽게 구하지만, 인터넷이 없던 시대에서는 증권사리포트가 최고의 지침서였다. 필자도 증권사리포트를 매일 읽어가며 공부를 했다. 정보를 구하기 힘든 시대에는 증권사 데일리리포트는 시황을 판단하고, 업종을 분석하고, 유망종목을 선정하는데 반드시 읽어야 할 주식투자 도구 중 하나였다. 그도 그럴 것이 투자자가 구할 수 있는 거의 유일한 정보였기 때문이다.

　그렇다면 2020년 현재, 증권사리포트의 질적 수준은 TV의 증권방송, 인터넷 증권방송, 인터넷 주식사이트 같은 여러 형태의 정보 중에서 어느 정도일까? 필자는 아직도 증권사리포트 수준 이상의 분석글을 찾기는 힘들다고 생각한다. 여전히 증권사 데일리리포트는 시황을 판단하고, 업종을 분석하고, 유망종목을 선정하는데 반드시 읽어야 할 가장 중요한 정보 중 하나라고 본다. 특히 유망종목 선정을 할 때 증권사리포트만큼 좋은 교재는 없다고 생각한다. 그 이유는 다음과 같다.

　첫째, 추천종목이 누구의 글이나 말에서 나온 것이든지 간에 종목추천의 목적이 자신이 보유한 종목을 팔아먹기 위함이라고 가정했을 때(아무도 믿지 마라), 보유종목을 가장 팔기 힘든 직업이 그나마 제도권에 있는 증권사 애널리스트라는 점이다. 둘째, 정보의 공개성 측면에서 보면 다수의 투자자가 읽는 리포트가 소수의 투자자가 몰래 읽는 리포트보다 훨씬 가치가 있기 때문이다(물론 경우에 따라 다르다). 마지막 셋째, 해외증시, 시황, 업황 등에 대해서는 가끔씩 매우 우수한 아이디어를 제공하는 분석글이 나온다는 점이다. 이러한 이유로 매일매일 증권사 데일리리포트를 읽는 트레이닝을 해야 한다고 생각한다. 매일 아침밥을 먹듯이, 세수를 하듯이, 출근하듯이 증권사 데일리리포트를 읽자.

💰 3단계 트레이닝 : 재료분석

재료분석 트레이닝은 매일 상승종목의 상승이유를 찾는 연습과 공시정보를 매일 분석하는 것이 가장 좋은 트레이닝 방법이다.

우선 매일 상승종목의 상승이유를 찾다보면 '이런 재료에 시장은 이렇게 반응하는 구나'라는 것을 데이터화시키게 된다. 그러다보면 차후에 재료에 대해 생각하는 힘이 생기고, 그 힘은 수익률을 향상시키는 강력한 무기가 된다. 어느 정도 익숙해지면 하루에 10종목, 또는 20종목, 30종목 등을 정해서 재료를 찾는 트레이닝을 반복하도록 한다. 또 한편으로는 재료가 없는 상승종목에 대해 숨어 있는 상승이유를 찾는 연습을 하자. 그러다보면 주가상승에 영향을 미치는 변수들을 하나씩 익힐 수 있다. 이렇게 하면서 알게 되는 변수는 일반적으로 알려진 주가에 영향을 미치는 변수와는 큰 차이가 있음을 알게 된다. 이것이 이론과 실제의 중요한 차이이며 열심히 트레이닝을 해야 하는 이유이다.

두 번째 재료분석을 위한 트레이닝은 공시정보 재료를 분석하는 것이다. 금융감독원 전자공시시스템(dart.fss.or.kr)에서 매일 공시정보 재료를 분석하는 것은 재료분석에서 가장 고난이도의 작업이다. 하지만 노하우를 얻게 되면 정보 싸움에서 남들보다 우위를 점할 수 있다. 혹자는 어차피 모두에게 노출된 공시정보를 본다고 무슨 득이 되냐고 의문을 가질지 모르겠다. 그러나 공시는 하루에도 수백 건씩 쏟아진다. 수많은 공시에서 유의미한 공시를 골라내는 것은 훈련이 되지 않으면 쉽지 않다. 대부분의 투자자는 이에 대한 훈련이 되어 있지 않기 때문에 남들보다 빠르고 정확하게 공시를 분석할 수 있는 능력이 있다면 굉장히 강력한 무기를 갖게 되는 것이다.

공시기사를 쓰는 기자보다 한발 빨리 기사화할 가능성이 높은 공시를 찾는 매의 눈을 길러낸다면 공시매매의 달인이 될 수도 있다. 단기매매로 성공한 트레이더 중에는 재료매매가 차트매매보다 월등히 많으며, 재료매매의 절반은 상한가분석 매매이고(요즘에는 아니지만 과거에는 가장 강력한 매매기법이었다), 나머지 절반은 공시분석 매매임은 공공연히 알려진 비밀이다. 대학입시를 위해 영어단어를 매일 30개, 또는 50개 이상씩 외워봤을 것이다. 마찬가지다. 지금부터 당장 재료분석 트레이닝을 위해 하루에 상승종목 몇 개, 공시정보 몇 개를 분석해보자. 어느 순간 시간이 단축되는 것을 느낄 것이며, 매의 눈이 되어 매매종목을 찾아내는 자신을 발견할 수 있을 것이다.

💰 4단계 트레이닝 : 기본적 분석

전통적 투자분석기법에는 크게 기본적 분석과 기술적 분석이 있다. 기본적 분석은 가치투자의 개념, 그리고 기술적 분석은 가격매매의 개념임을 이미 설명했다. 또한 흑백논리로 가치투자 또는 가격매매만이 정답이라고 고집을 피울 필요도 없이, 가치와 가격 2가지를 모두 분석하는 것이 성공의 확률을 더 높이는 지름길이라고 앞에서 말했다. 이러한 관점에서 아무리 재료매매와 차트매매의 달인이 되겠다고 하더라도 기본적 분석을 위한 트레이닝은 반드시 이루어져야 한다. 가장 좋은 트레이닝 방법은 관심종목 사업보고서 등을 금융감독원 전자공시시스템에서 정밀하게 분석하는 것이다. "봐도 뭐가 뭔지 모르겠는데요"라고 말하는 투자자는 당연히 트레이닝 이전에 재무제표에 대한 기본 또는 회계의 기본을 공부해야 한다.

재무제표의 기본 또는 회계의 기본에 대한 공부가 되어있는 투자자들은 기본적 분석을 위한 트레이닝으로 적어도 매매관심종목 또는 보유종목들에 대해 사업보고서 등으로 재무제표들의 항목들이 어떻게 증가 혹은 감소하는지, 그러한 항목들의 증가와 감소가 기업의 가치에 어떠한 영향을 미치는지를 파악해야 한다. 영어공부를 잘하기 위해 영어에 많이 노출을 시키는 것이 비법 중의 하나인 것과 마찬가지로 기본적 분석을 잘하기 위한 비법은 결국 재무제표를 자주 보는 방법밖에는 없다. 기본적 분석을 위한 트레이닝으로, 관심종목은 매수 전에 재무제표를 반드시 확인하도록 하자.

💰 5단계 트레이닝 : 기술적 분석

필자는 젊은 시절 주식투자를 시작했을 무렵 주식에 대한 열정이 대한민국 최고라고 자부했었다. 체력이 뒷받침되기도 했지만, 상장기업 전 종목의 차트를 매일 돌려 보는 작업을 했기 때문이다. 증권사 HTS를 보면 자동으로 차트가 넘어가는 기능이 있다. 처음에는 5초에서 10초 정도는 봐야 눈에 들어왔지만, 익숙해지면 3초 간격이면 충분히 한눈에 차트를 볼 수 있게 된다. 속독하는 것과 비슷하다. 대략 2,000종목이라고 잡았을 때 곱하기 3초를 하면 6,000초, 즉 100분이다. 집중력이 떨어져서 잠깐 쉬는 시간을 고려하면 2시간이면 전 종목의 차트를 매일 볼 수 있다. "전 종목 차트를 매일 보면 밥이 나오냐 쌀이 나오냐"라고 누군가 내게 묻는다면, 필자의 대답은 "돈이 나옵니다"이다.

사실 훈련이라는 개념에 가장 적합한 것은 재무제표·재료분석보다는 차트분석이다. 차트분석은 매일매일 많은 차트를 볼수록 딱 그만큼 실력이 늘어간다. 매일 2시간 투자로 기술적 분석을 위한 트레이닝을 한다면 예쁜 차트와 미운 차트를 구분할 수 있고, 시기마다 유행하는 차트의 변화도 느낄 수 있으며, 돈이 되는 차트를 찾아내는 힘이 길러질 것이다. 그림을 사랑하는 마음으로 명화감상을 하다가 그림 보는 눈이 생기는 것과 비슷하다. 차트는 결국 그림이기 때문이다. 균형 잡힌 차트, 사랑스러운 차트, 돈이 되는 차트를 알고 싶다면 차트와 친해져야 한다.

💰 6단계 트레이닝 : 생활 속 종목발굴

소설가는 생활 속에서 아이디어를 얻어 소설을 쓰고, 영화감독은 생활 속에서 아이디어를 얻어 영화를 만들며, 작사가는 생활 속에서 아이디어를 얻어 노래를 만든다고 한다. 이러한 예술가들의 행위는 창작활동이라고 하고 창작활동은 창의성이 핵심이 되어야 하며 예술가의 창의성에는 실제 경험이 많은 영향을 미친다고 한다. 필자는 주식투자도 예술가들의 창작활동과 다를 게 없는 예술이라고 생각한다. 주식투자도 창의적인 사람이 성공할 확률이 높다. 특히 생활 속의 종목발굴은 창의력과 통찰력이 굉장히 중요하다.

생활 속의 종목발굴을 위한 트레이닝의 키포인트는 늘 주식투자자적 관점에서 세상을 바라보고 생활하는 것이다. 예를 들면 어떤 영화가 히트하면 영화에 나오는 배우가 어디 소속사인지, 영화를 만든 제작사가 상장사인지를 검토하는 식이다. 또 동네 마트에서 히트상품이 나오면 그 제품을 만든 회사가 상장회사인지 찾아보는 등의 실천은 기본 중의 기본이다. 하지만 투자자 본인이 직접 영화를 보고, 마트에 가서 히트상품이 무엇인지 알아내는 활동 등은 분명히 한계가 있다.

이럴 때 가장 좋은 트레이닝 방법은 포털사이트에서 인기 기사를 보는 것이다. 어떤 분야의 기사만 봐야 한다는 제한은 없다. 정치, 경제, 산업, 문화, 예술, 연예 등에서 번갈아 가면서 핫이슈가 등장한다(연예기사일 확률이 높다). 그러한 인기기사를 보면서 주식투자와 연결되는 관련 종목을 찾는 연습을 해야 한다. 그것이 생활 속 주식투자를 위한 트레이닝의 가장 좋은 방법이다.

최종 단계 : 실전매매 트레이닝

실전매매 트레이닝은 앞에서 언급한 트레이닝의 최종 단계, 가장 중요한 트레이닝이다. 실전매매를 위한 트레이닝 방법은 3가지이며, 다음과 같다.

첫째, 실전매매 전前 트레이닝이다. 이 단계는 이제 막 계좌를 만든 주식초보자에게 권하고 싶다. 아직 매매를 한 번도 안한 투자자에 한정해서 의미 있는 연습방법이기 때문이다. 보통 계좌를 만들고 그날 바로 주식을 사는 주식투자자가 있다. 시장가와 지정가의 차이, 시간외매매의 종류, 동시호가 등 매매에 대한 기본 룰도 모르는 주식투자자일 확률이 높다. 그러니 성급하게 바로 투자하지 말고 충분히 연습을 해봤으면 한다. 매매제도에 대한 이해와 적용은 실전매매에서 굉장히 중요하다. 실제 돈이 아닌 가짜 돈으로 충분히 연습해봐야 한다. 그러므로 실전매매 전에는 반드시 모의투자를 하거나, HTS상에서 스스로 가상매매를 하며 주문을 넣어보는 연습을 하도록 하자.

둘째, 실전매매 중中 트레이닝이다. "연습을 실전처럼 실전을 연습처럼"이란 말이 있다. 결국 모의투자와 실전투자는 다른 것이다. 모의투자로는 매매의 기본이 되는 매매주문 등만 학습하고 그 후에 실전투자로 넘어오는 것이 당연하다. 칼로 싸우는 진검 승부를 앞두고 목검만 가지고 백날 연습해봐야 소용없는 일이다. 그렇다고 진검으로 연습하다가 죽을 수는 없다. 실전매매 중 트레이닝을 하면서 시드머니를 다 날려버려 시장에서 퇴출되는 것만큼 허무한 일이 어디 있겠는가? 이 단계에서는 시장퇴출 위험을 방지하기 위해 실전매매 자금을 줄여서 실전매매를 연습처럼 해서 매매에 익숙해져야 한다. 한마디로 100만 원 계좌가 익숙해졌을 때 1,000만 원 계좌를 운영해야 하고, 1,000만 원 계좌가 익숙해졌을 때 1억 원 계좌를 운영해야 한다는 뜻이다. 처음부터 10억 원 계좌를 운영하다가는 돈의 무게를 지탱하지 못하고 이성을 잃어가는 자신을 발견할 수 있을 것이다.

셋째, 실전매매 후後 트레이닝이다. 실전매매 후 트레이닝은 주식투자일지를 쓰는 것이다. 9시부터 3시 30분까지가 가장 중요한 시간임은 당연하지만, 이 6시간 30분의 전투를 생생히 기록하는 것이야말로 다음날의 6시간 30분, 1년 후의 6시간 30분, 10년 후의 6시간 30분을 위해 정말 중요한 일이다. 인간은 망각의 동물이기에 기억에는 한계가 있다. 투자일지를 쓰지 않는 투자자는 몸으로는 기억할 수 있지만, 머리로는 기억하지 못한다. 투자일지를 쓰는 투자자는 몸으로도 기억할 수 있고, 머리로도 기억할 수 있다. 누가 더 유리한 싸움을 할 것인가? 누가 더 강력한 무기를 가지고 있는가? 이것이 주식투자일지를 반드시 써야 하는 이유이다.

Try

시도하라, 시도하라, 그리고 또 시도하라

끊임없이 좌절하고 시도하라

당연한 것이지만 필자의 책장에는 주식 관련 책이 많다. 이것저것 읽다 보니 주식 관련 책은 크게 4가지로 분류되는 것 같다. 초보자를 위한 기초적인 책, 기술적 분석 관련 책, 기본적 분석 관련 책, 그리고 실전투자기법이 포함되어 있는 자서전 등이다. 일반적인 순서는 당연히 초보자를 위한 기본서를 숙독하여 완전히 이해한 후, 기술적 분석과 기본적 분석의 책들을 고루고루 읽는 것이다. 영양소를 골고루 섭취해야 건강에 좋듯이, 기술적 분석과 기본적 분석을 다 사용하는 투자자가 하나만 사용하는 투자자보다 투자수익률이 높다고 본다.

그렇다면 성공스토리 위주의 자서전은 도움이 될까? 솔직하게 말하면 크게 도움이 되지 않는 것 같다. 첫째, 자서전에 대한 신뢰도 때문이다. 김연아 선수의 자서전을 읽고 감동을 받는 것은 그녀가 선수로서 성공한 과정을 알고, 그 피와 땀의 의미를 알고, 그 노력의 결과물로써 이뤄낸 위대한 성취를 알기 때문이다. 발레리나 강수진의 자서전을 읽고 감동받는 것은 그녀가 최고가 되기 위해 쏟은 열정과 노력을 알기 때문이다. 이들 모두 신뢰할 수 있는 사람들이기 때문에 자서전도 신뢰할 수 있는 것이다. 반면에 주식투자 분야에서 자서전을 쓴 수많은 저자들을 살펴보면 어떠한가? 투자기간이 5년 미만 단기인 경우도 있고, 투자수익이 수억 원 이하인 경우도 있으며, 결정적으로 이것들조차도 검증하기에는 거의 불가능한 경우가 대부분이다. 신뢰할 수 있는 투자자가 자서전을 써야 하는데, 자서전을 써서 신뢰를 얻으려 하는 사람들이 너무 많다는 것이 큰 문제이다.

둘째, 자서전 내용 때문이다. 많은 자서전들이 이게 동화인지 설화인지 모를 정도로 '어린 시절 가난해서 젊은 시절 방황을 했고 주식투자에 한두 차례 실패했으나 결국 지금은 떵떵거리며 잘 살고 있다'식의 스토리가 많다. 어린 시절은 거의 위인전을 방불케 하는데, 다른 분야는 몰라도 주식투자 자서전은 결코 위인전이 되어서는 안 된다. '어떤 기법을 수립하였고, 어떤 전략을 이용했으며, 그 과정에서 나온 실패에서 어떤 교훈을 얻어서 어떤 변화를 시도했고, 그래서 성공했다'는 구체적인 내용이 담겨 있어야 한다.

이러한 관점에서 주식 관련 자서전은 크게 도움이 되지 않는다고 생각한다. 그럼에도 불구하고 공감을 느끼며 저자를 존경하게 되고, 그 책 속에 숨어 있는 저자의 전략과 기법에 감탄하며 내 것으로 만들고 싶어지는 자서전이 있었다. 바로 주식투자 세계에서 가치투자와 가격매매의 양대 거장인 워런 버핏과 제시 리버모어가 그렇다.

현존하는 가치투자의 전설, 그리고 세계적인 부자로 알려진 워런 버핏과 비록 지금은 이 세상에 없지만 매매기법은 영원히 살아남아 여전히 월스트리트에서 추앙받고 있는 트레이더들의 우상 제시 리버모어. 이 둘의 자서전을 아직 읽지 않았거나 또는 읽었는데 느끼는 바가 없다면 본격적인 주식투자자의 길로 접어들었다고 말할 수 없다. 그만큼 주식투자자들에게 필독서이며 여러 차례 읽어야만 하는 교과서라고 할 수 있다.

가치투자 속에서 정답을 찾으려고 고민하고, 분석하고, 뜬눈으로 밤을 지새우며 재무제표를 본 경험이 있다면 워런 버핏의 가치투자기법에서 공감과 이해, 그리고 또 다른 절망들을 맛볼 것이다. 가격매매(추세매매)에서 정답을 찾으려고 고민하고, 분석하고, 이를 악물고 졸린 눈을 비비며 전 종목 차트를 돌려본 경험이 있다면 제시 리버모어의 추세매매기법에서 공감과 이해, 그리고 또 다른 절망들을 맛볼 것이다. 이런 과정을 통해야만 비로소 그들의 것을 내 것으로 만들 수 있는 것이다. 이러한 끊임없는 좌절과 시도만이 우리에게 수익을 줄 수 있다.

재도전의 관건은 자금관리다

오뚝이 같은 도전정신으로 넘어지면 일어나고, 다시 넘어져도 또다시 일어나면 언젠가는 성공할 수 있을 것이다. 그런데 주식투자는 정신력만으로는 가능하지 않다. 돈, 반드시 돈이 있어야 한다.

《주식시장에서 살아남는 심리 투자 법칙》과 《나의 트레이딩 룸으로 오라!》의 저자 알렉산더 엘더가 만들어낸 3M이론은 우리나라 주식투자자들에게 시사하는 바가 매우 크다. 엘더는 메쏘드Method(기법), 마인드Mind(심리), 머니Money(자금관리)를 성공투자의 3요소인 '3M'으로 보았다. 그런데 우리나라 주식투자자들은 주식투자 공부의 90% 이상을 메쏘드Method에 쏟아 붓고 있는데, 실제로 주식투자 성공여부는 마인드Mind, 또는 머니Money에 달려 있는 경우가 훨씬 많다고 단언한다. 이때 3M 중 머니는 단순히 자금이 많고 적음을 뜻하는 것이 아니라 자금관리를 뜻한다. 주식투자는 돈이 있어야 재시도를 할 수 있는 것인데, 돈이 없으면 여러 번은커녕 단 한 번의 시도도 할 수 없다. 따라서 주식투자 재시도의 전제조건은 자금관리일 수밖에 없다.

메쏘드, 마인드, 머니의 중요성을 좀 더 이해를 쉽게 하기 위해서 프로스포츠 선수를 예로 들어 보자. 주식투자자와 프로스포츠 선수는 비슷한 점이 많은데, 가장 큰 유사점은 결과가 돈으로 평가되며, 좋은 결과를 얻기 위해서는 3가지가 필요하다는 사실이다.

첫째, 주식투자자와 프로스포츠 선수가 가장 먼저 배우고 가장 많은 시간을 할애하는 부분은 기술연마Method이다. 앞에서 주식투자자라면 테크닉을 배우고, 숙달하고 창조해야 된다고 강조한 것처럼 프로스포츠 선수 역시 이와 다르지 않다.

둘째, 기술이 어느 정도 마무리되어 가는 시기에 프로선수들은 불안감을 비롯해 여러 가지 심리문제에 부딪친다. 이러한 심리문제를 해결하기 위해 명상을 하거나, 심리상담 전문 스태프의 도움을 받는 경우도 있다Mind. 프로선수가 마인드관리에 실패하면 슬럼프가 찾아와서 경기력이 위축된다던지, 성적의 기복이 심해지는 등의 일이 발생한다. 심하면 기량을 회복 못하는 경우도 있다. 주식투자자에게 마인드관리도 이와 다르지 않다. 평온한 심리는 투자결과로 바로 나타난다.

셋째, 프로선수가 프로스포츠 행위를 할 수 있게 하는 유일한 무기는 자신의 '몸'이다. 선수가 아무리 기술 연마나 마인드컨트롤을 잘했다 한들 몸 관리가 되어 있지 않다면 좋은 성적을 낼 수 없고, 심지어 몸 관리의 성패는 프로선수 생활을 계속할 수 있는지 없는지 생존을 좌지우지한다. 주식투자자에게 주식투자 행위를 할 수 있게 하는 유일한 무기는 '돈'이다. 즉 투자할 돈이 없으면 아무리 뛰어난 기술과 아무리 강한 마인드가 있어도 주식투자 자체를 할 수 없다. 그러므로 돈관리는 주식투자행위의 전제조건이며, 돈관리의 성패는 주식투자를 지속할 수 있는지 없는지의 생존 여부와 연결된다.

'3M이론'을 정리해보면 다음과 같다. 기법연구^{Method}는 매매승률을 높이는 기술적인 부분으로써 매수매도 타이밍과 종목선정에 도움을 주는 기술의 문제이다. 마인드관리^{Mind}는 매매차익의 크기를 조절하는 심리적인 부분으로써 투자수익이나 투자손실의 크기에 흔들리지 않게 하는 것이다. 자금관리^{Money}는 돈의 수익률보다 리스크 측면을 더 중요하게 여기는 리스크관리적인 부분으로써 주식투자자금이 0이 될 것인가 아닌가의 여부를 결정짓는 생존의 문제이다. 당신은 주식투자계좌를 살릴 것인가, 죽일 것인가? 그것은 자금관리^{Money}에 달려 있다.

생존을 위한 나만의 자금관리 원칙 만들기

필자는 주식으로 시작해서 현재 파생상품도 함께 운용하고 있는데, 가끔 이런저런 질문을 받는다. "선물옵션은 도박이라는데 왜 하시죠?"라는 정말 무례한 질문부터 시작해서, "깡통 몇 번 차 보셨어요?"라는 황당한 질문, "선물옵션은 주식에 비해 너무 위험한데 안 무서워요?"라는 무지한 질문까지 말이다. 하지만 주식투자자에게 '무지'란 있을 수 없다. 알지 못하는데 어떻게 남보다 좋은 결과를 얻을 수 있단 말인가?

얘기가 나온 김에 선물투자, 옵션투자, 주식투자 중 어느 것이 더 위험한지 알아보자. 무엇이 가장 위험할까? 사실 정답을 먼저 말하면 어디에 투자하느냐에 따라 위험도가 달라지는 것이 아니라, 어떻게 투자하느냐에 따라 위험이 달라진다. 즉 투자대상 자체의 위험보다 더 큰 위험은 바로 투자운용을 어떻게 하느냐의 위험이고, 여기에 레버리지가 포함되면 이야기는 크게 달라진다. 레버리지란 자기자본 대 타인자본의 비율을 어떻게 써서 투자할지 정하는 것으로, 레버리지 조절에 따라서 위험과 수익률은 급변하게 된다. 내 돈으로 투자를 할 것인지, 남의 돈으로 투자를 할 것인지에 따라 위험과 수익률이 달라진다는 매우 중요한 개념이다.

HTS 주식투자 매수주문에는 2가지가 있다. 신용거래와 현금거래이다. 현금거래는 내 돈으로 매수하는 것이고, 신용거래는 남의 돈을 빌려서 매수하는 것이다. 통상적으로 증권회사들은 신용거래 약정을 하면 종목별로 차이가 있지만 원칙적으로 현금의 2.5배를 신용거래할 수 있도록 되어 있다. 예를 들어 1억 원으로 2.5억 원의 주문을 넣을 수 있다는 것이다. 내 돈 1억 원으로 반토막이 나면 내 돈 5,000만 원이 남지만, 신용 2.5억 원으로 반토막이 나면 1.25억 원이 남게 되고 1.5억 원의 빚을 갚아야 하므로 증권사에 추가로 0.25억 원을 갚아야 하는 깡통계좌가 되는 것이다.

선물투자는 어떨까? 선물투자의 레버리지는 통상적으로 약 7배 정도의 주문이 들어간다. 즉 내 자금의 6배를 빌려서 주문을 넣기에 주가지수가 크게 움직이면 크게 수익이 나거나 크게 손실을 볼 수 있다. 또 옵션투자는 어떨까? 옵션매수는 만기일 하루만 봐도 0원이 되거나 수배의 수익이 날 수 있다. 또 적은 수익을 내려다가 계좌가 깡통나는 경우도 굉장히 많다.

각각의 투자종류에 따라 설명이 많았다. 하지만 여기서 강조하고 싶은 것은 투자상품의 특성상 그 상품의 변동성이 더 크거나 작고, 또는 레버리지의 한도가 더 높거나 낮을 수 있으나, 결국 그보다 더 중요한 것은 투자자들의 투자자금 배분결정이라는 것이다. 주식투자를 1억 원을 하면서 한 종목에 신용 풀매수로 2.5억 원을 투자한 투자자와 선물투자를 하면서 레버리지를 쓰지 않고 내 돈으로만 선물매수를 한 투자자가 있다고 하자. 그러면 당연히 레버리지를 더 쓴 주식투자가 선물투자에 비해서 위험한 상태인 것이다. 물론 극단적인 예를 들었고, 평균적인 투자를 하는 경우 '옵션>선물>주식' 순으로 리스크가 크다고 볼 수 있다.

앞의 예에서 알 수 있는 것은 무엇일까? 바로 주식투자자의 자금관리 첫 번째 원칙이 신용, 미수의 자제라는 것이다. 주식투자에 한정해서 자금관리에 실패해 계좌가 깡통이 나 시장에서 퇴출되는 경우는 2가지 밖에 없다. 가지고 있는 종목이 상장폐지가 되어서 휴지가 되던지, 아니면 2.5배 신용풀매수를 했는데 종목이 반토막이 나던지 말이다. 그래서 자금관리에서 가장 중요한 것이 신용, 미수 등 레버리지 사용을 자제하자는 것이다.

상장폐지가 되어서 휴지가 되는 종목을 가지고 있는 위험은 어떻게 대비해야 할까? 2가지 방법이 있다. 분산투자를 통해 여러 종목을 갖고 있는 것이고, 주가하락시에 물타기를 배제하고 손절매를 하는 것이다. 여기서 분산투자가 주식투자자 자금관리 두 번째 원칙이다.

두 번째 원칙인 분산투자를 집중투자와 비교해 살펴보자. 집중투자와 분산투자는 종목숫자에 대한 것이 있고, 매매시기에 대한 것이 있다. 먼저 종목숫자를 생각해보자. 한두 종목에 집중투자를 하는 경우 종목관리를 하기 편하다는 것과 그 매수가 적중했을 때 수익률이 최대치로 올라갈 가능성이 있다는 장점이 있다. 하지만 그 가능성에 비례해 손실률이 최대치로 올라갈 가능성도 있다. 그 손실의 최대치는 앞에서 언급한 상장폐지 위험, 즉 보유주식이 쓰레기가 될 위험이다.

통상적으로 투자기간이 짧은 투자자, 상승장만 경험한 투자자, 투자금액이 적은 투자자, 나이가 젊은 투자자 등이 집중투자를 선호한다. 물론 투자금액, 투자성향, 매매타입에 따라서 집중투자를 선호할 수 있으나, 선호하는 것과 맹신하는 것은 큰 차이가 있다. 선호라는 것은 집중투자의 단점을 정확히 알고 내 계좌가 깡통이 되어 시장퇴출 위험이 존재하지만, 그 위험을 감수하고서라도 집중투자의 최대장점인 수익률 극대화를 위해 집중투자를 선택하는 것이다. 반면에 맹신하는 것은 집중투자가 분산투자보다 더 낫다고 생각하고, 심지어는 집중투자가 그렇게 위험한 투자가 아니라고 막연한 믿음을 갖는 것이다. 집중투자는 분명히 시장퇴출의 위험이 존재하며, 대상은 누구라도 될 수 있음을 명심해야 한다.

또 다른 분산투자로 매매시기 분산투자를 생각해보자. 매수시에 분할매수, 매도시에 분할매도를 하는 것이 바로 매매시기 분산투자이다. 매매시기에 대한 분산투자는 심리적인 부분이나, 위험관리 측면, 수익률 제고 측면 등 장점이 더 많은 방법이다. 특히 자금관리 측면에서 위험감소 효과가 있는 분할매수, 분할매도를 적극 활용하도록 하자.

주식투자자의 자금관리 세 번째 원칙은 물타기 자제와 손절매 필수이다. 필자가 약 20년 동안 주식투자를 하면서 종목이 상장폐지되거나 1/10 토막이 나버리는 일을 수도 없이 봤다. 대우그룹이나 LG카드 같은 부두회사에만 주식투자자의 리스크가 노출되어 있는 것은 아니며, 우량주라고 믿어왔던 포스코 등의 종목들이 1/5 토막이 되는 추세하락에도 주식투자자의 리스크가 노출된 지 이미 오래이다.

턱걸이 10개를 하려면 1개부터 시작해야 되듯이, 자고 일어났는데 하루아침에 종목이 1/10 토막이 나 있는 일은 결코 없다. 주가 1만 원짜리의 종목이 어느 날 9,000원이 되어 있고, 어느 날은 8,000원, 또 어느 날은 5,000원, 그리고는 2,000원 되면 1/5 토막이 나는 것이다. 투자가 중에는 주가가 1만 원인 종목이 8,000원쯤 되었을 때 물타기를 고려하는 투자자가 있는데, 올바른 투자방법이 아님은 분명하다. 심리적으로 잘못된 선택을 인정하고 싶지 않기에 매매평균단가를 낮추어서 본전 이상에서 탈출하고 싶은 패배자의 탈출욕구가 작용했을 가능성이 높다.

하지만 주식투자가 한정된 자원¹으로 최대효과를 목표로 하는 것이라면, 물타기를 하는 것보다 더 좋은 투자전략은 다른 투자가능종목을 찾아보는 것이다. 더 좋은 투자종목을 찾는 노력을 게을리하고, 보유종목의 주가가 떨어졌다는 이유 하나만으로 한 번 실패한 매수에 또 한 번의 실패를 덧씌우려는 것에 한정된 자원을 이용한다면 결과는 정해져 있다. 그래서 물타기를 자제하는 것만큼이나 중요한 것이 손절매이다. 매수가의 몇 %에서 손절매도를 해야 하느냐는 결국 기술적인 것과 심리적인 것이 결합된 부분이므로 논외로 하자. 다만 손절매가 반드시 필요한 것이냐는 질문에는 반드시 그렇다고 대답하고 싶다. 어느 시기에 어느 정도의 손절매가 필요한지는 각자의 매매타입이나, 종목의 성격에 따라 달라짐을 유의하면 된다. 앞에서 길게 설명했지만 자금관리의 원칙을 정리하면 다음과 같다.

첫째, 신용, 미수 등 레버리지 이용을 자제하자.
둘째, 종목에 의한 분산투자, 매매시기에 의한 분산투자를 하자.
셋째, 물타기를 자제하고 오히려 손절매를 단행하자.

이러한 원칙은 지금까지 주식투자를 하면서 경험한 필자만의 사례이다. 투자자 각자의 투자타입과 성향에 맞는 자신만의 자금관리 원칙을 세워야 한다. 또한 수익금의 인출 또는 재투자문제, 계좌수익률곡선관리, 계좌변동을 포함한 매매일지 작성 등 기술적인 부분이 있는데, 이러한 부분들에 대해서도 자신만의 확고한 자금관리 원칙을 세워야 한다. "강한 자가 살아남는 게 아니라, 살아남는 자가 강한 것이다"라는 말이 있다. 주식투자자의 단기목표는 수익극대화이지만, 장기목표는 결국 생존일 수밖에 없다. 생존은 수익의 전제조건이기 때문이다. 더군다나 주식투자는 '돈'이 있어야 할 수 있는 행위이고, 주식투자는 경험이 쌓일수록 내공이 깊어지기 마련이다.

필자도 겪었고 초보투자자들이 흔히 범하는 2가지 큰 잘못이 있다. 바로 '시드머니(종잣돈)'의 중요성을 모르는 것과 '지식 없는 용기'이다. 무식하면 용감하다는 말을 굳이 떠올리지 않더라도 이러한 잘못을 저지르는 초보투자자들의 행위는 거의 보편화되어 있다. 계좌에 투자금을 넣는다. 누군가 좋다고 말한 종목에 올인한다. 그 누군가가 매도타이밍을 말해주지 않아 보유하다가 고민 끝에 판다(이익이냐 손실이냐는 중요하지 않지만 대부분 손실이다). 다시 누군가가 좋다는 종목에 올인한다. 다시 고민 끝에 판다. 그리고 이 과정을 무한 반복한다. 지식과 경험이 낮아서 기대수익률이 낮은 초보시절에 용기와 시드머니로 무장하여 잘못된 투자행위를 반복하게 되는 것이다. 어쩌면 한두 번은 수익이 날지 모른다. 아니 종잣돈의 2배까지 계좌잔액이 불어날 수도 있다. 그러나 딱 거기까지이다. 하루에 한 번 맞는 고장 난 시계가 하루에 두 번 혹은 세 번 맞을 수는 없으며, 원칙 없이 운에 의존한 투자는 한계에 도달할 수밖에 없다.

그러므로 우리는 '지식'과 '경험'이 충분히 쌓일 때까지 '용기'를 잠시 접어두고 '시드머니'를 아껴야 한다. 정작 시드머니와 용기가 필요할 때

후회하기 싫다면 말이다. 주식투자로 안정적인 수익을 낼 때까지 살아 있어야 한다. 살아남아서 성공의 그날까지 시도하고, 또 시도해야 한다. 이것이 자금관리가 중요한 이유이며, 우리가 시장에서 퇴출되지 않고 살아있어야 하는 이유이다. 당장의 목표는 생존이다.

Three rules of investing

PART **2**

이세무사
실전투자기법, 8테크

이론과 실전은 다르다

　1부에서 자신의 타입^{Type}, 투자기간의 결정, 그리고 가격매매와 가치투자의 비교 등을 설명했다. 또한 주식시장에서 지식과 경험을 쌓아나가면서 탑다운$^{Top-Down}$ 분석과 트렌드^{Trend} 분석, 그리고 나만의 기법개발의 중요성을 설명했다. 마지막으로 주식투자의 전 과정에 걸쳐 가장 중요한 핵심 개념인 트레이닝^{Training}과 포기하지 않고 끝없이 시도하고 시도하는 것^{Try}에 대해서도 설명했다. 이렇게 8T의 8단계를 밟아 나간다면 분명 정글에서 오랫동안 살아남는 이론적 토대와 주식투자를 대하는 진지한 자세를 갖추게 될 것이라고 본다. 하지만 이론과 실전은 다르다. 결국 자신만의 기법을 개발하는 과정에 이르러서는 실전투자의 벽에 직면할 수밖에 없다. 그 과정은 그야말로 성공투자로 가는 가장 고독하고 치열한 자신과의 싸움이 될 것이다.

나만의 전략 공개

　1부에서 원론적이고 보편적인 이야기를 다뤘다면 2부는 조금 더 개인적이고 공격적이며 자극적인 내용들을 다룬다. '나만의 전략'을 공개한다는 것은 득보다는 실이 많다고 보지만, 블로그 등을 통해 수많은 투자자들을 만나면서 '나만의 실전투자전략' 사례를 제시하는 것이 선택이 아닌 의무라는 생각이 들었다. 20여 년 동안 주식투자를 하면서 사용했던 수많은 기법들 중 8개의 기법을 선정하여 '이세무사 실전투자기법, 8테크'라고 정리해본다.

　투자에 정답이 있다면, 투자자들 숫자만큼 정답이 있는 것이 아닐까 싶다. 어디까지나 2부에서 다루는 방법론은 필자에게만 맞는 것일 수도 있다. 그래서 무작정 사용하기보다 '나만의 기법 개발'의 예시로 제시하는 것이라고 생각했으면 한다. 만약 사용하더라도 확실한 이해와 끊임없는 연습을 통해 익숙해진 후에 실전투자에 적용하면 좋을 것 같다.

9장

투자기법 1
삼박자 투자법

삼박자 분석법이란?

맛있는 식당을 선정하는 기준은 여러 가지다. 맛은 당연히 있어야 하고, 이왕이면 가격이 비싼 집보다는 싼 집, 서비스가 불친절한 집보다는 친절한 집이 맛집이 될 가능성이 높다. 맛, 가격, 서비스의 삼박자가 딱 맞아떨어질 때 진정한 맛집으로 평가받을 수 있다.

그렇다면 매력적인 매수종목은 어때야 할까? 주식투자의 본질이 모두가 사랑하는 미인주를 먼저 발굴해서 선취매하는 게임이라고 보았을 때, 다른 투자자들이 어떤 기준으로 매수종목을 선정하는지 알아야만 한다. 여러 가지 기준으로 종목을 분석하지만 통상적으로 투자자들은 가치, 가격, 그리고 정보에 의해 종목을 분석하고 매수여부를 결정한다.

필자가 제안하는 삼박자 분석법은 가치, 가격, 정보, 3가지 측면에서 종목을 분석하여 삼박자가 딱 맞아 떨어지는 최고의 종목을 찾는 방법이다. 가치를 분석하기 위한 대표적인 방법인 재무제표 분석, 가격을 분석하기 위한 대표적인 방법인 차트분석, 그리고 정보를 분석하기 위한 재료분석, 3가지 분석을 모두 사용하면 한 가지 분석만 할 때의 실수나 오류를 줄일 수 있다.

그런데 많은 투자자들이 이 3가지 분석 중 한 개 혹은 두 개 정도만 사용한다. 심지어는 자신이 하지 않는 분석을 전혀 할 필요가 없는 분석이라고 폄하하는 투자자들도 있다. 과연 그럴까? 3가지 분석법을 고루 학습하여 명확히 이해하고 매매에 적용한 경험이 있는 투자자라면 절대 그런 말을 못한다. 또한 그런 말을 하는 것은 "나 주식투자 지식도 경험도 없소"라고 떠벌리고 다니는 것과 다를 바 없다.

주식은 현 시점에서 분명하게 계산되는 이론적인 가치가 존재하는데, 가치를 평가하는 투자자마다 다를 수 있는 주관적인 것이다. 그렇기 때문에 동일한 시점에서 시장에서는 객관적인 지표인 가격으로 거래된다. 가치와 가격은 장기적으로는 수렴한다고 가정할 수 있지만, 단기적 또는 일시적으로는 늘 다르다. 가치와 가격이 다른 가장 큰 이유는 정보의 반영여부이다. 가치평가에 반영되지 않은 정보기 기격에는 초단위로 실시간 반영되기 때문이다. 정보는 향후 가치에 반영되는 정보일 수 있고, 가치와 상관없이 일시적으로 가격에만 반영되는 정보일 수 있다. 이러한 주식투자의 본질적인 측면에서 보았을 때, 가치보다 저평가되어 낮은 가격에 거래되고 있는 종목을 정확히 분석하여 최고의 종목을 찾아내기 위해서는 재무제표 분석, 차트분석, 재료분석이 동시에 이루어지는 삼박자가 맞아야 한다.

그렇다면 삼박자 분석 중 하나라도 소홀히 한 경우에는 어떤 일이 일어날까?

① **재무제표 분석을 등한시하면?** : 기업가치가 형편없는 부실주를 매수하게 되는 경우 매수종목이 감자에 들어가거나 심지어는 관리종목에 편입된다. 최악의 경우에는 상장폐지까지 당하게 되는 불상사가 발생해 공든 탑이 하루아침에 무너질 수 있다.

② **차트분석을 등한시하면?** : 현재주가, 즉 가격의 위치를 파악하는데 실패하여 내가 산 가격보다 더 비싸게 사주는 바보를 찾아내지 못해서 고점에 물려버린다. 최악의 경우 그 고점이 수년간 다시는 회복되지 않는 역사적 고점이 되어 원금회복이 요원해질 수 있다.

③ **재료분석을 등한시하면?** : 시장참여자들의 관심권 밖에 있는 장기소외주를 매수하게 되는 경우 주가탄력성이 너무 약해 오르지도 않고, 빠지지도 않는 장기횡보가 지속된다. 거래량도 많지 않아서 원하지 않는 장기보유를 하게 되며, 매일 주가만 확인하는 상황이 될 수도 있다.

앞의 예에서 보듯이 3가지 분석법 중 하나만 생략해도 각각 위험한 상황이 올 수 있다. 분석법 중 하나에 중점을 두고 분석할 수는 있어도, 분석법 중 하나라도 생략하면 그다지 좋지 않음을 강조하고 싶다. 수십 년 이상 프로바둑기사들에게 정석이라고 일컬어졌던 바둑의 수들이 알파고에 의해 새로운 해석이 가능해졌다. 일부 주식투자 대가가 제시하는 투자법이 정석투자인 것은 아니며, 필자가 제시하는 삼박자 투자법도 그러하다. 그래도 삼박자 분석이 한 가지 방법을 사용하는 한박자 분석보다 확률적으로 유리하며, 보다 나은 수익률의 기회가 될 수 있다.

재무제표 분석에서 출발하기

　재무제표 분석은 삼박자 분석법 중 가장 기본이 되는 분석법이다. 부실주나 적자지속기업, 심지어 자본잠식기업은 혹시 모를 부도위험을 방지하기 위해서 1차적으로 걸러내야 하는데, 재무제표 분석이 그 역할을 한다.

　그렇다면 거래소와 코스닥 전 종목의 재무제표를 짧은 시간 안에 검색하는 가장 좋은 방법은 무엇일까? 필자가 쓰는 방법은 다음과 같다. 우선 시간절약을 위하여 HTS의 조건검색 기능을 활용하여 시장에서 유행하는 재무제표의 주요항목들이나 재무지표들을 검토한다. 그 과정에서 재무제표 우량주를 찾아내고 그에 해당하는 종목의 재무제표를 다시 한 번 전자공시시스템에서 분석한다. 그 후에 차트분석과 재료분석을 하는 것이다.

　재무제표 분석에 중점을 두고 관심종목을 추려내는 방법은 재무제표 분석에 자신 있는 투자자에게 적합하다. 재무제표 분석에서는 PER, PBR, PSR 등의 지표만 중요한 것이 아니다. 영업이익률 또는 당기순이익률 등의 수익성, 매출액증가율 또는 이익증가율 등의 성장성 또는 부채비율이나 유보율 등 안정성까지 여러 가지 조건들을 자유자재로 넣고 빼서 약 5~10종목 정도를 추려내야 한다. 그 후에 삼박자 분석으로 정밀 검토하면 재무제표 분석을 기반으로 한 최고의 매수종목을 선정할 수 있다.

　이 방법을 사용하기 위해서는 자유자재로 여러 조건들을 설정해야 하는데, 그러려면 재무제표 각 항목과 각종 지표들에 대한 명확한 이해가 필요하다.

차트분석에서 출발하기

차트분석은 가치보다 객관적인 지표인 가격이 현재 역사적으로 볼 때 어떤 위치에 있으며, 추세구간인지 비추세구간인지 파악하여 매매전략에 도움을 주는 분석법이다. 이 분석법은 현재가격이 저평가 또는 고평가 수준인지를 파악할 수 있으며, 추세구간이라면 매수 후 보유전략, 비추세구간이라면 저점매수 고점매도의 전략 등을 선택할 수 있게 한다.

그렇다면 거래소와 코스닥 전 종목의 차트를 빠르게 분석하는 방법은 무엇일까? 앞에서 언급한 조건검색으로 최근 유행하고 있는 패턴이나 또는 자신이 선호하는 패턴을 추려나가는 투자자들이 많다. 실제 조건검색을 통해 재무제표 분석에 중점을 둔 종목을 압축하는 방법이나 조건검색을 통해서 차트분석에 중점을 둔 종목을 압축하는 방법은 기술적으로 동일하다.

이 방법은 차트분석에 중점을 두고 관심종목을 추려내는 것이다. 그래서 차트분석에 자신 있는 투자자에게 적합하다. 봉의 형태나 패턴, 그리고 이동평균선의 위치 등 여러 가지 조건을 자유롭게 넣을 실력이 된다면 이러한 과정을 통해 약 5~10종목 정도를 추려낼 수 있다. 그 후 삼박자 분석으로 세밀하게 검토하면 차트분석을 기반으로 한 최고의 매수종목을 선정할 수 있다.

필자도 주식투자를 처음 했던 20여 년 전부터 HTS 자동돌려보기 기능을 이용해 전 종목을 매일 돌려보았었다. 3초 간격으로 2000종목을 모두 돌려보는 시간이 6000초, 즉 100분이 걸린다고 하자. 매일 100분이면 전 종목의 차트를 다 돌려볼 수 있다. 이렇게 전 종목을 돌려보면서 한눈에 보았을 때 미인차트를 5~10종목을 뽑아내어 삼박자 분석을 해나가면 되는 것이다. 물론 여기에서 중요한 것은 어떤 종목이 미인차트인지 뽑아낼 수 있는 눈이다. 필자 경험에 비추어봤을 때 매일매일 차트를 돌려보면 차트를 보는 눈이 길러진다. 그림을 책으로 배우지 않고 그림을 보면서 배우고, 음악을 책으로 배우지 않고 음악을 들으면서 배우듯이, 차트 또한 책으로 배우기보다 차트를 보면서 배워야 하기 때문이다.

차트가 점과 선과 면으로 이루어진 그림이라는 측면에서 봤을 때, 조건검색 기능보다 자동돌려보기 기능을 이용하는 것이 전체를 보면서 직관을 높일 수 있는 좋은 방법이라고 본다. 여기에 하루 100분이라는 시간적 한계를 극복하고 싶다면, 자동돌려보기 범위를 가능시간에 따라 거래소나 코스닥, 또는 업종별로 한정하여 이용할 수 있다. 보통 영화 한 편이 100분 내외임을 생각하면, 주식투자자라면 영화감상 대신 차트감상을 추천한다.

재료분석에서 출발하기

　주관적인 가치와 객관적인 가격이 다르게 형성된 이유인 정보를 찾아 내고 분석하는 것이 재료분석이다. 즉 재료분석을 통해서 현재 가치평 가에 반영이 되지 않은 정보가 무엇인지, 그 정보가 향후 가치에 영향을 미치는 정보인지, 아니면 가치에는 영향을 미치지 않고 가격에만 영향 을 미치는 정보인지 파악하는 것이다. 그렇다면 하루에 수없이 쏟아지 는 정보들을 빠른 시간 안에 중요한 정보들만 추려내는 가장 좋은 방법 은 무엇일까?

　중요한 정보는 가격에 영향을 미치는 정보일 것이다. 그렇다고 수많 은 정보들을 다 검색해서 그중에 가격에 영향을 미치는 중요한 정보를 찾기에는 너무 많은 시간이 걸린다. 그러니 가격이 오른 종목들의 정보 만 검색하는 것이 시간을 절약하는 가장 효율적인 재료분석 방법이다. 투자자 자신이 투입할 수 있는 시간을 고려하여 하루 중 상승률이 높은 10종목, 30종목, 또는 50종목의 상승에 영향을 미친 정보들을 검색하자. 추가로 주가에 긍정적인 영향을 미칠 정보라고 판단된다면, 그 종목의 재무제표 분석과 차트분석을 통해 삼박자가 맞는 오늘의 최고 종목을 찾아낼 수 있다.

　이 방법은 재료분석에 중점을 두면서 관심종목을 추려내는 방법으로, 재료분석에 자신 있는 투자자에게 적합한 방식이다. 상승종목의 숨겨진 정보를 찾아내기 위해 인터넷으로 검색해 여러 경로의 정보를 수집하고 해석하는 능력이 있어야 한다. 여러 경로를 통해 수집된 정보를 분석하여, 향후 주가에 추가적으로 긍정적인 영향을 미치는 정보의 종목을 삼박자 분석하는 것이다.

앞에서 설명한 상승종목 재료분석과 정확히 반대되는 이유로, 하락종목 재료분석을 하는 방법도 있다. 하락률이 높은 종목들을 검토하여 주가하락에 영향을 미친 재료가 일시적인 것이고 중장기적인 가치평가에는 영향을 미치지 않을 재료라고 판단된다면, 매수관심종목으로 설정할 수 있다. 단, 상승종목의 재료분석으로 설정한 매수관심종목은 단기매매종목으로 유용하고, 하락종목의 재료분석으로 설정한 매수관심종목은 중장기매매종목으로 유용함을 기억하자.

결국 필요한 것은 지식과 경험이다

앞에서 삼박자로 분석법을 이야기했지만, 결국 필요한 것은 지식과 경험이다. 재무제표 분석을 위해 각각의 재무제표가 어떤 항목으로 구성되는지, 그 항목들이 어떤 의미가 있으며 그 항목들의 기업가치에 어떤 영향을 미치는지 정확히 알고 있어야 한다. 또한 재무제표 항목 숫자들을 이용한 각종 재무비율이나 재무지표 등을 직접 구하거나 해석할 수 있어야 한다. 그리고 전자공시시스템 분기보고서나 연간사업보고서 등에 나타나 있는 모든 항목을 읽고 해석할 수 있어야 진정한 가치분석을 할 수 있는 지식이 있다고 할 수 있다.

차트분석을 하려면 차트의 점과 선이 어떻게 작성되는지 이해해야 한다. 하루의 시가와 종가, 고가와 저가로 이루어진 봉의 형태가 어떻게 그려지며 여러 개의 봉이 패턴을 만들며, 어떤 패턴이 어떤 의미가 있는지 알아야 한다. 주가와 거래량의 상관관계를 이해할 수 있어야 하며, 단기이동평균선과 장기이동평균선의 위치가 무엇을 나타내는지 이해하고 해석할 수 있어야 한다.

재료분석을 하려면 전자공시시스템은 물론이고 각종 중요 사이트들을 숙지하고 있어야 한다. 나아가 포털사이트 정보뿐만 아니라 주식투자 전문사이트 정보, 그리고 각종 카페나 블로그 등의 정보들도 수집분석할 수 있어야 한다. 그러기 위해서는 주식과 관련된 경제와 산업전반에 대한 정보글을 빠르게 읽고 이해할 수 있는 전문지식을 갖추고 있어야 한다.

마지막으로 모든 것을 종합적으로 분석하고 판단하는 힘이 필요하다. 재무제표 분석, 차트분석, 재료분석을 위한 지식을 갖추고 매일매일 분석을 하면서 경험을 쌓아야 한다. 지식은 실전을 위한 가장 기초적인 도구이며, 경험은 실전을 통해서만 쌓을 수 있는 결과물이다. 지식을 갖추고 경험을 쌓으면 삼박자 분석법을 통해 최고의 종목을 선정하게 될 것이다.

혹시 이런 생각을 할지 모르겠다. 과거 주가의 나열뿐인 차트가 무슨 도움이 되는가? 내부자들이 작성한 재무제표를 믿을 수 있는가? 작전세력이 만든 모래성과 같은 재료가 무슨 소용인가?

물론 그렇게 생각할 수 있다. 다만 필자의 경험을 믿어봤으면 한다. 가치분석이 의미 없는 선물옵션시장에서 차트분석만으로 오랫동안 매매

해왔고, 일반투자자들보다 더 전문적으로 재무제표를 작성하고 검토하는 일을 세무사라는 직업으로서 해왔다. 필자도 20여 년 동안 재료매매를 위해 매일 증권사리포트와 공시정보, 언론기사 등을 분석해온 투자자이다. 이러한 경험을 바탕으로 삼박자 투자법의 유용성을 알리고 싶은 마음이 간절하다.

10장

투자기법 2
시가총액 비교법

주가 vs 시가총액, 비교해보자

시가총액은 현재 거래되고 있는 시장가격인 시가에 발행주식총수를 곱한 금액이다. 즉 시가가 현재 거래되고 있는 1주의 가격이라면, 시가총액은 현재 기업이 거래된다고 가정했을 경우에 그 기업의 가격을 말한다. 여기에서 주의할 점은 시가총액은 기업의 가치가 아니라 기업의 가격이라는 것이다.

가치와 가격을 정확히 구별해야 하는 이유는 가치투자와 가격매매 비교에서 설명했다. 그렇다면 주식투자를 할 때 시가총액 정보는 유의미할까? 기업분석에서 주가가 중요할까, 혹은 시가총액이 중요할까? 이러한 물음에 대한 해답을 시가총액 비교법으로 제시해보겠다. 다음은 주식투자 초보자들이 많이 나누는 대화이다.

A : 어떻게 이 주식이 1,000원 밖에 되지 않지? 1만 원은 가야 되지 않을까?

B : 와우, 어떻게 ○○주식가격이 △△주식가격보다 쌀 수가 있어?

초보자들은 늘 주가에 관심이 많다. 반면에 시가총액에 관심을 보이는 초보자는 많지 않다. 필자가 보기에 이것은 주식투자 초기에 주식공부를 튼튼히 하지 못해 주가와 시가총액 개념을 제대로 이해하지 못하고 혼용하기 때문에 발생하는 오류이다. 예를 들어보자.

2020년 8월 14일 기준으로 삼성전자의 주가는 58,000원이고, LG생활건강의 주가는 1,565,000원이다. 시가총액 개념을 이해하지 못하고 본다면, 왜 삼성전자의 주가가 LG생활건강 주가보다 싼지 이해하지 못할 것이다. 더군다나 삼성전자는 우리나라 전체 상장종목 중 시가총액 1위인 기업인데도 말이다. 그냥 차이도 아니고 무려 27배 이상 차이가 난다.

그러면 같은 날 시가총액을 비교해보자. 삼성전자 시가총액은 346조 원이고, LG생활건강 시가총액은 24조 원이다. 삼성전자는 LG생활건강보다 시가총액이 약 15배 가까이 더 큰 기업임을 알 수 있다. 물론 LG생활건강은 화장품 업종 중에서는 가장 시가총액이 크며 생활소비재 기업 중에서 손꼽히는 초우량 기업임에는 틀림없지만 말이다. 참고로 삼성전자와 LG생활건강의 주가 및 시가총액을 비교한 이유는 동일자 기준으로 삼성전자는 얼마 전 액면분할을 통해 주가가 큰 폭으로 낮아졌지만 우리나라 시가총액 1위 기업이고, LG생활건강은 주가기준으로 100만 원이 넘는 유일한 상장사이기 때문이다.

왜 주가로 기업 간 비교를 하면 주가차이에 대해 설명할 수 없을까? 이는 '주가'가 원래 비교 가능한 지표가 아니기 때문이다. 주가가 유의미한 정보인 경우는 단 한 가지, 한 기업의 과거가격 변화를 비교함으로써 미래가격을 예측할 때이다. 과거주가 흐름을 검토하여 현재주가에서 미래주가로, 어떤 방향으로 흘러갈지 판단하는 것이 그렇다. 그러나 서로 다른 기업들끼리 주가를 비교검토해 어느 기업의 주가가 싸고, 어느 기업의 주가가 비싼지를 검토하는 것은 불가능하다.

앞에서 예로 든 삼성전자의 주가가 LG생활건강의 주가보다 훨씬 낮지만, 시가총액이 훨씬 큰 이유는 결국 주식수 차이 때문이다. 다시 말해 삼성전자와 LG생활건강의 주가비교는 그 자체가 불가능한 것이다. 만약 삼성전자와 LG생활건강의 시가총액 비교를 한다면 손익계산서 계정에서 손익측면이나 대차대조표 계정에서 자산측면 등 여러 가지 변수들을 고려하고 분석하여, 어느 기업이 고평가이고 어느 기업이 저평가인지 비교가 가능한 것이다. 물론 이것도 쉽지는 않다. 실제로 업종이 다른 기업의 시가총액 비교는 어려움에 비해 크게 실익이 없다.

만약 누군가가 다가와 이렇게 말할지 모르겠다. "이 주식은 액면가 500원인데 주가가 500원밖에 안 돼, 거의 거저라고 할 수 있지. 한 번 사보게 친구!" 그런데 그 기업이 재무제표에서 적자투성이라는 것과 유통주식수가 20억만주로 시가총액 1조 원임을 눈으로 확인했다. 그러면 거저먹기라고 하는 사람에게 바로 욕을 해야 한다.

"재무제표상 적자투성이인 쓰레기 기업을 1조 원이나 주고 사고 싶니? 멍청한 놈아!"

PER vs 시가총액, 비교해보자

흰히 주가비교에서 많이 쓰는 PER와 시가총액은 어느 개념이 더 유용한 지표일까? PER는 '시가총액÷당기순이익=주가÷주당순이익'이다. 즉 시가총액 1,000억 원짜리 회사가 당기순이익 100억을 벌었다면 PER가 10이 되는 것이고, 마찬가지로 주가 1,000원짜리 회사가 주당순이익 100원을 벌었다면 PER는 10이 된다. 그렇다면 PER는 비교가치가 있을까? 당연히 있다. 다만 설명한 것 그대로 이익에 대한 비교지표로서 가치만 있다.

예를 들어 동종업계에서 PER가 5인 기업과 PER가 50인 기업이 있다고 하자. 이익성이 아닌 다른 어떤 이유로 PER가 5인 회사가 PER가 50인 회사보다 낮은 가격에 주가가 거래되고 있다면 틀림없다. 다만 여기에서 주의할 것이 있다. 저PER주가 고PER주보다 주가가 저평가가 되어 있고 투자대상으로서 좋은 것이냐고 묻는다면 대답은 "아니오"라는 것이다. 왜냐하면 PER는 주가에 영향을 미치는 여러 가지 변수 중 단 한 가지 변수인 당기순이익만으로 두 기업을 비교하는 것이기 때문이다.

원론적 접근에서 보면 기업의 현재가치란 미래에 예상되는 현금흐름의 현재가치 합이다. 이런 면에서 본다면 당기순이익이 주가를 형성하는 유일한 변수라고 반론할지도 모르겠다. 하지만 '기업의 현재가치'를 원론적 접근에서 보더라도 PER에는 지나간 결산실적이 반영되었을 뿐 미래에 예상되는 현금흐름을 전혀 반영하지 못하고 있다. 특히 이익의 성장성을 반영하지 못하는 것은 치명적인 한계이다. 또한 회계학적 측면에서 영업이익과 당기순이익의 다른 점을 생각해봐야 하는 것은 둘째치고, 순이익가치접근법뿐만이 아닌 순자산가치접근법 등 기업가치를 평가하는 방법에는 여러 가지가 있음을 생각해봐야 한다.

여기에 더해서 기업이 작성하는 재무제표를 신뢰할 수 없는 경우도 있다. 재무제표를 100% 신뢰한다 하더라도 주가에 영향을 미치는 변수는 재무제표에 나열된 숫자 이외에도 너무나 다양하다. 재무제표에서 다루지 않는 CEO의 능력, 기업의 이미지, 기업브랜드의 이미지, 내부의 예상치 못하거나 측정 불가능한 우발위험 등이 그렇다. 이런 것들은 어떻게 할 것인가? 상장심사보다 더 엄격한 재무제표심사가 없을 텐데 상장공모가를 상장 후에 단 한 번도 회복하지 못하고 하락추세를 보이는 신규상장종목들, 심지어는 신규상장 이후에 재무제표가 극도로 악화되더니 소리소문 없이 상장폐지 수순을 밟은 종목들 재무제표가 틀린 것인가? 아니면 재무제표를 검토한 IPO 전문가가 틀린 것인가? 재무제표도 맞고 전문가도 맞다면, 주가에 영향을 미치는 변수에 재무제표의 숫자보다 훨씬 중요한 변수들이 많기 때문인가?

이러한 관점에서 시가총액은 매우 정직하다. 예를 들어 아파트를 매입한다고 생각해보자. 예산이 10억 원이라면 10억 원짜리 아파트를 3~4군데를 돌아본 후, 저 아파트라면 10억 원을 기꺼이 지불할 수 있다고 판단하면 계약을 해서 아파트를 산다. 그 아파트가 과거에 얼마였고, 향후에 얼마나 오를 수 있고, 전망은 어떻고, 동네는 어떻고, 학군은 어떠하며 등 이 모든 변수들이 농축되어 가격 10억 원이 결정되는 것이다.

마찬가지로 삼성전자의 시가총액 346조 원, LG생활건강의 시가총액

24조 원을 보자. 이 시가총액에는 재무제표뿐만 아니라 주가에 영향을 미치는 모든 변수들이 포함되어 있는 것이고, 오늘 그 기업의 가장 정직한 현재가격을 의미한다(현재가치가 아닌 현재가격이라는 표현에 반드시 주의해야 한다). 필자는 기업의 현재가격인 시가총액보다 더 정확히 그 기업을 나타내는 지표를 여태까지 본적이 없으며, 앞으로도 볼 수 없을 것이라고 확신한다. 다시 한 번 강조하지만 시가총액은 매우 정직하며, 가장 중요한 지표이다.

시가총액 상위종목 순위를 비교 분석해보자

다음의 목록은 한국거래소 2020년 8월 14일 마감종가 기준 시가총액 상위 20종목이다(조 이하는 반올림).

1위	삼성전자	346조 원
2위	SK하이닉스	58조 원
3위	삼성바이오로직스	53조 원
4위	NAVER	50조 원
5위	LG화학	49조 원
6위	셀트리온	41조 원
7위	현대차	36조 원
8위	카카오	32조 원

9위	삼성SDI	31조 원
10위	LG생활건강	24조 원
11위	삼성물산	23조 원
12위	현대모비스	21조 원
13위	엔씨소프트	19조 원
14위	SK텔레콤	19조 원
15위	POSCO	18조 원
16위	기아차	18조 원
17위	KB금융	17조 원
18위	SK	16조 원
19위	SK이노베이션	16조 원
20위	신한지주	16조 원

필자의 20여 년 주식투자 경험과 과거 시가총액 순위 변동흐름, 그리고 현재 시가총액 순위 비교를 통해 의미 있는 변화들을 간략하게 요약하면 다음과 같다.

• 분석 ① : 제약바이오주의 성장 지속

삼성바이오로직스 시가총액 3위, 셀트리온 시가총액 6위에 진입함으로써 제약바이오주의 성장이 최근 10년간 가파르게 진행되고 있음을 알 수 있다. 2018년 발표된 정부의 미래 3대 먹거리산업에 제약바이오산업이 포함되어 있고, 2020년 코로나19의 수혜주로 제약바이오주가 크게 상승한 것이 영향을 미쳤다.

• 분석 ② : 전기차 배터리주의 성장 지속

LG화학, 삼성SDI, SK이노베이션 등 전기차 배터리관련주가 세종목이나 20위에 포함되어 있으며, 종목의 움직임도 우상향하고 있는 모습을 보이고 있다. 미국의 테슬라가 1,000달러를 돌파한지 몇 달 안 되서 2,000달러를 돌파한 것을 보면 세계적으로 전기차시장의 확대는 당연하고 그 중심에는 테슬라와 함께 2차전지 배터리업체들이 서 있을 전망이다.

• 분석 ③ : 제4차 산업혁명의 핵심의 쌍두마차

코로나수혜주로 언택트관련주가 움직이면서 그 대장주로 NAVER와 카카오의 시가총액이 크게 올랐지만 사실 그 전부터 4차 산업혁명의 대장주로 우상향을 지속하고 있던 두 종목이다. 코로나시대가 종식된다고 언택트가 종식되는 것은 아니고, 특히 4차 산업혁명이 끝나는 것은 더더욱 아니다. 카카오의 시가총액 10위 이내 진입이 큰 의미가 있다고 보는 이유이다. 추가로 엔씨소프트 역시 언택트관련주로 언급되고 있지만, 코로나19 이전부터 주가상승은 수년째 계속되고 있으며 게임산업의 대장주로 시가총액이 커지고 있다.

• 분석 ④ : 기존 그룹주의 건재

삼성그룹주 – 삼성전자, 삼성바이오로직스, 삼성SDI, 삼성물산(이상 4종목)

SK그룹주 – SK하이닉스, SK텔레콤, SK, SK이노베이션(이상 4종목)

현대그룹주 – 현대차, 현대모비스, 기아차(이상 3종목)

LG그룹주 – LG화학, LG생활건강(이상 2종목)

소위 말하는 4대그룹주에 포함된 종목만 13종목으로 20종목의 과반수가 훨씬 넘는다. 또한 3년 전 12종목에서 1종목이 늘었다. 신규진입종목은 삼성바이오로직스, 삼성SDI 두 종목이며, 20위권 밖으로 밀린 종목은 삼성생명이다. 즉 성장주의 시대에 발맞추어 기존 그룹주들이 기업의 체질변화를 잘 이루어왔다고 볼 수 있다.

• 분석 ⑤ : 한국전력, 금융주, 철강주등 정체산업의 몰락

3년 전인 2017년 2월 29일 기준 주요 정체산업의 시가총액을 다시 살펴보면 한국전력 4위, POSCO 7위, 신한지주 9위, 삼성생명 10위, KB금융 12위 등이었다. 이중 한국전력과 삼성생명은 20위 밖으로 밀려났고, POSCO, 신한지주, KB금융도 순위가 대폭 밀렸다. 왜 성장주에 투자해야 하는지, 왜 정체산업에 투자해서는 안 되는 것인지를 명확히 알 수 있다.

앞에서 분석한 다섯 가지 변화들은 20년 경험의 투자자의 직감적이고 직관적인 느낌에 더해 3년 전 초판당시의 시가총액 순위와 직접 비교한 후 느낀 변화들이다. 원래 혼자 할 때는 매일 시총의 흐름을 살펴보기 때문에 직관적으로 분석한다. 독자들에게 3년 동안의 변화를 비교하는 것도 좋다는 판단에 3년 전과 비교하는 방법을 추가했다. 직관적인 느낌으

로만 시총의 변화를 분석하는 것은 통찰력을 길러주고, 주식시장을 읽는 자신만의 투자전략을 수립하는데 큰 역할을 하기 때문이다. 또한 시가총액 비교분석은 어찌 보면 직관적일 수밖에 없는 분석법이다. 왜냐하면 이 종목이 저 종목보다 시가총액이 더 큰 이유에 대한 분석은 업종이 다른 종목 간에 매우 어려우며 부정확할 수밖에 없기 때문이다. 하지만 시가총액 상위종목들의 단순 변화에서 우리나라 경제, 산업, 현황 등을 직관적으로 해석하고 탑다운 방식에 의해 관심업종을 선정하여 업종 내에서 시가총액을 비교하는 식이라면 유의미한 기법이 된다. 결론적으로 시가총액 상위종목들의 순위를 비교하여 시장 전체의 흐름과 업황 등에 대해서 직관적으로 파악함으로써 매매업종과 종목에 도움을 받을 수 있다.

동종업계 시가총액 순위를 비교 분석해보자

시가총액 상위종목 분석이 직관적이고 업황 중심의 분석이라면, 동종업계 시가총액 순위 비교는 좀 더 전문적이고 업종 중심의 분석이라 할 수 있다. 다음 코스닥 바이오업체들의 시가총액 순위를 매긴 것을 보자 (2020년 8월 14일 기준), 시가총액 상위 5개 기업 모두 4조 원 이상이다.

1위	셀트리온헬스케어	15.8조 원
2위	씨젠	5.8조 원
3위	알테오젠	4.8조 원

4위   에이치엘비   4.7조 원

5위   셀트리온제약   4조 원

 동일자 기준 코스닥 시가총액 상위 1위~5위를 모두 바이오업체들이 차지하고 있다. 동종업계 시가총액 순위 비교분석은 시가총액을 기준으로 재무제표를 비롯한 기타 주가에 영향을 미치는 관련변수들을 비교함으로써, 해당 종목들의 시가총액 적정평가 여부를 판단하고 매매대상 종목을 추려나가는 것이다. 동종 바이오업체들의 시가총액이 차이 나는 이유는 무엇인지, 현재 발생하고 있는 수익가치 때문인지, 아니면 미래에 벌어들일 수 있는 미래의 수익가치 때문인지, 현재 진행하고 있는 연구에 의한 신약개발 가능성 때문인지 등의 이유를 파악해보자. 그러면 비교대상 기업과 해당 기업의 시가총액 적정성을 미루어 짐작할 수 있다. 참고로 2020년 상반기 코로나19가 전 세계를 강타한 시장 환경으로 제약바이오업체들의 재평가가 이루어지고 있으며 진단시약업체인 씨젠이 코스닥 상위에 위치하여 있다. 현 시점 이후의 씨젠의 시총 변화를 살펴본다면 동종업계 내 시가총액 변화에 대한 좋은 교육 자료가 될 것으로 예상된다.

 앞에서는 코스닥시장의 바이오업종 상위종목을 예로 들었지만, 동종업종의 시가총액 순위 비교분석은 다양하게 적용할 수 있다. 예를 들면 1,000억 원에서 2,000억 원 사이의 음식료업종 기업들을 정렬하여 비교분석할 수도 있다. 또는 2,000억 원에서 3,000억 원 사이의 반도체업종 기업들을 정렬하여 비교분석할 수도 있다. 이렇게 동종업계 기업들의 시가총액을 정렬해서 비교한다면 어느 종목이 고평가되었고, 어느 종목이 저평가되었는지, 그래서 어떤 종목에 투자해야 하는지 보는 눈이 생기고 나만의 방법을 만들 수 있다. 사실 이건 어렵게 생각할 필요가 없다. 이사하려고 3~4군데 아파트를 돌아다니다 돈을 지불하기에 아깝지 않은 아파트가 있고, 아무리 생각해도 너무 비싸서 계약하기 싫은 아파트가 있는 것과 비슷하다. 비교분석하다 보면 자신만의 방법이 생긴다.

소형주 혹은 대형주, 공략에 유리한 쪽은?

종목을 분석하고 매매종목을 선정하는 시가총액 비교법의 중요성은 아무리 강조해도 지나치지 않는다. 그렇다면 시가총액은 기업 간의 비교분석을 할 때만 의미가 있을까? 아니다. 시가총액에 따른 주가움직임의 특징을 구분하는 데도 효과가 있다. 즉 대형주와 중형주, 소형주의 주가속성을 포함한 여러 차이점을 분명히 알고 매매에 임해야 좋은 결과를 얻을 수 있다.

가장 큰 차이점은 기업의 안정성이다. 기업의 현재가격, 즉 시가총액이 높다는 것은 회사가 상대적으로 안정적이라는 이야기이다. 물론 적자기업들도 간혹 있지만 부자가 망해도 3년은 가는 것처럼, 안정적이었던 회사가 적자전환했다고 바로 시가총액이 1/10, 1/100 토막으로 줄어들지는 않는다. 어쨌든 평균적으로 보면 시가총액이 큰 회사가 시가총액이 작은 회사보다 재무구조나 주가흐름이 훨씬 안정적이다. 바로 떠오르는 기업이 있지 않은가? 우리나라 주식시장 시가총액 1위인 삼성전자이다. 이것은 우리나라에서 누구나 가장 안정적인 기업으로 삼성전자를 인정한다는 뜻이다.

또 하나 중요한 차이점은 시가총액이 작은 소형주가 대형주에 비해 주가변동성이 훨씬 크다는 것이다. 여기서 주가변동성이 크다는 것은 주가가 많이 빠진다는 뜻은 아니다. 정확히 말하면 베타계수가 높은, 즉 지수의 변동에 대해서 해당 기업의 주가변동성이 더 크다고 이해하면 된다.

예를 들면 지수가 1% 상승할 때, 대형주는 0.8% 상승하고 소형주는 3% 상승한다. 지수가 1% 하락할 때, 대형주는 0.8% 하락하고 소형주는 3% 하락한다. 이렇게 이해하면 된다. 즉 상승장에서는 주가변동성이 큰 종목을 보유하고 있으면 수익이 커질 것이고, 하락장에서는 주가변동성이 작은 종목을 보유하고 있으면 손실이 작을 것이다. 이러한 논리로 잃어도 되는 작은 돈을 투자하는 소액투자자는 소형주 매매에 치중하는 것이고, 시장수익률을 목표로 하는 펀드매니저들은 대형주 매매에 치중하는 것이라고 이해해도 된다. 중요한 것은 소형주와 대형주의 특성을 이해하고, 매수하려는 종목의 특성이 안정적인지 불안정한지 가벼운지 무거운지 등을 파악하려고 노력해야 한다는 점이다.

20년 이상 주식투자를 한 필자의 기억에 남는 큰 수익은 추세를 잘 타고 들어간 중소형주였다. 큰 손실 역시 기업가치가 불량함을 무시하고 매수했던 중소형주에서 났다. 결국 소형주와 대형주, 어느 쪽을 공략할지 여부는 주식투자 절대원칙인 수익률과 위험의 관계를 고려하는 것이다. 높은 수익률을 택할 것인지, 낮은 위험을 택할 것인지는 투자자의 선택에 달려 있다.

11장

투자기법 3
분산투자기법

분산투자란 무엇인가?

대학교 재무관리 참고서를 보면 앞부분에서 현재가치와 미래가치, 위험과 수익률에 대해서 배운 후 분산과 포트폴리오에 대해 배운다. 이 정도 되면 대부분의 학생들은 진저리를 내며 나가떨어진다. 그런데 정작 중요한 현대 재무관리의 이론들은 그다음 장부터 시작한다. CAPM, 자본예산, 자본구조, 주식가치평가, 파생상품 등 뒤로 갈수록 보다 현대적인 재무관리기법들, 그리고 상대적으로 주식투자와 좀 더 관련 있는 내용들이 나온다.

물론 실제로 투자를 하다보면 그다지 실전적이지는 않다. 필자도 주식투자를 하면서 가장 도움을 많이 받은 학문은 회계학도 재무관리학도 아닌 경제학이었다. 마찬가지로 재무관리 책에서 주식투자에 실제로 가장 도움을 많이 받은 내용은 앞부분에 포진하고 있는 위험과 수익률, 그리고 분산과 포트폴리오에 대한 부분이다. 결국 기본이 가장 중요함을 알 수 있다.

분산투자란 무엇인가? 가장 많이 나오는 예는 바로 우산장사와 짚신장사의 예이다. 비가 오면 짚신 파는 자식이 걱정되고, 날씨가 좋으면 우산 파는 자식이 걱정인 이야기다. 이 이야기를 분산투자로 바꿔보자.

1년 중 비가 오는 달이 6개월, 안 오는 달이 6개월이라고 가정하자. 비가 올 때 우산장사는 월간 수익률이 10%, 안 올 때는 0%라고 가정한다. 또한 짚신장사는 비가 올 때 월간 수익률이 0%, 안 올 때는 10%라고 가정한다. 우산장사의 1년 연평균 수익률은 60%이고, 짚신장사 또한 1년 연평균 수익률은 60%임을 쉽게 알 수 있다. 즉 우산장사든 짚신장사든 기대수익률은 월평균수익률 5%로 같다는 것을 알 수 있다. 실제로는 비가 오느냐 안 오느냐에 따라 10%와 0%를 반복하고 있는 것이다.

그런데 만약 투자자가 우산장사에 50% 비중으로 투자하고, 짚신장사에 50% 비중으로 투자하면 어떻게 될까? 비가 올 때는 우산장사에서 5%의 수익이 나고, 비가 안 오면 짚신장사에서 5%의 수익이 난다. 즉 비가 오건 안 오건 확정적인 월평균수익률 5% 수익이 발생하는 것이다. 앞의 사례에서 분산투자에 대한 여러 가지 힌트를 얻을 수 있다.

① 분산투자의 목적은 동일한 수익률에 낮은 위험 추구이다.
② 분산투자 효과가 커지기 위해서는 역의 상관관계가 있어야 한다. 우산과 짚신처럼 상관관계가 −1에 가까울수록 분산효과는 커진다.
③ 분산투자는 비체계적인 위험을 제거할 수는 있으나 체계적인 위험까지 제거할 수는 없다. 예를 들면 기상변화로 1년 내내 비가 오거나, 또는 기술발전으로 짚신을 더 이상 신지 않고 운동화를 신는 경우 등

의 위험은 제거할 수 없다.

분산투자의 개념이 정리되는가? 이제 주식시장에서 적용될 수 있는 좀 더 실전적이고 구체적인 분산투자기법을 알아보자.

분산투자만의 장점이 있다

이쯤에서 다음과 같은 질문이 나올 것이다. "분산투자는 집중투자에 비해 상대적으로 우월한 전략인가?" 위험관리측면에 한정해서 대답한다면 "그렇다"이다. 상식적으로 간단한 이야기다. 예를 들어 지금 투자자금이 1억 원인데 100만 원씩 100종목을 사서 갖고 있다고 해보자. 실제 수익률이 얼마일지는 모르겠지만, 계좌가 0원이 될 확률은 거의 없다. 반대로 투자자금이 1억 원인데 한 종목에 1억 원 전부를 소위 말하는 몰빵매수를 했다고 하자. 이러면 실제 수익률이 얼마일지는 모르지만, 계좌가 0원이 될 가능성이 있다. 왜냐하면 부도위험 등을 포함한 악재에 의한 급락은 어느 기업이나 도사리고 있기 때문이다.

앞의 내용과 연계해서 단기투자와 장기투자 중 어디에 분산투자가 더 효과를 미치는지도 중요하다. 이에 대한 답을 하기 전에 주식을 보유하는 것과 현금을 보유하는 것, 어느 것이 더 위험한 행위인지 다시 생각해보자. 당연히 주식을 보유하는 것이 더 위험한 행위이다. 현금은 기대수익률이 0인 동시에 위험이 0인 자산이기 때문이다. 단기투자는 스캘핑

이든, 데이트레이딩이든, 스윙이든, 기회가 왔을 때 주식을 매수하기 위해 현금을 보유하고 있는 시간이 장기투자에 비해 상대적으로 훨씬 길다. 또한 단기투자는 목적상 빠른 판단과 빠른 매매가 중요하기 때문에 매매종목 숫자가 많으면 집중력이 떨어져 단기매매에 불리하다. 이것을 고려했을 때 단기투자는 보다 집중투자에 가까워야 하며, 장기투자는 보다 분산투자에 가까워야 한다.

그런데 이러한 내용을 실전적으로 경험하지 못한 1~2년차 투자자들이 우연히 한 종목을 사서 1년을 갖고 있었는데 큰 수익을 거두게 되면, 자신의 실력을 과신하여 그 이후부터 주식투자는 한두 종목 집중하여 장기투자하는 것이 성공의 지름길이라고 떠들어대는 경우가 흔하다. 혹시 주변에서 누군가 그러고 있는지 잘 살펴보라. 얼마 지나지 않아 소리소문 없이 주식시장이라는 무서운 정글에서 사라질 가능성이 높다.

이와는 반대로 단기투자를 한다고 10개 이상의 종목을 매매하면서 위험을 낮추려 애쓰는 투자자도 있다. 그렇게 하면 위험은 낮아지겠지만 매매 집중도가 떨어지고, 신경은 신경대로 엄청 쓰면서 수익은 나지 않는다. 소위 말해서 밤새 고스톱 치고 본전만 하는 경우가 발생하게 된다. 그러다 뭐가 잘못됐는지 반성할 틈도 없이 주변의 성공한 장기투자자가 "2년만 장기투자하면 200%의 수익률을 확실히 올릴 수 있다"며 찍어주는 한 종목에 갖고 있는 돈 전액을 투자한다. 결국 장기투자에서도 실패하고 만다.

요약하자면 집중투자와 분산투자를 비교했을 때, 위험감소 측면에서는 분산투자가 월등히 유리하다. 물론 투자기간이나 투자규모, 매매스타일 등에 따라 분산투자 시 종목의 수를 적절히 조절해야 한다.

포트폴리오 구성 방법_섹터냐 종목이냐?

분산된 자산의 집합체인 포트폴리오를 어떻게 구성해야 할까? 큰 관점에서는 투자대상별 포트폴리오로 부동산, 주식, 채권, 현금 등의 투자비중을 결정해야 한다. 최근의 시대에 맞춰 글로벌 분산효과를 거두기 위해서는 투자대상 국가도 결정해야 한다. 이 책에서는 우리나라 주식시장을 대상으로 포트폴리오를 구성하는 방법을 설명하겠다.

보통 포트폴리오를 구성할 때 구성종목 숫자만 생각하는 투자자가 있다. 하지만 그 이전에 먼저 결정해야 할 것이 업종별 분산이다. 즉 포트폴리오 구성종목을 10종목으로 결정했는데, 그 10종목을 모두 제약바이오주로만 한다거나 또는 반도체 관련주로만 결정한다면 포트폴리오의 분산효과는 매우 적을 것이다. 왜냐하면 앞에서 언급한 것처럼 포트폴리오의 분산효과를 극대화시키기 위해서는 종목 간 상관관계가 −1에 가까워야 하기 때문이다. 그런데 동일 업종이나 동일 테마종목들의 상관관계는 −1이 아닌 1에 가깝다. 따라서 포트폴리오 구성을 할 때는 반드시 업종을 고려해 결정해야 한다.

업종 또는 테마를 결정하면 각 업종 또는 테마의 종목들을 편입하여 포트폴리오를 구성하면 되는데, 이때 가장 적정한 포트폴리오 구성종목 숫자는 정답이 없다. 당연히 투자자 개인의 주관이 개입되어야 한다. 필자는 업종 또는 테마는 2~3개 정도, 포트폴리오 구성종목 숫자는 5~10개 정도가 적정하다고 생각한다. 왜냐하면 5종목 미만으로는 분산투자의 효과가 나오기 힘들고, 10종목 이상으로는 계좌관리나 매매 집중도면에서 단점이 생겨 포트폴리오 관리에 실패하는 경우가 발생할 수 있기 때문이다. 물론 감당할 수 있고 스타일이 맞는다면 자금규모 또는 시장상황에 따라 더 집중투자하고 싶으면 3종목, 더 분산투자하고 싶으면 15종목 정도까지 포트폴리오 구성이 가능하다고 본다.

포트폴리오 종목을 구성할 때 업종이나 테마별로 분산투자하면서 동시에 대형주와 중소형주도 고려하면 좋다. 대형주와 중소형주는 각각 주가움직임의 상관관계가 있기 때문이다. 포트폴리오를 구성할 때 대형주인지 중소형주인지까지 고려하면 좀 더 효과적인 분산투자가 된다. 이때도 대형주 편입비율이 높은 것이 나은지 중소형주 편입비율이 높은 것이 나은지는 시장상황이나 투자규모, 단기투자나 장기투자 여부 등을 고려해 결정해야 한다.

포트폴리오를 구성할 때 마지막으로 고려할 부분은 투자비중이다. 어떻게 비중을 둬야 할까? 각 종목별로 동일한 투자비중이 좋을까? 아니면 가중치를 부여한 서로 다른 투자비중이 좋을까? 이것 또한 정답은 없다. 필자가 추천하는 방법은 초보일수록 동일한 투자비중이 더 좋고, 투자실력이 늘어날수록 가중치를 부여할 수 있다고 생각한다. 초보투자자 시기에 스스로 판단해 확신으로 가중치를 부여하면, 결과적으로 틀릴 확률이 높다. 아이러니하게도 초보일수록 가중치를 부여하고 있고, 투자실력이 늘어날수록 동일한 투자비중을 선호하지만 말이다.

다시 한 번 강조하지만 업종 또는 테마 등의 섹터 수와 그에 따른 투자 종목 수, 대형주와 소형주의 편입비율, 그리고 종목 간 투자비중 등에 대해 정답은 없다. 각자 판단할 수밖에 없다. 그렇지만 분산투자에도 원칙은 있다는 것을 명심하고 지키려고 노력해야 한다. '나는 분산투자를 잘하고 있어'라고 생각하는 투자자들의 계좌를 막상 열어보면 한 종류의 테마주만 10종목을 갖고 있는 경우가 많다. 또는 한 종목에 50% 이상을 투자하고 나머지 10종목에 5%씩 투자하며 투자비중에 실패한 경우도 있다.

늘 생각해야 할 것은 원칙이 있는 경우의 예외는 '원칙에서 크게 벗어날 수 없다'는 점이다. 원칙에서 크게 벗어나는 예외가 인정된다면, 원칙은 더 이상 원칙이 될 수 없다.

매매시점 분산투자 vs 매매가격 분산투자

한 종목에 대해 매매시점을 달리하거나, 매매가격을 달리해 매매하는 것을 분할매매라고 한다. 이 책에서는 포트폴리오 분산투자나 분할매매나 위험을 감소시키기 위한 목적은 동일하다고 보고, 분할매매를 분산투자 개념으로 생각해보고자 한다. 사실 실전매매에서 포트폴리오 분산투자에 의한 위험감소 효과보다는 매매시점 또는 매매가격의 분산투자(분할매매)가 훨씬 중요하다. 투자자가 아직 중요성을 깨닫지 못했다면 투자기간이 짧거나, 매매를 자주 하지 않는 'Buy&Hold' 성격의 장기투자자일 확률이 높다.

주식투자를 오래 하다 보니 주변에서 필자에게 주식 관련 질문을 많이 한다. 그중에서 가장 많이 받는 질문이 있다.

"A종목 사도 되는지 좀 봐주실래요?"

웬만하면 모른다고 둘러대지만 친분에 따라서 종목검토 후에 매수가능여부를 대답해줄 때가 있다. 매수하라는 조언 뒤에는 항상 다음 질문이 따른다.

"지금 사요? 얼마에 사요?"

이런 경우 내 대답은 한결같다.

상대방이 초보이고 단기투자 종목이면, "1/3씩 3일 동안 사세요."

상대방이 초보이고 중장기투자 종목이면, "1/3씩 3주 동안 사세요."

상대방이 초보가 아니고 단기투자 종목이면, "현재가에 1/3, 현재가 +10% 상승시 1/3, 현재가 +20% 상승시 1/3씩 사세요."

상대방이 초보가 아니고 중장기투자 종목이면, "현재가에 1/3, 현재가 +20% 상승시 1/3, 현재가 +40% 상승시 1/3씩 사세요."

그러면 또 질문을 한다.

"현재가에 1/3 샀는데 하락하면 언제 추가매수해요?"

이런 경우 내 대답은 역시 한결같다.

"물타기하고 싶다는 가격이 오면 그때 손절매하고 나와요."

여기에 매매시점의 분산투자, 매매가격의 분산투자에 대해서 말하고 싶은 내용이 다 있다.

첫째, 매매시점 분산투자는 투자기간에 따라 매수시점을 조절한다.
둘째, 매매가격 분산투자는 투자기간에 따라 매수가격대를 조절한다.
셋째, 매매가격 분산투자의 경우 물타기는 자제한다.
넷째, 분할매매의 비율은 통상 1/2, 1/3, 1/5 정도의 비율이 적당하며 경험상 균등할로 분할매매하는 것이 가장 좋다.

많은 투자자들이 "물타기는 자제한다"라는 문장에 의구심을 가질 것이다. 다수의 투자자가 실제로 소위 말하는 불타기 기법보다 물타기 기법을 더 마음 편하게 여기고 있으며, 물타기 기법으로 수익을 내고 있는 투자자도 있을 것이다(불의 속성은 활활 위로 올라가면서 타는 것이고, 물의 속성은 아래로 흘러내리는 것이다. 추세상승시 추가매수를 하는 것을 불타기 기법, 추세하락시 추가매수를 하는것을 물타기 기법이라고 가정한다). 실제로 투자자들 사이에서 한때 유행했던 엔벨로프Envelope 기법이 이에 해당한다. 하지만 물타기 기법이든, 엔벨로프 기법이든, 주가의 움직임이 비추세구간의 박스에서 움직일 때 강력한 무기가 될 수 있음은 명확하다.

그러나 마틴게일^{Martingale} 전략을 조금이라도 고민해본 투자자들이라면 물타기류 기법들의 위험성을 인지할 수 있다. 마틴게일 전략이란 카지노 전략 중 하나이다. 예를 들어 바카라에서 최초 베팅을 1로 했다면 틀릴 때마다 2배수를 베팅하는 것이다. 결국 언젠가는 맞을 테고, 맞으면 그동안 잃은 돈을 전량 회수할 수 있기 때문이다. 그러나 1, 2, 4, 8, 16, 32, 64, 128, 256, 512, 1,056의 배수를 생각해보자. 1달러를 베팅한 후 10번 연속 틀린다면 11번째 베팅금액은 1,056달러가 된다. 즉 최초 투자금액의 1,000배 이상까지도 베팅금액이 늘어날 수 있음을 감안하고 이 전략을 시행해야 한다. 극단적으로 말하면 1달러를 벌기 위해서 무한대의 손실을 각오하는 전략이다.

따라서 마틴게일 전략에서 승리하기 위해서는 2가지 조건이 필요하나. 첫째, 테이블에 최고 베팅 한도가 없어야 한다. 둘째, 내 투자자금이 무한하게 있어야 한다. 10번이 아닌 100번, 1,000번도 연속해서 틀릴 수 있기 때문이다. 물론 수학적으로 그렇다. 마틴게일 전략의 위험성을 이해한 투자자라면 주식투자에서 물타기의 위험성도 이해할 수 있을 것이다. 다만 앞에서도 말했지만 추세와 비추세 중 비추세 움직임은 결국 박스권의 움직임일 것이고, 이 경우 물타기는 최고의 기법이 될 수 있다.

하지만 여전히 위험감소 측면에서는 하락종목에 추가투자를 결정하는 것은 좋은 방법이라고 할 수 없다. 왜냐하면 비추세구간의 박스 하단이 깨져 하락추세로 전환하는 차트를 찾아본다면 바닷가의 모래알보다 더 많이 찾을 수 있기 때문이다. 만약 본인이 물타기 기법이 불타기 기법보다 심리적으로 편안하고 경험적으로도 수익을 더 많이 주었다고 판단하고 있다면, 적어도 위험성만이라도 인지하고 있어야 한다.

물타기 매수란 내려가는 종목에 대해 추가매수를 하는 것이며, 내려가는 이유는 여러 가지가 있음을 명심하자. 단순히 박스권 움직임으로 주가가 상승과 하락을 반복하는 경우도 있지만, 부도 같은 급락 이유가 있어서 내려가는 종목도 있다는 것을 항상 기억해야 한다. 역사적 고점에 물리게 되면 평생을 기다려도 최초 매매가격 이상으로 주가가 오르지 못하는 일도 발생할 수 있다. 이를 항상 기억해야 한다.

분산투자의 목적은 위험관리다. 투자자들 중에는 분산투자를 수익률을 높이기 위한 전략으로 오해하는 경우가 있다. 하지만 앞에서도 설명했듯이 분산투자는 수익률을 높이는 것이 아니라 위험을 낮추기 위한 전략이다. 수익률과 위험이 트레이드오프 관계라는 점을 생각한다면, 분산투자를 함으로써 오히려 수익률이 낮아지는 것을 느낄 수도 있다. 그렇더라도 분산투자를 하지 않겠다는 판단을 하기 전에, 분산투자로 위험을 낮추면서 수익률은 유지시켜야겠다는 판단을 해야 한다. 그것이 분산투자의 본질이며, 주식투자의 본질이다. 주식투자자는 수익률 극대화와 위험 극소화 양극단 사이에서 균형을 맞추는 줄다리기를 꾸준히 하는 사람이다. 그리고 그 유일한 해답은 분산투자다.

투자기법 4
상한가 매매기법

왜 상한가분석을 할까?

주식투자자라면 본인이 보유한 종목이 상한가로 하는 날이 최고의 날이라는 것에 동의할 것이다. 2015년 6월 15일부터 상하한가 폭이 30%로 확대시행된 이후 과거에 비해 상한가종목이 줄어들었다. 하지만 여전히 상한가제도가 있는 우리나라 증시에서 상한가 의미를 이해하고 상한가분석의 중요성을 인식하고 있는 것은 매우 중요하다. 특히 연속상한가의 경우 복리효과가 극대화되면서 단기간에 주가가 급등하는 가장 빠른 방법이기 때문에 연속상한가에 대한 이해 역시 중요하다.

거래소와 코스닥 시장을 통틀어서 연속상한가 역대 최고 기록을 보유한 종목은 동특(현재 리드코프)이다. 동특의 경우 2000년 1월 20일 첫 상한가인 1,750원에서 주가가 출발하여 3월 17일까지 거의 두 달 동안 40연속 상한가 행진을 하면서 158,300원까지 90배가 넘는 주가상승을 이루었다. 1999~2000년이 코스닥시장 투기세력들이 활개치는 시기였다는 점과 코스닥 상한가 제한폭이 12%였다는 점을 감안한다면 40연속 상한가 기록은 아마도 영원히 깨지지 않을 것이다.

이런 동특의 사례에서 상한가분석의 의미를 2가지로 생각해볼 수 있다. 하나는 상한가종목 자체의 매수가담 여부를 판단하여 급등주의 상승폭을 취하는 것과 또 다른 하나는 상한가종목을 분석함으로써 시장의 흐름을 파악하고 강한 테마주를 취하는 것이다. 실제로 동특이 40연속 상한가 행진을 하던 시절은 A&D^{Acquisition & Development, 인수후개발}라는 기법이 처음 선을 보여 다른 A&D테마주 동반급등이 이어졌다. 이 점을 기억한다면 상한가가 과거에 비해 양은 줄었지만 연상법 등을 즐겨하는 단기투자자라면 분석의 중요성이 여전히 높다 할 것이다.

상한가종목 분석을 어떻게 해야 하나?

필자는 20년 전 주식투자 초보시절일 때부터 지금까지 장이 마감하면 무엇보다 먼저 상한가종목 분석을 한다. 최근에는 과거에 비해 상한가종목이 현저히 적어졌기에 상승률상위 30종목을 분석한다. 상한가종목(상승률종목 분석)을 매일 분석하면서 당연히 각 종목의 재무제표와 차트, 그리고 재료분석으로 삼박자 분석을 한다. 그래도 중점을 두는 분석은 차트 및 재무제표 분석보다는 재료분석이다. 오랜 경험상 상한가 급등은 재무제표 우량주와 차트 선호주보다는 재료 보유주로 인한 경우가 많다는 것을 알고 있기 때문이다.

재료 보유주 상한가에는 2가지 패턴이 있다. 첫 번째, 재료가 노출되기 전에 세력이나 내부자의 선취매수로 상한가에 진입하는 경우다. 재료가 노출되기 전의 상한가종목은 어떤 재료를 보유하고 있는지에 대해 과거 공시와 인터넷 정보, 증권사리포트 등을 참고하여 크기를 파악한다. 그 후 재료가 종목의 주가에 얼마나 영향을 미칠지 판단하는 것이 가장 중요한 관건이다.

재료 보유주 상한가 패턴 두 번째는 재료가 노출되면서 대중들의 매수가 몰려 상한가에 진입하는 경우이다. 재료가 노출된 후의 상한가종목은 재료의 크기를 판단하는 것도 중요하지만 선취매수 세력들의 매수물량이나 목표가 등을 판단하는 것이 좀 더 중요하다. 재료의 노출이 시세마감으로 이어질 확률이 굉장히 높기 때문에 잘못된 판단으로 단기고점에 매수하는 우를 범할 수 있기 때문이다. 이러한 세력들의 매수물량이나 목표가 등의 유추는 회원별 매매동향에서 순매수창구를 분석하여 매집시기와 매수단가 등을 추적하는 기법을 통상적으로 사용한다.

이렇게 상한가종목(상승률상위종목)의 상승이유를 찾아나가는 과정을 거친 후에는 직접매매에 적용할 종목과 간접매매를 위한 테마주를 정리해야 한다. 이때 주의할 점이 있다. 매일 이 과정을 겪다 보면 직접매매에 적용할 종목이 시장의 강약과 특성에 따라 자주 발생할 수도, 혹은 자주 발생하지 않을 수도 있다. 마찬가지로 간접매매를 위한 테마주 역시 분석결과로 의미 있게 정리가 되는 날이 있고, 그렇지 못한 날이 있다. 즉 상한가종목을 매일 분석한다고 매일 매매기법에 딱 맞는 종목이나 테마가 있는 것은 아니다. 이것은 장세에 따라 혹은 각자의 타입에 따라 달라진다.

직접매매 적용 I _ 연속상한가종목의 공략

상한가종목 분석을 통해 직접매매를 할 종목은 어떤 기준으로 선정하는 것이 좋을까? 투자자 각자의 경험과 노하우에 따라 달라질 수 있지만, 필자 경험상 중요하게 생각하는 기준은 다음과 같다.

① 상한가 진입속도
② 상한가 진입 이후 상한가에서 거래된 양
③ 상한가 진입 이후 상한가가 풀렸는지의 여부
④ 상한가 잔량
⑤ 시간외 거래량과 시간외 단일가에서의 상한가 지속여부

재료는 왜 기준에 없냐고 묻는다면, 이 부분은 가치와 가격으로서 설명할 수 있다. 가치가 높은 기업이 시가총액도 높은 것처럼, 재료가 좋은 상한가종목이 앞에서 제시한 5가지 기준을 충족시킬 수 있기 때문이다. 즉 가치가 주관적이고 가격이 객관적이듯이, 재료에 대한 분석은 주관적이고 상한가 진입의 여러 가지 상황들은 객관적인 결과물임을 이해해야 한다.

상한가 진입속도는 장초반에 빨리 진입할수록 좋은 상한가이며, 당연히 갭상한가종목이 가장 강한 상한가이다. 상한가 진입 이후 상한가에서 거래된 거래량이 적을수록 좋다. '상한가 진입 이후 상한가가 한 번도 안 풀린 상한가'가 '상한가를 들락날락한 상한가'보다 더 강한 상한가임

은 물론이다. 또한 상한가 잔량은 장중 내내 유지된 물량이 많을수록 좋다. 마지막으로 체크해야 하는 것이 장마감에 상한가매도물량이 나오거나 시간외거래에서 매도물량이 나오는 경우, 그리고 시간외 단일가 거래에서 상한가를 지속하지 못하는 경우이다. 이런 종목들은 물량을 팔아먹기 위한 세력들의 하루짜리 눈속임 상한가 마감일 확률이 높으니 주의해야 한다.

앞에서 언급한 이런 조건들을 충족하는 상한가종목은 상한가 폭이 30%로 확대시행된 이후 자주 나오지 않고 있다. 그럼에도 이런 조건을 충족하는 상한가종목이라면 단기공략이 가능할 수 있다. 하지만 굉장히 공격적인 투자전략이므로 매우 주의해서 사용해야 한다. 공략이 성공적이라면 단기에 큰 수익이 날 수 있지만, 실패할 경우에는 단기에 큰 손실이 발생할 수 있으므로 많은 연습과 연구가 필요하다.

이러한 상한가종목은 다음날 주가움직임을 관찰해본 투자자라면 알 수 있다. 매우 변동성이 큰 주가움직임을 보이기 때문에 굉장히 빠른 판단력이 요구되며, 매수 후에 바로 손절매도가 나오는 경우도 있다. 연속 상한가종목을 공략할 때는 실시간으로 현재가창을 주의깊게 관찰하면서, 매수 후에는 매도창을 열어놓고 대기하면서 긴장을 늦추지 말아야 한다. 속칭 주식투자 '선수'들은 상한가종목을 보유할 때 화장실도 가지 않고 장중 내내 호가창을 바라보고 있다는 것을 기억해야 한다.

직접매매 적용 II_강한 갭상한가종목의 공략

앞에서 첫 상한가종목을 장마감 후에 분석하면서 강한 첫 상한가종목을 선별하고, 다음날 연속상한가를 염두에 두고 공략하는 전략을 설명했다. 이번에는 장전예상체결가 분석을 통해 강한 갭상한가를 예상하면서 상한가에 공략하는 방법이 있다. 이 방법의 가장 큰 전제조건은 장시작 전 동시호가에서 상한가매도물량이 상한가매수물량보다 현저히 적은 갭상한가종목이어야 한다는 것이며, 이 경우에는 상한가물량 배분원칙을 반드시 알아야 한다.

이 기법에서는 종목선정의 가장 큰 전제조건은 다음과 같다. 갭상한가종목이어야 하며, 상한가매수잔량이 매도잔량의 10배 이상이며, 많을수록 좋기 때문에 때로는 총 발행주식수에 육박하는 정도의 장전 동시호가 상황인 경우도 있다.

과거에는 하루에 상한가종목이 30종목 이상 나왔고, 그중에는 갭상하가종목이 1~2종목이 나왔다. 또한 이 갭상한가종목들은 시초가를 상한가로 출발하고 하루 종일 흔들리지 않고 장을 마감할 확률이 굉장히 높았다. 그러나 요즘은 다르다. 일단 시초가 갭상한가종목이 거의 나오지 않을뿐더러, 만약 나오더라도 하루에 30%의 상승에 이익실현욕구를 느끼는 매도세가 나오면서 음봉으로 마감할 확률이 매우 커졌다. 이런 이유로 상한가 폭이 30%로 확대시행된 이후 이 기법은 거의 폐기 처분되었다고 볼 수 있다. 하지만 필자 개인적으로는 초강세 테마장세가 형성되는 날에는 다시 재활용될 수 있는 기법이라고 생각한다. 왜냐하면 영원히 수익을 내는 기법이 없는 것처럼, 폐기처분된 기법이라도 언제 다시 수익을 내는 기법으로 바뀔지 장담할 수 없기 때문이다.

이 기법을 사용하려는 투자자는 단기매매에 능해야 하며, 적어도 8시 30분부터 장을 준비하고 장중에 장을 바라볼 수 있는 투자자여야 한다. 이유는 간단하다. 장전에 매수주문이 들어가야 하고, 만약 매수주문 물량이 체결되면 장중에 상한가가 풀렸을 때 손절매도 주문을 빠르게 낼 수 있어야 하기 때문이다. 또 투자자가 갖춰야 할 조건이 있다. 바로 소액으로 투자하는 투자자여야 한다. 이러한 종목은 자주 나오지도 않을 뿐더러, 나온다하더라도 많은 물량이 체결되지 않고 소액체결로 그치는 경우가 많기 때문이다. 따라서 자금이 크거나 단기매매에 익숙하지 않은 투자자에게는 적합하지 않은 매매기법이다.

갭상한가를 공략하는 방법과 이 방법에 적합한 투자자에 대해 설명했다. 하지만 더 중요한 것은 상한가물량 배분원칙에 대한 이해이다. 장전 동시호가의 물량배분에는 몇 가지 우선원칙이 있다. 첫 번째가 가격 우선 원칙이다. 그런데 상한가로 출발하는 종목은 상한가매수주문 물량이 상한가매도주문 물량보다 더 크므로 상한가매수주문 물량의 전부가 체결되지 못하며, 이에 따라 가격 우선 원칙 다음인 수량 우선 원칙이 적용된다. 다만 큰 매수수량을 주문한 한 투자자에게 매도물량이 모두 체결되는 것을 방지하고자 수정된 수량우선 원칙으로 물량을 배분하게 된다. 물량배분은 모든 매수주문물량에 최초 100주씩 배분하고, 남는 매도물량이 있을 경우에 500주씩 배분하고, 그다음은 1,000주, 그다음은 2,000주씩을 배분하게 된다.

갭상한가종목에 매수주문을 넣은 경험이 있는 투자자라면 100주 체결량에 허탈했던 기억이 있을 것이다. 실제로 10,000주 정도의 주문을 넣었는데 100주 체결량이면 1%의 체결비율이므로 굉장히 적은 물량임에 틀림없다. 하지만 생각해보자. 10,000주 주문을 넣었는데 장 마감까지 100주가 체결되었다면, 다음날도 상한가에 진입할 확률이 굉장히 높다는 뜻이다. 반대로 10,000주 주문을 넣었는데 10,000주 전량이 체결되었다면, 상한가가 깨지면서 손절매도가 나가야 될 확률이 높아졌음을 뜻한다. 경쟁률이 매우 높은 공모주에 투자하면 공모배정물량이 매우 적지만 상장 당일 고가에 매도할 확률이 높고, 경쟁률이 형편없는 공모주에 투자하면 공모배정물량은 매우 많지만 상장 당일 수익이 거의 나지 않는 것과 같은 이치라고 이해하면 된다. 이 기법을 연구하면서 자주 사용하다 보면 어느 정도의 주문으로 100주를 받을 수 있는지 적정 주문 수량이 파악된다. 이 점을 기억하자.

필자 경험으로는 이 기법이 익숙치않은 초보자일수록 많은 수량의 매수주문은 절대 넣지 말고, 적은 수량의 매수주문으로 연습하는 것이 좋다. 가장 큰 장점은 주문체결이 되지 않으면 본전이라는 것이다. 그러므로 과한 욕심을 버리고 체결이 되지 않더라도 적은 수량의 매수주문으로 감을 익힐 것을 권하고 싶다.

간접매매 적용_테마주 공략

상한가 폭이 30%로 확대되면서 직접 공략할 수 있는 상한가종목을 찾기가 쉽지 않다고 했다. 그래도 여전히 상한가종목을 분석하는 것이야말로 시장에서 움직이고 있는 테마주를 가장 정확하게 정리하고 분석하는 출발점임을 부인하기 힘들다. 다만 과거에는 상한가종목이 매일 30여 종목이 나와서 상한가종목만 분석해도 테마주의 흐름을 읽어낼 수 있었지만, 이제는 상한가종목이 하루에 몇 종목 나오지 않으므로 상승률상위종목을 살펴보아야 한다. 투자자들마다 분석에 투입할 수 있는 시간이 다르기 때문에 일률적으로 말하기는 힘들지만, 필자는 매일 두세 시간씩 일간 상승률 TOP 30종목을 분석한다.

일간 상승률 TOP 30종목을 매일 분석하면서 동일업종 종목들과 동일테마주 종목들을 묶어내는 연습을 해보자. 그러다 보면 오늘 테마주의 상승흐름이 보이기 시작하고, 하루 이틀의 연속선상에서 이러한 흐름들을 추적하다보면 시장의 흐름과 테마주의 흐름을 읽어낼 수 있다. 이 분석방법은 기간을 길게 하면 중장기 테마주 분석에도 굉장히 중요한 분석도구가 된다.

예를 들면 월간상승률 TOP 30 또는 연간상승률 TOP 30을 분석하면 해당 월의 가장 강한 테마주, 시장의 흐름, 또는 해당 연도의 가장 강한 테마주와 시장의 흐름을 읽어낼 수 있다. 필자는 매일 일간상승률 TOP 30, 매주 주간상승률 TOP 30, 매월 월간상승률 TOP 30, 매분기 분기상승률 TOP 30, 매반기 반기상승률 TOP 30, 매년말 연간상승률 TOP 30,

3년간 상승률 TOP 30, 그리고 5년간 상승률 TOP 30을 분석한다.

이러한 일련의 과정을 통해 테마주의 흐름을 읽어낸 후에는 2가지 방법 중에서 선택해야 한다. 첫 번째는 관심 테마주 종목 중 상승률 TOP 30에 속하는 상승하고 있는 대장주 성격의 종목을 추격매수해서, 상승추세의 상승분을 내 것으로 취하는 방법이다. 두 번째는 관심 테마주 종목 중 상승률 TOP 30에 포함되어 있지 않은 소외주를 테마주 내의 순환매를 예상하며 선취매하는 방법이다. 필자는 경우에 따라 이 방법들을 혼용하여 사용한다. 장이 강세장이거나 테마가 강하다면 상승추세의 대장주 성격의 종목을 추격매수하고, 장이 약하거나 테마가 약하다면 테마주 내의 아직 오르지 않은 종목을 발굴하여 순환매를 예상하고 선취매를 한다. 2가지 방법 중 어느 것을 선택할지의 결정기준도 결국 위험과 수익률 중 어느 부분을 더 적극적으로 고려할지 여부이다. 또한 자신의 타입이 어떤 전략에 어울리는지에 대한 판단이라고 할 수 있다.

약간은 잔소리 같지만 이 책을 읽는 투자자들에게 분석을 위한 시간 투자를 아까워하지 말라고 조언하고 싶다. 만약 필자에게 "어떻게 일간 상승률 TOP 30종목을 매일 3시간씩 분석을 할 수가 있었죠?"라고 묻는다면, 하루에 3시간도 분석하지 않으려는 투자자들 덕분에 감사하게도 20년 동안 주식시장에서 살아남을 수 있었다고 대답해주고 싶다.

13장

투자기법 5
짝짓기 매매기법

보완재와 대체재, 개념이해를 하자

필자는 대학원에서 와인을 공부했을 정도로 와인을 즐긴다. 다른 술보다 와인을 좋아하는 이유는 여러 가지인데, 그중 하나가 와인의 종류가 밤하늘의 별 만큼이나 많다는 것이다. 와인은 종류만큼 맛과 향도 다양해서 각각의 와인마다 잘 어울리는 음식이 있고, 잘 어울리면 와인의 가치가 빛난다. 프랑스에서는 와인과 음식의 조화를 '결혼'이라는 뜻인 '마리아쥬marriage'라고 한다. 마리아쥬의 기본원칙에는 같은 지역, 색의 조화, 음식 소스에 사용된 와인 등 몇 가지가 있다. 그중 하나가 음식과 와인의 상호보완적인 성질이다. 와인의 단맛이 음식의 짠맛을 누그러뜨리며, 와인의 신맛이 기름기를 완화시키는 식이다. 와인과 음식이 서로 보완적인 성질을 가지면 음식에 어울리는 와인이라고 할 수 있다.

이렇게 서로 보완적인 역할을 하는 것을 경제학에서는 보완재라고 한다. 경제학에도 앞에서 설명한 '마리아쥬' 개념이 있는 것이다. 경제학적인 관점에서 우리가 사용하는 재화에는 서로 보완적인 역할을 하는 보완재, 서로 대체적인 역할을 하는 대체재가 있다. 이 2개의 개념을 이해하는 것은 주식투자에서 매우 중요하다. 그렇다면 보완재와 대체재는 무엇일까?

필자가 여태까지 배운 학문 중 가장 재미있게 배운 것이 경제학이다. 그중에서 미시경제학을 참 재미있게 공부했다. 미시경제학에서의 기본은 가격론이며, 수요공급의 법칙이 가장 기본이 되는 원칙이다. 다른 조건이 일정할 때 가격에 따라서 수요와 공급이 결정되며, 수요량과 공급량이 만나는 균형점에서 균형가격을 이룬다. 수요공급의 법칙은 주식투자에서 주식가격 결정에도 충분히 응용할 수 있다. 그래서 수요공급 법칙은 반드시 이해해야 한다.

투자자들은 "수급이 가장 중요하다"라고 말한다. 여기서 수급이 바로 수요와 공급의 약자이며, 주식가격이 오르려면 수요(매수세)가 늘어나든지 공급(매도세)이 줄어들든지 해야 한다. 따라서 수요(매수세)에 영향을 미치는 변수가 무엇인지, 공급(매도세)에 영향을 미치는 변수가 무엇인지 늘 생각하고 수급을 파악하는 연습을 해야 한다. 그렇게 하다 보면 주식가격 변동을 예측하는 능력을 키울 수 있다.

경제학에서 수요공급의 법칙을 공부할 때 등장하는 내용 중 하나가 대체재와 보완재이다. 대체재는 서로 다른 재화에서 비슷한 효용을 얻는 재화, 즉 서로를 대체할 수 있는 재화를 뜻한다. 보완재는 서로 다른 재화에서 한 가지 효용의 효과를 상승시키는 재화, 즉 서로를 보완할 수 있는 재화를 뜻한다. 대체재의 예로는 돼지고기와 소고기를 들 수 있다. 돼지고기와 소고기를 함께 소비하면 효용의 상승효과를 만들 수 없고,

각각 소비하면 비슷한 효용을 느낄 수 있다. 그렇기에 돼지고기와 소고기는 대체재의 관계이다. 보완재의 예로는 커피와 설탕을 들 수 있다. 커피와 설탕을 함께 소비하면 효용의 상승효과를 만들 수 있기 때문에 두 재화는 보완재의 관계이다.

보완재와 대체재의 가격과 수요의 상관관계를 생각해보자. 보완재는 한 상품의 가격이 하락하여 수요가 상승하면, 해당 상품 보완재 수요도 상승한다. 반면에 대체재는 한 상품의 가격이 하락하여 수요가 상승하면, 대체재의 수요는 감소한다. 즉 대체재와 보완재는 서로의 가격과 그에 따른 수요량의 변화가 상대방에게 영향을 미치고 있음을 알 수 있다. 긍정적인 방향이든 부정적인 방향이든 말이다.

주식시장에서도 대체재와 보완재 개념을 그대로 차용해서 쓸 수 있다. 투자자 전체 자금의 투자측면에서 본다면, 제한된 자금으로 일정 주식을 선택하여 한정적으로 매수할 수밖에 없다. 그러므로 모든 주식은 기본적으로는 서로 대체재의 관계를 갖는다. 돼지고기, 소고기, 닭고기 등을 한 번에 먹지 않고 각각 먹는 것과 유사한 이치이다. 반면에 고기를 먹을 때 쌈채소를 먹듯이, 특정 종목군들은 함께 움직이면서 효용을 증가시켜 투자자의 이익을 극대화시키는 경우가 있다. 이러한 종목들은 서로 보완적인 관계에 있음을 이해해야 한다.

보완재 관계에 있는 주식은 가격의 관점에서 보면 주가가 같은 방향으로 움직인다. 앞에서 언급한 '마리아쥬' 관점에서 본다면 궁합이 잘 맞아 서로의 장점을 이끌어내는 시너지효과를 일으키는 관계이다. 와인을 마시면서도 음식과의 조화를 생각하는데, 하물며 주식투자를 할 때도 주식투자 종목 간의 조화를 생각하고 주가의 상관관계를 연구해야 하는 것은 당연한 일이다. 각 주식의 상관관계 이해는 대단히 중요한 개념이다. 만약 약 2,000종목이 있는 우리나라 주식시장에 서로 간의 주가 상관관계를 데이터화시킬 수 있는 프로그램이 있다면, 아마도 큰 수익을 보장할 수 있을 것이다. 아니 어쩌면 누군가가 벌써 프로그램을 만들어서 매매에 이용하고 있을지도 모른다. 시장에는 A가 오르면 B가 오르고, B가 오르면 C가 내리는 등의 관계가 실타래처럼 얽혀 있다. 그 비밀을 풀어낸다는 것은 남들보다 먼저 선취매수를 할 수 있는 기회를 가질 수 있다는 뜻이기도 하다.

다음 내용에서는 주가의 움직임에 대하여 서로 정의 상관관계를 가지는 테마주와 지분관계 회사에 대해서 설명하겠다. 필자는 이런 관계를 짝짓기 매매법이라고 한다. 결국 짝짓기 매매법의 핵심은 비슷한 주가 움직임을 보이는 종목군을 미리미리 관심종목그룹으로 설정하여, 한 종목군의 상승움직임이 나왔을 때 그 상승의 속도와 크기를 예상하고 적절한 매매전략을 수립하는 것이라 할 수 있다. 짝짓기 매매를 성공하기 위해서는 한 방향의 주가움직임을 보이는 성격의 주식들을 미리미리 관심종목그룹으로 설정해놓는 것이다. 그리고 설정된 종목들 간에 주가 상관관계를 경험으로 터득하고, 그 경험을 기록하여 매매에 이용하는 것이다.

짝짓기 매매 I _테마주 매매

짝짓기 매매법의 가장 흔한 유형은 테마주 매매이다. 일반적으로 테마주란 주가에 영향을 미칠 수 있는 하나의 재료에, 공통으로 연결되어 주가의 등락을 함께하는 종목을 말한다. 넓게 본다면 증권주, 건설주, 자동차 관련주, 반도체 관련주, 게임주 등 업종이나 사업내용이 비슷한 종목도 테마주로 묶을 수 있다. 따라서 비슷한 업종, 비슷한 사업내용, 또는 하나의 재료에 비슷한 주가움직임 등을 보이는 유사종목들을 모두 테마주라고 묶고, 테마주별로 관심종목을 설정해놓는 것이 테마주 매매의 첫걸음이다. 다음은 필자가 관심종목그룹으로 설정한 종목들의 대표적인 사례이다. 실제 주식시장에 존재하는 테마주는 이보다 훨씬 더 많다. 각 증권사의 HTS에서 테마주에 대한 정보를 제공하고 있지만, 자신만의 테마주그룹을 반드시 만들어놓아야 한다.

2차전지주 / NAND주 / 3D 프린터주 / 4차 산업 수혜주 / 5G주 / MLCC주 / OLED주 / 가상현실VR주 가상화폐(비트코인 등)주 / 게임주 / 온라인교육주 / 남북경협주 / 면역항암제주 / 바이오시밀러주 / 보톡스주 / 사물인터넷주 / 수소차주 / 스마트카주 / 스마트팩토리주 / 시스템반도체주 / 아프리카돼지열병ASF주 / 엔터테인먼트주 / 여름주 / 우주항공산업주 / 의료기기주 / 수출 규제(국산화 등)주 / 제지주 / 조선기자재주 / 증강현실AR주 / 지능형로봇 / 인공지능AI주 / 창투사주 / 치매주 / 코로나19(진단/치료제/백신 개발 등)주 / 키오스크KIOSK주 / 태양광에너지주 / 폐기물처리주 / 폴더블폰주 / 풍력에너지주 / 핀테크주 / 해저터널주 / 화장품주 / 황사 / 미세먼지주 / 희귀금속(희토류 등)주(이상 가나다순)

이 목록은 실제 수년 동안 주식시장에서 움직임을 보였던 테마주들의 일부 사례로, 간단하게 정리한 것이다. 실제로 테마주를 구분하고 관심종목을 설정할 때 소주제로 구분해 분류할수록 주가 간 상관관계를 명확히 관찰할 수 있어 매매에 더 도움이 된다. 예를 들면 다음과 같다. 제약바이오주에 50종목 이상이 포함되어 있으니 전체를 하나의 대분류로 넣어놓는다. 그리고 제약지주사, 신약개발주, 소형제약주, 화장품사업을 하는 제약주, 의료기기 관련주, 바이오시밀러 관련주, 삼성바이오 관련주 같은 소분류로 세밀하게 분류하고 관심종목그룹을 해놓아야 한다. 그래야 실질적으로 매매에 직결되는 짝짓기 매매를 할 수 있다.

소분류 관심종목그룹으로 한 번 해놨다고 해서 그걸로 끝이 아니다. 매일 업그레이드를 해야 한다. 테마주 관심종목그룹 내에 새로 편입시킬 종목은 편입시키고, 삭제시킬 종목은 삭제시켜야 한다. 새롭게 시장에서 만들어진 테마주를 새로운 테마주그룹으로 만들거나, 반대로 더 이상 시장에서 의미 있는 움직임을 보이지 못하는 테마주그룹이 있다면 삭제도 해야 한다. 이렇게 중요한 내용들을 업데이트하고, 업그레이드를 해야 한다. 관심종목그룹 관리는 테마주 매매, 짝짓기 매매에서 중요한 사전준비 과정이다.

그렇다면 관심종목그룹 설정 이후 단계인 동일 테마주 종목들의 주가 상관관계는 어떻게 체크해야 할까? 가장 중요한 것은 시장의 관심을 받아 주가가 동반상승할 때의 상관관계이다. 시장에서 소외되고 있거나 심지어 동반하락할 때의 주가 상관관계는 의미가 없다. 왜냐하면 테마주 매매, 즉 짝짓기 매매는 상승할 때 수익을 내는 단기매매 전략인 경우가 대부분이기 때문이다. 따라서 주가가 동반상승할 때 종목 간의 상승률을 파악해 관심종목 순서를 매일 업그레이드해야 한다. 즉 관심종목 목록 제일 위부터 순서대로 주가상승률이 높은 종목으로 순서를 바꾼다. 이렇게 업그레이드를 하다 보면 테마주에서 대장주와 졸개주를 구분할 수 있게 된다. 업그레이드를 꼭 해야 하는 이유도 대장주와 졸개주 관계는 영원히 지속되는 것이 아니고 수시로 바뀌기 때문이다.

그렇다면 대장주를 매수하는 것이 좋을까, 졸개주를 매수하는 것이 좋을까? 경우에 따라 다르지만 대장주를 매수하는 것이 좋은 결과를 가져올 확률이 높다. 일반적인 경우라면 졸개주는 결국 대장주의 주가움직임에 연동되는 존재이기 때문에 상승시에 대장주가 더 큰 폭으로 오르고, 반대로 하락시에는 졸개주가 더 큰 폭으로 하락하기 때문이다. 다만 앞에서 언급했듯이 대장주와 졸개주의 위치는 언제든지 바뀔 수 있다. 그러므로 어느 정도 대장주로 치고 나갈 확신이 드는 졸개주가 있다면, 고가로 상승한 대장주보다 저가에 맴돌고 있는 졸개주를 선취매하는 것이 좋은 결과를 가져오는 전략일 수 있다.

정리해보면 보다 공격적이고 단기매매에 능한 투자자라면 대장주 추격매가 좋은 전략이 될 확률이 높다. 좀 더 보수적이며 중기매매에 능한 투자자라면 테마주 내 순환매를 대비해서 아직 오르지 않은 졸개주를 선취매수하는 것이 좋은 전략이 될 것이다.

짝짓기 매매 II_지분 관계회사

사실 앞에서 설명한 테마주를 활용한 짝짓기 매매는 코스닥투자를 하는 일반투자자들 사이에서 성행했다. 투자경험이 오래됐다면 익히 알고 있거나 실전매매를 한 경험이 있을 것이다. 또 짝짓기 매매법이 아니라도 시장에는 훨씬 다양한 기법과 매매법이 있다. 하지만 이번에 설명하는 지분구조에 의한 짝짓기 매매는 잘 모르거나 알더라도 실전매매에 시도하지 않은 투자자가 다수일 것이다.

과거 우리나라 주식시장에서 지분구조는 주가에 영향을 미치는 주요 변수가 아니었다. 그러다 최근 들어 그 영향력이 점점 커지고 있다. 그 이유는 다음과 같다. 첫째, 연결재무제표에 의해서 지배회사와의 실적이 지분법으로 연결되었다. 둘째, 순환출자의 해소와 대주주의 지배력 강화 등을 이유로 지주회사의 중요성이 커지고 있다. 셋째, 2020년 상반기에 돋보였던 상승종목이 SK-SK바이오팜, SK디스커버리-SK케미칼 등 여전히 지분관계주들의 동반 상승이 계속 되었다.

앞에서 언급한 세 가지 이유 모두 중요하지만, 특히 세 번째 요인으로 인해 이제는 지분구조 파악이 짝짓기 매매전략에서 굉장히 중요하게 되었다. 물론 지분관련 짝짓기 매매전략은 과거부터 큰 수익을 주는 매매전략으로써, 2015년 상반기 한미약품의 사상 최고 기술수출액 공시로 주가가 급등했을 때 초반에는 한미약품이 급등하고 한미사이언스는 눈치를 보는 모습이었다. 하지만 결국 한미약품보다 더 큰 폭으로 상승한 제약바이오주의 대장주는 한미사이언스였다. 이렇게 지분구조에 의한 짝짓기 매매 종목이 유행하면서 2020년에만 셀 수 없을 정도의 짝짓기 종목이 나왔다. 그중 대표적인 종목 일부만 추려보면 다음과 같다.

SK디스커버리 - SK케미칼

에코프로 - 에코프로비엠

씨에스윈드 - 씨에스베어링

에이텍 - 에이텍티엔

이지홀딩스 - 이지바이오

티에스이 - 타이거일렉

심텍홀딩스 - 심텍

유니온 - 유니온머티리얼

인지컨트롤스 - 인지디스플레이

한국화장품 - 한국화장품제조

한국콜마홀딩스 - 콜마비앤에이치

특별히 자료를 찾아보지 않아도 대표적으로 생각나는 짝짓기 매매종목이 이 정도이다. 3종목 이상이 떼를 지어서 움직였던 그룹주들도 상당하다. 2020년에 매매했던 중요 그룹주만 정리해도 다음과 같다.

SK그룹주: SK, SK바이오팜, SKC솔믹스, SK네트웍스, SK케미칼, SK
디스커버리 등

두산그룹주: 두산, 두산밥캣, 두산인프라코어, 두산퓨얼셀, 두산솔루스
등

KG그룹주: KG케미칼, KG이니시스, KG모빌리언스, KG ETS, KG동부
제철

OCI그룹주: 이테크건설, 유니드, 삼광글라스, 유니온, OCI, 유니온머티
리얼

실제로 2020년 IPO 대히트 종목인 SK바이오팜의 상장과 SK의 상승, SK케미칼의 급등과 SK디스커버리의 급등은 지분관계를 파악해야 하는 동기부여가 될 것이다. 또한 두산 그룹의 계열사 매각관련 이슈들이 나왔을 때 앞에서 설명한 지분구조를 파악한 투자자들은 그렇지 못한 투자자들에 비해 높은 수익을 거둘 수 있었다는 것을 반드시 기억하자.

파트 3의 17장에서는 주식투자자가 갖춰야 할 자질을 설명하는데, 그 중 하나가 창의력이다. 필자는 주식투자자에게 창의력이 중요하다고 생각한다. 이 창의력이 가장 큰 역할을 하는 것이 짝짓기 매매법이라고 본다. 짝짓기 매매법을 활용하다 보면 과거에는 없던 새로운 재료가 나오는데, 이 새로운 재료에 대해 창의적인 연상법을 발휘하면 남들보다 빨리 관련 테마주를 예상하고 더 빨리 선취매할 수 있다.

과거에 나온 재료에 의한 테마주는 미리미리 준비하는 성실성이 성공

투자의 관건이고, 처음 나오는 새 재료에 의한 테마주는 먼저 생각하는 사람, 즉 창의력이 성공투자의 관건이다. 그러니 새로운 재료가 나왔고 아직 테마주가 형성되어 있지 않은 재료라면, 그 재료의 수혜업종과 수혜업종 내의 주가움직임이 유사한 종목들을 찾아야 한다. 그렇게 새로운 테마주를 공략하는 창의적인 연상법이 필요하다.

14장

투자기법 6
신고가종목 매매기법

추세매매란 무엇인가?

추세란 일반적으로 어떤 현상이 일정한 방향으로 나아가는 경향을 의미한다. 추세는 주식의 움직임을 분석하는 기술적 분야에서 매우 중요한 개념이다. 주식의 움직임은 크게 추세와 비추세의 움직임, 2가지로 나눌 수 있다.

첫 번째, 비추세는 수가가 한 방향으로 나아가는 경향을 아직 찾지 못하여 상승과 하락을 반복하는 움직임을 뜻한다. 통상적으로 비추세 구간 이후 갑작스러운 급등이 오거나, 갑작스러운 급락이 나오면서 상승추세 또는 하락추세로 주가움직임이 나오는 것이라고 이해하면 된다. 비추세 움직임을 보이는 주식은 비추세구간의 고점과 저점을 잘 잡아내어 구간저점에서 저점매수, 구간고점에서 고점매도 기법을 구사하는 박스권 매매가 유일한 필승법이다.

두 번째, 추세는 주가가 한 방향으로 나아가는 경향을 가진 움직임을 보이는 경우이다. 일단 추세를 형성한 종목에 대한 투자는 비추세구간

종목의 박스권 매매와는 다른 매매법이 필요하다. 추세에는 상승추세와 하락추세가 있는데, 상승추세종목에 대한 포착과 그 매매기법이 이번 장에서 다룰 내용이다.

하락추세는 다음과 같다. 하락추세종목에 투자하기 위해서는 바닥 다지는 것을 확인하고 상승으로 턴하는 것이 확인된 이후 매수에 가담하는 매매법이 있고, 바닥을 다지지 않았지만 예측에 의한 선취매수를 하는 매매법이 있다. 두 경우 모두 매수보다 매도가 훨씬 중요하다. 하락추세에서 예상했던 상승으로 추세전환이 나오지 않는다면 중장기 동안 지속적인 추세하락이 불가피하므로 빠른 판단으로 손절매를 결정해야 한다. 하락추세종목의 턴어라운드를 잘만 잡아낸다면 10루타 상승종목을 잡아낼 수 있다. 하지만 확률은 그리 높은 편은 아니다. 또한 손절매 판단을 미루다가 지속 하락추세 패턴에 걸리면 평생 돌아오지 못할 역사적 고점대의 취득가를 막연하게 기다리는 우를 범할 수 있으므로 주의해야 한다.

다음 장에서는 상승추세종목에 대해 설명하겠다.

상승추세종목은 어떻게 포착할 것인가?

상승추세종목에 올라타 중장기적으로 올라가는 추세 속에서 전리품을 얻고 싶다면 어떻게 상승추세종목을 포착할 수 있을까? 현재 거래소와 코스닥의 종목수를 대략 2,000종목이라고 가정해보자. 하루가 24시간을 분으로 환산하면 1,440분, 한 종목당 1분씩만 봐도 2,000분으로 하루를 꼬박 봐도 시간이 모자라다. 다른 방법은 없는 것일까?

정답은 주가상승률 상위종목을 확인하는 것이다! 한 종목당 1분씩 2,000종목을 매일 볼 수는 없지만, 한 종목당 1분씩 200종목을 매일 볼 수는 있다(3시간 20분이 걸린다). 그런데 한 종목당 1분씩 보면 볼 수 있는 정보가 극히 제한적이다. 그럼 한 종목당 10분을 보면 어떨까? 그러면 30종목을 보는데 하루 5시간이 걸린다. 이것이 바로 TOP 30 종목분석이다. 물론 과거 상한가 30% 이전 시절에는 하루 평균 상한가 20~30종목이 배출되었기에 상한가종목을 분석하면 되었지만, 요즘은 상한가종목이 하루에 고작해야 2~3종목 정도 밖에 나오지 않아 분석의 의미가 없다.

어쨌든 TOP 30종목을 검색하고 연구하는 목표는 크게 2가지이다. 첫째, 직접 공략할 종목을 선정하기 위해서이다. 상승종목 자체의 매수가능 여부 분석 이후에는 상승추세의 판단과 매수 매력도에 따라 매수 가담 여부를 결정한다. 매수매력도의 결정은 삼박자 분석법으로 하는 것은 물론이다. 둘째, 간접공략할 종목을 선정하기 위해서이다. 상승종목들의 공통점을 찾아내어 현재 시장의 흐름을 잡아내고 테마주의 움직임을 포착한 이후에는, 짝짓기 매매기법이나 테마주 매매기법을 통해 수익창출을 위한 노력을 해야 한다.

TOP 30은 일간만 해서는 안 된다. 주간, 월간, 분기, 반기, 연간 3년간, 5년간, 10년간 등 다양한 기간을 설정해야 한다. 일간·주간은 단기매매, 월간 이상의 분석은 주로 중장기투자를 위함이다. 즉 단기투자자들은 일간상승률이나 주간상승률 정도가 훨씬 중요하고, 반대로 중장기 투자가들은 월간 이상, 장기투자자들은 연간 이상의 상승률 분석이 큰 도움이 될 것이다.

이와 같이 보조지표를 이용하지 않고 상승률 순위로만 추세종목을 찾아낼 수 있는 것은 굉장히 매력적이다. 필자 개인적으로는 주가의 모든 정보는 현재가격에 녹아 있으며, 현재가를 보고 모든 것을 알아챌 내공이 되지는 않았기에 봉의 형태를 보고, 이동평균선 주가그래프를 보고, 그래도 안 되니 각종 보조지표를 보는 것이 아닌가 싶다. 실제로 필자 주변의 고수들 중에 보조지표를 보는 투자자는 별로 없다. 결국 기술적 분석상 각종 보조지표는 가격의 변화라는 원 데이터를 구미에 맞게 이리저리 바꾸어놓은 변형 데이터일 뿐이다. 그래서 상승추세의 종목은 상승률상위종목에서 다 잡아낼 수 있다고 생각한다.

필자는 "턱걸이 20개를 하려면 턱걸이 1개를 하면 된다"는 말을 좋아한다. 이 말처럼 주가가 1년 동안 1,000% 오르려면 하루에 10% 이상 여러 번 올라야 한다. 1년 동안 가장 크게 오를 종목을 공략하기 위해서는 그날그날 가장 크게 오른 종목을 검색해보고 왜 올랐는지 연구해야 한다. 차트분석하고 재무제표 분석하고 재료분석을 하면 된다. 그런데 그 당연한 것이 하기 힘들다. 한 종목당 10분, 30종목이면 300분, 하루 5시간을 투자하기가 힘들다. 그러나 하루 10분이 걸리던 한 종목 분석이 점점 익숙해지면 하루 5분 정도로 줄일 수 있다. 종목당 5분이면 150분, 즉 2시간 30분이면 가능해지는 순간이 온다. TV 프로그램 〈생활의 달인〉에 나오는 달인들이 장기간 숙련을 통해 눈감고도 요리하듯이 말이다.

만약 매일매일 상승률 100종목 연구를 위해 각 종목의 삼박자 분석, 즉 재무제표 분석, 차트분석, 재료분석을 하는 투자자가 있다고 하자. 그러면 그는 필자보다 매일 주식연구를 3배 열심히 하는 것이고, 3배 더 좋은 매수종목을 찾을 확률이 높아지고, 3배 더 좋은 수익이 날 것임에 틀림없다.

단기매매를 위해 매일 일간상승률 TOP 30을 분석하는 것이 효과적이 듯이, 중장기 투자를 위해서는 월간, 연간 또는 다년간 TOP 30 분석이 굉장히 중요하다. 실제로 이러한 분석을 통해서 제약바이오주는 맛있는 식당이라는 이론을 만들 수 있었다. 2015년의 주도주, 2017년의 주도주 에 이어서 2019~2020년까지 이어지는 주도주로서 2년에 한 번 크게 움 직이는 제약바이오주는 맛있는 식당과 같다. 누구나 맛있는 식당을 가고 싶지 맛없는 식당은 가고 싶어 하지 않는다. 그러나 맛이 있다고 가격이 상관없는 것은 아니다. 음식가격도 식당 선택에 매우 중요하다. 예를 들이 맛있는 식당이 기격을 올린다면 소비자들은 비싸진 가격에 일시적 으로 발길을 돌리겠지만, 다시 가격을 내린다면 소비자들이 몰릴 것이 다. 하지만 맛없는 식당은 가격을 올리면 그나마 있던 손님도 찾아오지 않을 것이고 결국 문을 닫게 된다. 이런 관점에서 제약바이오주는 '맛있 는 식당'이다. 일시적으로 가격이 비싸져도 가격이 떨어질 때까지 기다 리면 되는 것이다.

신고가종목 매매기법이란?

상승률상위종목들을 검색하면서 차트를 볼 때 핵심적으로 봐야 하는 사항이 바로 신고가 여부이다. 신고가 여부는 증권사별 HTS에 따라 다르지만 대부분 신고가종목 메뉴를 지원한다. 상한가종목 메뉴, 상승률 상위종목 메뉴를 지원하는 것과 비슷하다.

상승추세종목을 잡아내기 위한 가장 좋은 방법은 신고가종목 메뉴를 매일 검색해보는 것이다. 상승률을 1일, 주간, 월간, 연간 등으로 구분하여 볼 수 있듯이 신고가종목도 5일신고가, 20일신고가, 60일신고가, 52주신고가, 역사적 신고가 등으로 기간구분이 가능하다. 단기 신고가는 단기매매에, 장기 신고가는 장기매매에 적합하다. 이 중에서 가장 중요한 신고가는 역사적 신고가이다.

역사적 신고가는 2가지 특별한 의미가 있다. 첫째, 전 고점의 매물압박이 없다. 둘째, 상승목표치가 없다. 차티스트에게 전 고점은 전 고점의 매물압박과 상승목표치의 개념이 있다. 그런데 역사적 신고가란 이제 더 이상 전 고점이 남아있지 않기에 전 고점의 매물압박도 수치상 상승목표치의 개념도 없어지는 것이다. 그렇다면 신고가종목에 대한 매매기법은 어떤 것일까?

신고가종목 매매기법의 매수시점 잡기는 하락추세종목의 매수시점 잡기처럼 2가지 방법이 있다. 첫째는 신고가 돌파 확인 후 매수하는 방법이며, 둘째는 신고가 돌파 전에 예측매수하는 방법이다. 첫 번째보다는 두 번째 방법이 더 좋은 것은 매수가격이 낮기 때문이다. 하지만 신고가 돌파에 실패할 확률이 높다는 점에서, 첫 번째 신고가 돌파 확인 후 매수하는 방법을 추천한다.

매도타이밍을 잡는 방법은 조금 복잡하다. 추세상승 시에 만들어지는 조정박스권의 하단이 깨지면 매도하는 것이 가장 좋다. 즉 추세매매의 핵심은 상승추세종목을 그 상승추세의 끝까지 보유하여 이익을 최대화 시키는 것이다. 그래서 상승추세종목이 조정을 받을 때 상승추세가 끝 나고 하락추세로 전환하는 것인지, 상승추세는 지속되지만 일시조정을 받고 있는지의 판단이 추세매매 성공의 가장 중요한 열쇠다.

상승추세 연장선상의 조정인지, 하락추세로 전환인지의 판단은 결국 조정박스권의 하단을 붕괴시키는지 아니면 하단을 지켜내는지로 판단 하는 수밖에 없다. 상승추세 중에 조정권에 진입하면 비추세로 작은 박 스권을 만든다. 상승추세 속 작은 비추세 박스권의 고점을 다시 힘차게 돌파하면 상승추세가 지속되는 것이고, 작은 비추세 박스권 저점을 붕 괴시키면 하락추세로서 진환가능성이 굉장히 높아진다고 보는 것이다. 이 내용은 앞 세대의 추세매매 트레이더들의 실증분석으로, 또한 필자 의 실증분석으로 높은 성공확률을 가진 매매기법이라고 생각한다.

이때 거래량도 반드시 보아야 할 지표이다. 상승추세를 유지하기 위 해서는 적절한 거래량을 수반하는 것이 좋다. 또한 조정박스권의 하단 을 대량거래를 터뜨리면서 깨고 내려간다면 하락추세로 전환할 가능성 이 높다는 것도 기억해야 한다. 다시 강조하지만 가격은 속일 수 있지만, 거래량은 속일 수 없다. 이 점을 명심해야 한다.

불을 탈 것인가, 물을 탈 것인가?

앞에서 다룬 신고가종목 매매기법을 정리해보면 다음과 같다. 추세매매의 핵심은 '올라가는 종목을 사라'이다. 신고가종목 매매기법은 추세매매기법의 핵심기법이다. 상승추세종목은 일일 상한가도 나오고, 주간 상승률 TOP 30에도 포함되면서 오르는 종목이기 때문에 상승률종목분석을 통해서 발굴해낼 수도 있고, 아니면 신고가종목 메뉴를 통해서 발굴해낼 수도 있다. 신고가종목은 상승추세를 유지하면서 짧은 구간의 비추세 박스구간을 만드는데, 그 박스구간의 상단돌파는 상승추세지속, 하단돌파는 추세하락전환으로 판단될 수 있다.

추세매매기법 중 오르는 종목을 더 매수하는 피라미딩 기법을 한 줄로 요약하면 다음과 같다. "올라가는 종목을 사고, 더 올라가는 종목을 더 사라." 그런데 일반투자자들은 '내려가는 종목을 사고, 더 내려가는 종목을 더 사는 기법'을 많이 사용하고 있다. 주변만 둘러봐도 알 수 있지 않은가? 일반투자자 대다수가 돈을 잃고 있다. 참 신기하지 않은가? 누군가는 돈을 벌텐데 우리 주변에는 없다. 그렇다면 반대로 생각해봐야 하지 않을까? '올라가는 종목을 사고, 더 올라가는 종목을 더 사는 투자자'가 조용히 웃으며 돈을 벌고 있다고 말이다.

불의 속성은 활활 위로 올라가면서 타고, 물의 속성은 아래로 흘러내려가는 것이다. 우리는 지금까지 자연의 섭리 때문에 위에서 아래로 내려가는 것에 너무 익숙해져 있었다. 하지만 물의 속성에만 젖어서 손해를 보고 있다면 다시 한 번 생각해봐야 하지 않을까?

그렇다. 이제는 이 세계에 뛰어든 투자자로서 자연의 섭리보다 주가의 섭리를 받아들여야 할 때다.

15장

투자기법 7
신규상장주 공략법

공모주 투자란? 신규상장주 투자란?

2019년 한 해 동안 약 80개 이상의 공모주들이 신규상장되었고, 2020년 역시 2월 10일 위세아이텍을 시작으로 8월까지 40개 이상의 공모주들이 신규상장되었다. 특히 2020년 하반기에는 SK바이오팜의 공모주 흥행 대박으로 공모주시장이 큰 관심을 불러일으켰다. 특히 카카오게임즈, 빅히트엔터테인먼트, SK바이오사이언스 등 시장참여자들의 큰 관심을 끄는 대어급 공모주들의 상장이 줄줄이 예정되어 있어 신규상장종목의 관심이 그 어느 때보다도 뜨거울 것으로 예상된다. 과거 사례를 살펴보면 상장 이후 상승을 지속하며 공모가 대비 큰 폭의 상승을 보인 종목도 있지만, 상장 당일 고점을 그 이후 회복하지 못하고 하락추세를 형성한 종목도 있다. 이런 것을 보면 신규상장주를 무조건 멀리할 필요도 없지만, 무조건 공략할 수도 없다. 신규상장주 공략을 하려면 신규상장주 또는 공모주에 대한 정확한 이해가 필요하다.

유통시장인 증권시장에서 바라본 신규상장주는 발행시장에서 보면 공모주이다. 이런 점에서 신규상장주를 공략하기 위해서는 반드시 이 개념을 정확히 이해해야 한다. 다음에 나오는 내용들은 공모주 투자를 위해서는 조금 부족하지만, 신규상장주가 어떤 과정을 거쳐 공모를 하고 신규상장되어 유통시장에서 거래가 되는지 이해하는 데는 부족함이 없을 것이다.

📑 1단계 : 기업공개

기업공개IPO, Initial Public Offering는 거래소 시장 혹은 코스닥 시장에 기업이 투자자를 유치하고 기업가치를 끌어올리기 위해 주식을 상장시키는 절차이다. 창업자 및 투자자 등 개인이나 소수 주주로 구성되어 소유구조가 폐쇄적인 기업이, 일반에 주식을 공개하고 재무내용 등 경영정보를 공시하여 대중 투자자들로부터 자본을 조달받는 것이라고 이해하면 된다. 공모(공개모집)라는 절차를 통해 개인 및 기관투자자들로부터 자금을 투자받고, 회사의 발행주식을 나누어주고, 장내 주식시장에서 자유롭게 거래가 가능하게 되는 것이다.

📑 2단계 : 신주모집, 구주매출

기업공개를 하면서 신주모집, 구주매출 등 2가지 방식 또는 병행방식을 취하게 된다.

① **신주모집** : 회사가 새로 주식을 발행하고 다른 주주가 이를 취득하는 방식이다. 기업이 새롭게 발행한 주식을 상장하고 반대급부로 투

자금을 받기 때문에 많은 자금이 회사로 유입된다. 하지만 새로운 주식을 발행하는 만큼 해당 기업의 총 발행주식이 많아져 기존 대주주 지분율이 하락하게 되고 지배구조가 흔들릴 위험성이 있다.

② **구주매출** : 기업의 소유구조분산 목적과 자본조달 목적으로 대주주나 일반 주주 등 기존 주주가 이미 보유하고 있는 주식 지분 중 일부를 대중에게 공개적으로 파는 것을 말한다.

💰 3단계 : 수요예측

주식을 공모할 때 인수가격을 결정하기 위하여 공모주 청약전에 기관투자가들로부터 수요를 조사해서 수요와 공급의 적정한 수준을 맞춰 가격을 결정하는 방법을 말한다. 기관의 참여 건수가 많고 경쟁률이 높다면 그만큼 기관투자자로부터 큰 관심을 갖고 있다고 해석하면 된다.

💰 4단계 : 보호예수 물량 등 유통가능 주식 확인하기

회사 최대주주 등이 보유하고 있는 주식은 상장 후 의무적으로 일정 기간 동안 매각이 제한된다. 이를 '보호예수'라고 한다. 보호예수는 기업들이 등록할 때 공모 전의 실적 예상치에 비해 등록 후 실적이 지나치게 떨어지는 경우가 많기 때문에 대주주가 공동책임을 지도록 일정기간 주식을 묶어 놓는 방편으로 활용된다. 상장 이전에 회사에 투자한 벤처캐피탈, 운용사 등 투자자들도 자발적, 비자발적으로 보호예수가 걸린다. 보호예수 물량이 많을수록 공모주 투자자에게는 유리하다. 상장 첫날부터 많은 물량이 매물로 나올 가능성이 적기 때문이다. 이렇게 보호예수 및 매도금지물량, 유통가능물량, 의무보유확약 신청내역 등을 청약 전에 투자설명서 같은 공시 등에서 확인해 분석할 필요가 있다.

💰 5단계 : 공모주 청약

기업을 공개하여 주식공모를 할 때 투자자들이 그 주식을 사겠다고 표시하는 것이다. 즉 기업이 주식시장에 상장하기 위해 외부에 기업공개를 해 일반인으로부터 청약을 받아 주식을 배정하는 것이 공모주 청약이다. 공모주 청약에 의한 주식취득은 공모주식이 증권거래시장에 상장된 후 주가가 보통 발행가를 웃돌기 때문에 공모주 청약을 하면 많은 시세차익을 얻을 수 있다. 그래서 인기가 높지만 최근에는 주가가 공모가보다 내려가는 경우나 청약 시 경쟁이 심하여 주식배정을 많이 받지 못하여 투자대비 효용이 낮다는 점도 유의해야 한다.

💰 6단계 : 공모주 청약 절차

관심 기업의 공모 일정을 확인하고 청약하고자 하는 기업을 분석하여 청약여부가 결정되면, 해당 청약 주관 증권사에 계좌개설을 한 후 2일 동안 진행되는 청약일에 증권사 영업점과 인터넷 등에서 청약을 신청한다. 대부분 증거금은 청약금액의 50%를 요구한다. 청약일로부터 2거래일이 지나면 납입기일과 환불일이 동시에 진행된다. 증거금에서 경쟁률에 의해 배정받고 남는 자금은 모두 투자자에게 환불되고 배정받은 금액은 해당 기업에 납입된다.

💰 7단계 : 상장 첫날 시초가 결정 방법

공모주는 시장의 신규상장주에 대한 기대심리, 수급, 보호예수 물량 등 여러 요인으로 인해 상장 첫날 급등을 하거나 공모가 미만으로 거래되는 등 매도타이밍을 잡기가 어려울 정도로 변수가 많다. 상장일 아침 9시에 처음 결정되는 시초가는 공모가격의 90~200% 사이에서 결정된다. 즉 공모가격 10,000원짜리 기업이 상장 첫날 거래된다면 시초가는 9,000원~20,000원 사이의 매수, 매도호가 사이에서 가격이 결정된다.

만약 20,000원에 시초가가 결정되어 당일 상한가로 마감된다면, 상장 첫날 종가는 26,000원으로 수익률은 공모가 대비 160%가 된다. 2015년 6월 15일 이후 상한가 30% 폭이 확대되면서 상장 첫날 160% 수익률을 기록한 첫 종목은 에스케이디앤디이다. 공모가 26,000원에서 2배 높은 52,000원에서 시초가가 형성한 뒤 종가를 67,000원으로 마감하였다. 공모가 대비 하루 만에 수익률 160%를 기록하였다.

신규상장주 투자를 위한 공모주 관련 내용들을 간략히 살펴보았다. 공모주 투자와 신규상장주 투자의 가장 큰 차이점은 안전한 티끌을 취할 것인가 불안전한 태산을 취할 것인가로 이해하면 된다.

먼저 공모주 투자는 경쟁률을 고려했을 때, 배정받는 물량이 굉장히 적다. 1년 내내 공모주 시장을 따라다녀 모든 종목에 물량배정을 받는다면 예치금 대비 연 10% 내외의 수익을 예상할 수 있다(사실 이 정도도 요즘 1년 이자율을 생각한다면 "아이고, 감사합니다!"라고 인사해야 할 수준이긴 하다). 어찌 보면 큰 기대수익은 아니지만 반대로 공모주 투자를 해서 망했다는 사람은 아직 한 명도 본 적이 없으니 안전한 티끌일 수 있다. 티끌도 언젠가는 태산이 되는 것처럼 말이다.

반대로 신규상장주 투자는 기존 거래되고 있는 주식투자와 전혀 다를 바가 없다. 불안전한 태산을 취하다가 그 태산 위에 올라설 수도 있고, 그 태산 밑에 깔릴 수 있기도 하다. 이점을 반드시 알아야 한다. 주식투자의 제1원칙은 언제나 위험과 수익률의 상관관계임을 명심 또 명심하자.

신규상장주 공략의 진정한 의미

신규상장주식 공략법은 1999년 벤처붐에 의한 코스닥시장 대세상승시기에 시장참여자들에게 굉장히 유행했던 투자기법이다. 벌써 15년이나 지난 매매기법이다. 혹시 이 기법을 자세히 모르는 투자자들을 위해 간단히 설명해보겠다. 사례는 그 당시 신규상장되어 아직도 코스닥에서 유통되고 있는 '다음'과 '버추얼텍'이다.

다음(현재 카카오)은 1999년 11월 11일에 신규상장되어 26연속상한가를 치고 물량이 풀렸지만, 거기서 2배의 상승을 더 하면서 신규상장가 대비 36배의 상승을 기록하였다. 아직도 상장유지가 되고 있으니 차트를 직접 확인할 수 있다. 거래 없는 점상한가라 먹을 게 없었을 것 같다고? 버추얼텍을 보자.

버추얼텍은 2000년 1월 11일 신규상장되어 신규상장가 대비 27배가 상승했다. 버츄얼텍은 상장 전부터 유명세 때문에 물량 없이 점상한가로 움직인 다음과 달리, 중간중간 거래를 터뜨리면서 주가가 30배 가까이 상승했었다. 이 종목 역시 지금도 차트를 직접 확인할 수 있다.

　다음과 버추얼텍만 있었던 것은 아니다. 1999년 후반부터 2000년 초반까지 상장 후 연속상한가 기본 20방 이상씩 움직였던 로커스, 핸디스프트, 장미디어, 싸이버텍홀딩스 등을 보자. 그 당시의 IT 신기술 주도주들뿐만 아니라 거의 모든 신규상장주들이 상장하면 공모가 대비 10배는 기본이고 30배까지 상승했었다. 물론 당시에는 IT기술주에 대한 광풍이 있었기에 주가에 거품이 있었다. 하지만 투자자는 정의의 사도나 도덕 선생님이 아니다. 공정한 룰을 위반하지 않는 선에서 수익을 내는 것이 최고의 덕목이자 절대선이다. 1999년과 2000년의 시장참여자들 중에 코스닥을 두려워하고 거래소에서만 머물렀던 투자자(이들은 그 당시 코스닥은 거품이라고 싸잡아 비난했지만, 실제 속마음은 코스닥 상승에서 소외되는 것을 매우 두려워했다)는 상대적 빅딜감에 매일 피로워했을 것이나. 반면에 코스닥 광풍의 바람을 잘 올라탄 투자자는 최고의 수익률을 냈을 것이다.

　2020년 8월 현재, 신규상장주 공략은 이제 과거처럼 쉽지 않다. 하지만 아직도 틈새는 열려 있고, 그 벌어진 틈새로 들어가 수익이라는 과실을 쟁취해야 한다. 그렇다면 최근의 신규상장주 공략법은 어떻게 바뀌었을까? 일단 2가지로 나누어서 생각해보기로 하자. 첫째는 신규상장주를 직접 공략하는 방법이고, 둘째는 신규상장주와 짝짓기 매매를 할 수 있는 종목을 미리 선점해 공략하는 방법이다.

신규상장주 직접공략법

신규상장주 직접공략법은 간단하다. 상장 전에 미리 정보를 입수해 가치를 평가해보고 공모가 적정성 여부를 판단하는 것이다. 그리고 상장 당일 날 아침 장전 8시 40분부터 예상체결가 변동을 통해 9시까지 첫날 상장 시초가의 예상체결가를 지속 관찰해야 한다. 그래서 투자자 본인이 생각했던 적정가치 이하에서 첫날 상장 시초가가 시작된다면, 시장가 매수를 통해서 상승에 베팅을 하면 된다. 반대로 적정가치 이상에서 상장 시초가가 시작된다면, 매수를 포기하면 된다. 이 루틴대로 하면 손절매 5~10%를 감수하고 수익률 20~30%를 노릴 수 있다.

공모가 적정성 여부와 가치판단

일단 기관의 수요예측이 적정했는지, 공모가 밴드의 상단이나 하단 이디에서 결정되었는지, 또한 그렇게 결정된 공모가에 공모경쟁률은 어느 정도가 형성되었는지가 공모가 적정성 여부에 대한 핵심 판단기준이다. 이와 더불어 대주주 지분구조와 기존 기관보유물량, 또는 보호예수물량 등을 파악하여 상장 후 수급을 체크해야 한다. 또한 가치판단에 있어서는 업종과 업종 내 위치가 가장 중요하므로, 재무제표로 판단하기보다 업종의 업황과 위치를 중심으로 가치판단을 해야 한다.

상장 시초가 형성

8시 40분부터 시작되는 예상체결가 변동에서 가장 중요한 것은 9시에 임박한 시점이다. 생각해보자. 당신이 큰 물량을 매도하고 싶은 매도희망자라면, 비싸게 팔고 싶은 마음에 미리 매도주문을 내놓기보다 9시 정각에 매도주문을 할 것이다. 반대로 당신이 큰 물량을 매수하고 싶은 매수희망자라면, 싸게 사고 싶은 마음에 미리 매수주문을 내놓기보다 9시 정각에 매수주문을 할 것이다. 그러므로 9시에 가까워질수록 좀 더 의미 있는 예상체결가가 될 것이다. 요즘은 스마트폰 시각을 이용하지만, 주식투자 초기시절에는 116으로 8시 55분에 전화를 걸어서 9시 정각에 맞추어 매수 또는 매도주문을 넣었다. 이 부분에 대한 이해와 적용은 생각보다 중요하다.

하지만 더 중요한 것은 신규상장주 시초가 범위에 대한 이해이다. 이 제도에 대한 이해가 신규상장주 매매의 핵심인데, 보통 공모가의 90%와 200% 사이에서 결정된다. 만약 공모가가 10,000원이라면, 상장 당일 동시호가의 매수주문과 매도주문이 결합되어 9,000원과 20,000원에서 시초가가 결정되는 것이다. 또한 9시에 9,000원과 20,000원 사이에서 시초가가 결정되면, 그 시초가에서 상하한가 진폭에 의해 상한가와 하한가의 가격이 결정되는 것이다.

예를 들어 자신만의 분석기법으로 신규상장주 공모가가 10,000원이지만 15,000원의 가치가 있다고 분석했다고 가정하자. 만약 9시에 가까운 시간에 예상체결가가 공모가 10,000원 근처라면, 시초가에 시장가 매수를 하면 될 것이다. 만약 9시에 가까운 시간에 예상체결가가 공모가의 2배인 20,000원에서 형성될 것 같으면 매수를 포기하면 된다.

💰 신규상장주 상장 첫 주 주가패턴

신규상장주의 상장 첫 주 주가패턴은 다음 4가지로 나눌 수 있다.

- **패턴 ①** : 공모가를 훨씬 상회하여 시초가 형성 후 당일 상한가 이후 추가상승한다. 이 패턴이 가장 깔끔하게 주가가 올라가고 수익도 마음 편히 낼 수 있다. 공모가가 저평가되었거나, 업종이나 업종 내의 위치가 굉장히 매력적이거나, 또는 수급상 공급물량이 많지 않은 경우이다.

- **패턴 ②** : 공모가를 훨씬 상회하여 시초가 형성 후 당일 하한가 이후 추가하락한다. 이 패턴에 걸렸다면 빨리 탈출해야 한다. 그렇지 않으면 단기간에 큰 손실을 볼 수 있다. 물량을 팔아먹을 목적으로 시초가 형성시 가매수를 이용하여 올린 후 지속적으로 주가가 추가하락하면서 공급물량이 나오는 경우이다.

- **패턴 ③** : 공모가 근방에서 시초가 형성 후 당일 상한가 이후 추가상승한다. 위험이 그리 크지 않은 만큼 수익도 크게 나는 편은 아니다. 다만 상장일에 대량거래가 터지면서 공모물량과 기관물량을 세력이 다 받아낸 후 올린다면 의외로 큰 상승이 나오는 경우도 있다.

- **패턴 ④** : 공모가 근방에서 시초가 형성 후 당일 하한가 이후 추가하락한다. 공모가 근방에서 출발했기 때문에 아래로 방향을 잡았다 하더라도 크게 위험하지 않고, 중기적으로 공모가를 회복하는 경우도 많다. 만약 공모가를 회복하지 못한다면 도덕적 해이가 있는 기업일 확률이 높으므로 장기투자는 말리고 싶다.

신규상장주 간접공략법

앞에서 언급한 신규상장주 공략법은 과거에는 굉장히 수익이 좋았지만, 최근 몇 년 동안에는 수익률이 그다지 좋지 않았다. 신규상장종목 직접공략이 굉장히 리스크가 있는 매매기법임을 생각하면 더욱 그렇다. 그래서 시장세력들을 포함한 투자자들이 애용하는 신규상장주 공략법은 두 번째 방법이다. 신규상장주 간접공략법의 가장 큰 장점은 신규상장주의 직접공략법보다 위험이 훨씬 낮다는 것이다. 기관의 매물폭탄을 크게 염려할 필요도 없으며, 상장 첫날 시초가가 뻥튀기된 후 단기간에 20~30% 하락을 걱정할 필요도 없다. 다만 직접공략법보다 많은 노력과 판단이 요구된다. 신규상장주 간접공략법은 2가지로 나눌 수 있다.

🔤 첫 번째, 신규상장주 지분구조 파악

상한가종목분석이나 주간상승률 TOP 30 등으로 단기 상승종목들을 최근 몇 년 동안 검토해온 투자자라면, 지분구조에 의한 짝짓기 매매가 성행했음을 알 수 있다. 특히 지분구조에 의한 모회사와 자회사의 관계를 중요하게 봐야 하는데, 연결재무제표가 의무화된 이후로 지분구조 파악은 종목분석시 필수가 되었다.

어떤 급등주가 나왔을 때, 그 급등주의 지분구조를 파악하고 지분을 투자하고 있는 종목인 자회사의 주가급등이 모회사에 반영되어 있지 않다고 해보자. 그러면 모회사의 주가상승을 예상하고 선점할 수 있다. 이와 같은 논리를 신규상장종목에 적용할 수 있다. 신규상장이 예정된 종목의 지분구조를 검토하여 대주주가 상장기업이라면, 반드시 자회사의 신규상장에 따르는 평가차익을 따져보기 바란다. 자회사의 신규상장에 따른 수혜주가 확실한데 주가에 미반영되어 있을 경우, 남보다 먼저 선점하면 좋은 결과가 나올 확률이 높다.

이 분석의 핵심은 지분율과 모회사와 자회사의 시가총액이다. 즉 지분율은 높을수록, 모회사의 시가총액은 낮을수록, 자회사의 시가총액은 높을수록 모회사에 미치는 긍정적인 효과가 크게 나올 것이다. 반대의 경우라면 모회사에 미치는 영향이 미미하기에 시장반응이 예상외로 적을 수 있으므로 주의해야 한다.

💰 두 번째, 신규상장주 업종과 유사회사 파악

두 번째 방법은 소위 말하는 연상법과 신규상장주 공략법이 결합되는 매매기법이다. 신규상장주를 분석할 때는 재무제표의 수치도 중요하지만, 업종과 업종 내 위치 등이 훨씬 중요하다고 앞에서 설명했다. 만약 신규상장주를 분석했는데 업종이나 업종 내 위치가 굉장히 매력적이라면, 그 신규상장주는 공모가 200%에서 시초가가 결정되어 물량 없는 상승을 며칠간 할 수도 있다. 그럴 경우에 대안으로 신규상장주와 유사한 업종의 회사를 발굴하여 선취매전략을 취하면 좋은 결과를 얻을 확률이 높다. 이 방법은 주식시장이 아주 활황인 경우 사용해야 한다.

16장

투자기법 8
생활 속의 종목발굴법

일상생활도 주식투자에 미쳐야 한다

불광불급不狂不及, 미치지 않고서는 이루지 못한다. "미쳐야 미친다"라는 말이 한때 많이 회자되었다. 불광불급은 어떤 일을 하는 데 있어서 미치광이처럼 그 일에 미쳐야 목표에 도달할 수 있다는 뜻인데, "미쳐야 미친다"라고 많이 퍼진 것 같다. 말 그대로 어떤 일에서 정신적 열정이 다른 사람이 보기에는 거의 광기수준까지 가야 정말 말 그대로 미친 결과를 얻어낼 수 있다는 뜻일 것이다.

우리나라의 교육은 평균적인 인간을 만들어내는 비인간적인 교육체계라는 비판이 있다. 다른 나라에 비해 소위 말하는 '천재'가 자주 등장하지 않는 이유도 이런 평균지향적인 교육시스템 때문일 것이다. 평균지향적인 교육시스템은 우리들의 무의식적인 구조에 '적당히 하자'라는 명제를 깊게 각인시켰다. 너무 잘나서도 안 되고 못나서도 안 되며, 앞장서도 안 되고 뒤에 있어서도 안 되는 '중간만 하자'라는 적당주의 때문에 우리는 미치지 않고 평범하게 살아가고 있는 것은 아닐까? 그런데 이런 상태에서 어떻게 "미쳐야 미친다"를 한단 말인가?

혹시 당구를 배워본 적이 있는가? 당구를 처음 배우게 되면, 머릿속에 당구대와 당구공이 그려지면서 하루 종일 쓰리쿠션을 돌린다. 손은 이미 큐 걸이 연습을 하고 있다. 쉽게 말해 당구에 미쳐 있는 상태가 된다. 그렇다면 이 글을 읽고 있는 일반 독자 혹은 주식투자자인 당신은 주식에 미쳐본 적이 있는가?

필자는 지금은 조금 덜하지만 예전에는 정말 미쳐 있었다(그럼에도 불구하고 아직도 주변의 많은 사람들이 필자를 보고 주식에 미쳐 있다고 한다). 주식투자 초창기에는 정말 웃지 못할 에피소드가 많았다. 일상생활의 거의 모든 것을 주식과 연관 지으며 생활했었다. 아침에 눈을 뜨면 TV뉴스를 보면서 A뉴스 관련주는 이것, B뉴스 관련주는 저것으로 시작해서 신문을 보면서 C 뉴스 관련주는 이것, D뉴스 관련주는 저것이라는 식으로 생각했다. 점심시간에 동료들과 나누는 대화에서 주식과 관련지어 생각하는 것은 물론이었다. 어떤 상품을 소비하게 되면 이 상품을 나만 사는지, 아니면 다수의 소비자가 사는지, 왜 사는지, 장기 베스트셀러가 될 것인지, 제조·판매회사가 상장은 되었는지, 매출액 중 그 상품의 기여도는 높은지 등 늘 이런 식으로 생각했다.

그러다가 HTS 화면들이 꿈에 나오기 시작했다. 빨간색은 마음을 안정시키는 색깔로, 파랑색은 마음을 불안하게 하는 색깔로 인식하게 되었다. 빨간 넥타이, 빨간 옷, 빨간 모자, 빨간 신발, 빨간 와인, 빨간 머리 등 내 주변의 모든 것을 빨강으로 채워나갔고 자신을 스스로 레드매니라고 칭했다. 이런 걸 보면 필자는 빨강색에 미친놈임에 틀림없다. 그래도 내심 주식에 미쳤다는 의미로 자체 평가를 내리며 위안으로 삼고 있다. 좀 극단적이지만, 일상생활 속에서 주식투자 종목을 발굴하는 전제조건은 바로 주식에 미치는 것이다. 미쳐야 미칠 수 있듯이, 주식투자에 미쳐야 주식투자에 성공할 수 있다.

생활 속에서 어떻게 종목을 발굴하나?

주식투자에 미치면 생활 속에서 종목발굴을 하는 묘미를 얻게 된다. 그 묘미는 처음에는 단순한 재미로 끝날 수 있지만, 익숙해지고 정교해지면 그 후부터는 어떤 종목발굴법보다도 강력한 무기가 된다. 마치 운동을 좋아하는 운동 매니아가 실생활에서 틈틈이 운동을 하여 몸짱이 되듯이, 진짜 주식 좋아하는 주식 매니아 또한 실생활에서 종목을 발굴하여 성공한 주식투자자가 될 수 있다. 다음은 생활 속에서 종목발굴하는 유형 3가지이다.

💰 뉴스를 보자

생활 속 종목발굴 유형 중 가장 흔한 유형은 신문이나 방송의 뉴스와 기사에서 주식투자와의 연관성을 찾고 종목을 발굴해내는 방법이다. 주식투자자가 아니라도 누구나 방송이나 신문을 통해서 뉴스와 기사를 접하기 마련이다. 중요한 것은 이때 정보를 받아들일 때 주식투자와 연관성이 있는 기사인지 아닌지를 생각하는 습관을 들이는 것이다.

- 정치 관련 : 대선 관련주, 정부정책주, 대북 관련주, 방산 관련주

- 경제 관련 : 모든 분야(특히 수출입동향, 글로벌경기동향)

- 사회 관련 : 모든 분야(특히 재해 관련주, 각종 바이러스 관련주)

- 소비 관련 : 의류주, 화장품주, 음식료주

- 문화 관련 : 엔터 관련주

기사들의 섹터에 따라서 주식 관련 섹터도 나누어질 수 있다. 우리가 흔히 접하고 있는 테마주는 거의 대부분이 빅이슈가 되는 기사가 장기화될 경우 동반상승을 하면서 테마주로 굳어지는 경우가 많다고 이해하면 된다. 1년 365일 내내 너무 많은 뉴스들이 다양한 매체를 통해 쏟아지는 정보의 홍수에 살고 있다. 그렇기 때문에 주식 관련 기사들을 천편일률적으로 도표화시킬 수는 없다. 갓난아이도 기어다니다 처음 벽을 짚고 두 발로 디딘 후 한발 한발 걷게 되지 않는가? 어떤 이론도 어떤 도움도 없이 혼자 말이다. 주식투자자로서 뉴스를 접하고 주식투자와의 연관성을 생각하는 것이야 말로 누가 대신할 수 없는 부분이다. 스스로 터득하고 노력해야 한다.

💰 소비생활을 되돌아보자

소비생활 중의 종목발굴은 뉴스를 통한 종목발굴보다 일상생활과 더 밀접하게 관련이 있는 종목발굴기법이다. 특히 일상생활에서 접할 수 있는 재화나 서비스를 생산·제공하는 상장업체에 대한 종목발굴로 이어지는 것은 뉴스보다 한발 앞서 있는 것이다.

예를 들어 내가 먹어본 과자가 너무 맛있었는데, 나중에 그 과자가 빅 히트를 치고 그것이 뉴스로 나온 이후 과자를 만든 상장기업의 주가에 영향을 미친다고 가정해보자. 뉴스보다 나의 소비시점, 즉 소비자의 소비시점이 훨씬 앞선 것이다. 술을 좋아한다면 기사가 나기 전에 내가 먹어본 소주가 대박 느낌이 나게 술술 넘어갔는데, 나중에 그 소주가 빅히트를 치고, 그 소주를 만든 상장기업의 주가에 영향을 미친다고 가정해보자. 이 또한 뉴스보다 나의 소비시점, 즉 소비자의 소비시점이 훨씬 앞선 것이다. 최근 가장 좋은 사례는 2019년 하이트진로의 신규 맥주인 '테라'이다. 마침 일본의 경제보복 때문에 일본 맥주의 판매율이 현저히 떨어졌고, 심지어 하이트진로의 경쟁사의 판매율도 떨어졌다. 또한, 동사의 소주인 참이슬과 테라가 결합된 폭탄주를 '테슬라'라고 칭하면서 '이모님 테슬라 주세요'라는 유행어가 탄생함과 동시에 하이트진로의 주가는 어느 음식료주보다 강한 상승 움직임을 보였다.

'사드'문제가 발생하기 전 중국에서 막 한류열풍이 막 불기 시작했던 2014년도쯤 필자 지인 중 한 명이 중국을 방문했을 때 중국 파리바게트 빵집에서 중국인들이 줄서서 빵을 사먹는 것을 보고 삼립식품에 투자를 했다고 한다. 이 사람은 지금도 중국에서 한국제품 판매동향에 촉각을 곤두세우고 있다. 필자도 지인의 성공사례에 자극을 받아 한국에서 대학원을 졸업한 중국인을 고용해 매일 중국 사이트 내에서의 한국제품 판매를 조사했다. 한국제품 소비를 중국인 관점에서 실시간으로 검색해 투자에 이용하기 위해서였다. 중국인 직원에게 지급한 급여의 수십 배를 중국 관련 주식에 투자하여 투자차익으로 보상받았음은 물론이다.

만약 이 책을 읽는 당신이 아이돌 그룹에 관심을 두는 음악팬이라면 기획 3사 엔터주에 대한 정보를 실시간으로 접하고 있다. '블랙핑크'의 폭발적인 조회수에 와이지엔터테인먼트를 떠올리고, 트와이스의 인기에 JYP엔터테인먼트를 전자공시시스템에서 찾아봐야 한다. 혹은 라면을 좋아한다면 무척 매운 '불닭볶음면'을 먹는 세계인들을 보며 삼양식품을 찾아보고, 세계에서 인정받은 자랑스러운 한국영화〈기생충〉의 '짜파구리'를 보면서 라면만 끓여 먹는 것이 아니라 농심주가에 관심을 가져야 한다.

창업을 한다고 프랜차이즈 본사에 가서 상담을 받으려고 해도 결국 본인이 소비했고, 좋은 기억이 남아 있고, 장사가 잘 될 것이라고 확신이 서는 프랜차이즈 본사에 가서 상담을 받을 것이다. 마찬가지로 소비주를 투자할 때도 막연히 재무제표 혹은 차트만 보고 투자하지는 말자. 일상생활에서 소비를 하면서, 그 기업의 판매제품을 확인하고 구매한 후 투자를 하는 것이 수익률 제고에 더 도움이 된다.

💰 다니고 있는 회사와 업무를 되돌아보자

본인이 속해 있는 회사, 그리고 업무에서 종목을 발굴할 수 있다. 본업의 업무에서 주식투자와 관련된 정보를 얻어서 종목을 발굴하는 방법이다. 물론 투자자가 공시담당자이거나 경영진이라면 내부정보를 이용한 매매로서 법적제한의 대상인지 확인해야 한다. 이 책에서 본업의 업무는 법적제한 대상인 내부정보 이용이 아니라고 가정하겠다.

예를 들어보자. 당신이 의사 또는 약사라면 제약바이오 업계에 대해

증권사 제약바이오 담당 애널리스트보다 훨씬 직접적이고 구체적인 정보를 알고 있을지도 모른다. 다만 증권사 애널리스트는 간접적인 정보로 주식투자 관련 정보를 생성해내는 능력이 있고, 당신은 직접적인 정보를 가지고 있으면서도 주식투자 관련 정보를 생성해내는 능력이 없을 뿐이다. 비슷한 예로 당신이 편의점 업주나 아르바이트생이라면 얼마든지 소비재화들의 판매현황을 증권사 소비·유통 담당애널리스트보다 훨씬 빠르고 정확하게 체크할 수 있다. 또한 당신이 IT 관련 업종에 종사하는 사람이라면 스마트폰 관련주, 반도체 관련주, 게임 관련주 등에 대해 다른 투자자보다 훨씬 특화된 강점이 있는 것이다. 실제로 필자 주변에 주식투자로 성공한 사람들 중 몇 명은 주식투자에 대한 지식이나 경험이 거의 없지만, 자신의 전문 분야 지식으로 종목발굴을 해서 주식투자에 성공한 사람들이다.

최근에 실제 자신의 업무와 관련 있는 종목으로 큰 수익을 낸 투자자를 만난 이야기를 해보겠다. 필자는 2005년 세무사시험에 합격했는데, 세무사 개업을 하니 반드시 사용해야 하는 것이 '더존 프로그램'이었다. 이 프로그램을 이용하여 전산으로 기장을 하고, 연말결산과 세무조정까지 모두 해야 했다. 전국의 세무사 사무실에서 반드시 이용해야 한다. 주식투자자로서 더존비즈온의 성장성을 검토해봤지만 그 당시 그리 큰 매력을 못 느꼈기 때문에 한두 번의 매수매도를 하였지만 큰 수익이 발생하지 않았기에 관심에서 멀어졌다.

그런데 이 종목이 2015년부터 주가 급등을 시작하더니 1만 원에서 최근 10만 원까지, 정확히 만으로 5년 만에 주가가 10배가 되었다. 아뿔싸!

전국의 세무사들이 10배를 벌수 있는 기회를 놓친 것이다. 물론 나를 포함해서 말이다. 왜냐하면 다른 업종들은 관련주들이 매우 많겠지만, 세무사관련주는 더존비즈온이 유일하기 때문이다. 세무사들이 조금만 관심을 가졌다면 더존비즈온의 중장기투자자가 되어 10배 수익의 주인공이 될 수 있었을 텐데. 주위의 세무사들 중에 더존비즈온 주주를 만나본 적이 없었다. 그래서 주식강연을 할 때마다, 생활 속의 종목발굴법의 장점을 강조하면서 단골설명종목으로 나를 포함한 많은 세무사들이 더존비즈온을 놓친 이야기를 한다.

그러던 어느 날, 드디어 더존비즈온으로 10배 정도의 수익을 내고 있는 중장기투자를 하는 세무사 한 분을 만나게 되었다. 어떻게 그럴 수가 있었는지 묻자 매우 단순한 답이 돌아왔다. 자신도 주식투자를 하고 싶어서 계좌를 만들었는데, 잘 모르는 종목을 사고 싶지 않았고, 자신이 가장 잘 알고 수익성과 성장성도 좋아 보이는 더존비즈온을 매수했다고 한다. 그리고 매도를 안 한 이유는 자신은 여태껏 주식을 매수만 했지 매도는 하지 않는다고 했다. 생활 속의 종목발굴법과 Buy & Hold 전략의 멋진 콜라보로 텐베거종목을 보유하게 된 것이다.

보통 자신의 업무분야와 관련된 업황에 대해 비관적이거나 관련 상장종목들에 대해 비관적인 경우가 많다. 자신의 전문분야에 대해 남들보다 훨씬 많이 알고 있다는 장점이 남들보다 나쁜 점만 보는 단점이 되는 것이다. 하지만 주식투자를 할 때는 자신이 가진 정보가 '주식정보로서의 가치'로 어느 정도인지 객관적으로 판단해야 한다.

통상적으로 주식투자에서 자신이 가진 정보는 굉장히 작게 느끼고 남이 가진 정보는 굉장히 크게 느낀다. 남의 떡이 커보이는 것이다. 나를 뺀 세상 모든 이들이 훨씬 더 고급스럽고 중요하고 비밀스러운 정보를 알고 있다고 생각하는 것이다. 이것은 정보의 투명성 여부와 관계가 있다. 내가 알고 있는 정보는 남들도 다 알고 있는 가치 없는 정보 같은 느낌이 들고, 내가 모르는 정보는 왠지 비밀스러운 가치 있는 정보 같은 느낌이 드는 것이다. 즉 정보가 투명하면 공개정보이므로 가치 없는 정보로 느껴지고, 정보가 불투명하면 비공개정보이므로 가치 있는 정보로 느껴진다는 의미이다.

하지만 여기에서 한 가지 간과하고 있는 게 있다. 실제 주식 관련 정보가 주식투자 종목매수로 이어지는 속도는 생각보다 빠르지 않다. 특히 앞에서 언급한 생활 속 종목발굴 유형인 '뉴스-소비-업무' 순서는 주식투자 종목매수로 이어지는 정보반영 순서로 생각하면 된다. 공개된 뉴스가 가장 빠르고, 그다음이 생활 속 소비, 그다음이 업무이다. 따라서 본인의 업무, 혹은 적어도 생활 속 소비에서 관련주가 파악된다면 그 정보는 아직 주가에 반영이 되지 않은 가치있는 정보일 수 있다. 그러니 당신이 힘들게 캐낸 정보의 가치를 믿어라.

생활 속 종목 매수 시 주의사항은?

생활 속 정보로 종목이 선정되면 매수 전에 반드시 확인할 사항이 몇 가지 있다. 지속적으로 강조한 삼박자 분석법에 의한 종합적인 검증은 물론이고, 추가로 다음의 사항을 잘 체크하여 낭패보는 일이 없도록 해야 한다.

💰 정보가 얼마나 반영됐는가?

뉴스를 통한 정보일 경우 주의해야 할 사항이다. 앞에서도 언급했지만 '뉴스-소비-업무'의 루트를 통해서 얻은 정보의 순서대로 주가에 이미 반영되었을 확률이 높다. 따라서 뉴스를 통한 주식 관련 정보를 얻었다면, 즉시 주가차트와 거래량을 보고 정보의 주가반영도를 확인해야 한다. 주식격언에 "뉴스에 팔아라"라는 말이 있다.

필자는 이 말을 "뉴스에는 매도뉴스가 있고, 매수뉴스가 있다"로 수정하고 싶다. 사례별로 다른 것이다. 뉴스의 주가반영도가 높아 이미 알만한 사람은 다 안다면 살만한 사람이 다 사게 된 이후이니, 뉴스의 공개시점이 매도뉴스가 된다. 반대로 뉴스의 주가반영도가 거의 없어서 뉴스가 공개된 시점에 주가가 상승스피드를 끊어냈던, 공개시점이 매수뉴스가 되는 것이다. '정보의 주가반영도'를 늘 기억하고 실전에서 적용해야 남들보다 객관적이고 냉정한 판단을 할 수 있다.

💰 매출에는 얼마나 기여했는가?

소비를 통한 정보일 경우 주의해야 하는 게 바로 매출 부분이다. 이 질문은 생활 속 종목발굴인 경우 많이 발생하는데 히트상품의 매출기여도, 나아가서는 생활 속에서 발굴한 상품의 이익률을 반드시 확인해야 한다.

예를 들어서 중소기업에서 히트상품이 발생하여 매출에 크게 기여하고, 그 히트상품의 이익률이 굉장히 높다고 하자. 그러면 주가에 크게 반영될 정보라고 할 수 있다. 반대로 대기업에서 히트상품이 발생했다 하더라도 회사 전체 매출에서 비중이 미미하다면, 그 정보는 주가에 크게 반영될 정보라고 할 수 없다. 이처럼 소비시에 어떤 히트상품의 가능성을 파악하여 그 제품의 생산판매 기업을 매수고려하고 있다면, 반드시 회사의 매출구성과 해당 제품의 이익률을 파악해야 한다.

🏦 미공개정보가 위법한가?

미공개정보는 투자자 본인의 업무를 통해 얻은 정보일 경우 주의해야 할 사항이다. 업무를 통해서 얻은 사내정보나 거래처 정보가 공정공시 대상인 미공개 내부정보라면, 내용에 따라 유출자가 처벌을 받을 수 있다. 최근에는 간접수령자도 제재를 받는 경우가 있다. 자신도 모르는 사이에 내부정보를 이용하여 처벌받을 위험이 있으므로, 내부정보를 접하는 경우에는 특별히 주의해야 한다.

Three
rules
of
investing

PART 3

성공투자를 위한
꿀팁, 8Tip

주식투자자는 어떤 자격을 갖춰야 하는가

　1부에서는 성공투자의 8단계를 제시했고, 2부에서는 실전투자전략 8테크를 설명했다. 수백 권의 책을 읽고 주식이론을 완벽하게 이해하고, 셀 수 없는 수많은 날들을 고민하며 수년간 실전기법을 연마해도 주식고수의 길이 멀게만 느껴지는 이유는 왜일까? 3부에서는 성공투자를 위한 8가지 꿀팁인 '8Tip'에 대해 이야기하고자 한다.

　이번에는 자질, 지식, 심리, 경험 등 주식투자자가 갖춰야 할 기본요건들을 정리했다. 8가지의 자질을 선천적인 천성이냐 후천적인 습관이냐의 기준을 갖고 정렬하였는데, "천재는 1퍼센트의 영감과 99퍼센트의 땀이다"라는 말을 기억한다면 성실성이 가장 중요하다고 본다. 아는 것이 힘이자 돈인 주식시장에서 꼭 알아야 할 기본적인 지식도 서술해보았다. 의외로 많은 투자자들이 매매기법에만 몰두할 뿐 심리의 중요성을 간과하는 경우가 많기에, 심리의 중요함을 강조했다. 마지막은 경험이다. 보통 주식시장의 상승주기와 하락주기를 모두 겪으려면 적어도 5년에서 10년이 걸린다. 경험이 부족한 투자자들의 간접경험을 위해 반드시 겪어야 할 것을 몇 가지 뽑아보았다.

주식시장에서의 생존, 그리고 나의 인생

　주식시장에서의 성공이란 생존의 다른 표현인 것 같다. 강한 자가 살아남는 게 아니라 살아남는 자가 강하다라고 한다. 주식시장에서도 적용되는 말임에 분명하다. 워런 버핏의 "돈을 잃지 마라"라는 명언을 기억해야 한다. 수익추구와 함께 리스크관리를 하는 이유는 바로 살아남기 위해서다. 살아남기를 위해 투자자의 동기부여와 투자일지에 대해 이번 파트에서 강조했다. 그럼으로써 주식시장에서 퇴출되지 않고 살아남기 위한 나름의 비밀을 알려주고자 한다. 또한 주식투자를 즐겁게 하는 법에 대해서도 정리해보았다.

　마지막 24장은 필자의 성공스토리이다. 아니 정확히 말하면 미완성이고 현재진행형인 인생 스토리다. 언젠가 필자만의 주식시장 스토리가 완성되는 날에 이렇게 외쳐보고 싶다.

　"주식투자는 내 인생, 다시 태어나도 이 길을 걷고 싶다!"

17장

주식투자자의 자질
어떤 능력이 필요한가?

주식투자자의 자질 1_창의력

창의력은 주식투자뿐만 아니라 모든 분야에서 중요하다. 최근 들어서는 더 그렇다. '창의력'의 사전적 의미는 새로운 것을 생각해내는 능력이다. 정리하면 '새로운 것+생각'이다. 창의력은 생각은 생각이되, 헌 생각이 아닌 새로운 생각이다. 그렇다면 새로운 생각은 어떤 사람이 많이 할 수 있을까? 필자는 2가지가 영향을 미친다고 생각한다. 바로 사유와 경험이다.

첫 번째는 자유로운 생각이다. 생각의 틀을 만들어놓으면 자유로운 생각을 하기 힘들고, 틀에 빠진 생각만 하기 바쁘다. 그렇기 때문에 스스로 자유롭게 생각하는 연습을 할 필요가 있다. 의도적으로라도 사물을 볼 때 한 방향이 아닌 다른 방향, 양방향으로 보아야 한다. 위에서만 보지 말고 아래에서도 보아야 한다. 오른쪽에서만 보지 말고 왼쪽에서도 보아야 한다. 특히 사회현상을 볼 때 자기가 보고 싶은 방향으로만 보는 투자자들이 있는데, 창의적이지 못한 투자자들이 대부분 그러하다.

두 번째는 다양한 경험이다. 모방은 창조의 어머니라고 한다. 이 세상에 완전히 새로운 것은 없음을 우리는 알고 있다. 따라서 창의력을 발휘하기 위해서는 다양한 경험을 통해 생각의 각도를 넓혀야 한다. 공간적으로는 세계의 각국을 경험하는 것이고, 직업적으로는 다양한 직업을 경험하는 것이고, 책을 통해서는 간접경험을 넓혀나가는 것이다.

자유로운 생각과 다양한 경험을 통해서 창의력이 높아지면 무엇이 달라질까? 바로 다른 사람과 구별되는 '다른 생각'을 할 수 있다. 다른 사람보다 한발 앞서 생각할 수 있다. 이것은 주식투자에서 수익률을 높일 때 강력한 무기가 된다. 100명 중 99명이 똑같은 기법, 똑같은 마인드로 매매를 하면 그 99명은 절대 수익을 낼 수 없다. 다른 사람보다 한발 앞서 생각하고 다른 생각을 할 수 있는 100명 중 1명이 되어야 수익을 낼 수 있다. 다시 물어보겠다.

"지금 당신은 창의적인 사고를 하고 있는가?"

주식투자자의 자질 2_기억력

성공한 투자자들 글을 읽다 보면 주식투자자에게 필요한 자질이 여러 가지 나온다. 그중에 많은 투자자들이 기억력을 언급한다. 사실 필자는 기억력이 주식투자자에게 필요한 자질이라는 글을 처음 읽고, '주식투자가 시험공부도 아니고 무슨 기억력이 필요해'라고 하면서 공감하지 못했다. 그런데 요즘은 기억력이 주식투자자에게 필요한 자질이라는 것에 절실히 공감한다. 주식투자를 시작한 초기에는 상대적으로 젊은 시절이니 기억력이 좋아서 느끼지 못했던 건가 싶다.

기억력은 단기매매, 짝짓기 매매, 테마주 매매에 굉장히 중요하다. 1초라도 더 빨리 생각해낸 사람에게만 매수기회를 주는 급등주를 잡기 위해서는 관련 정보들을 재빨리 기억할 필요가 있다. 그런데 요즘은 기억력에 한계를 느끼면서 자꾸 투자일지를 참고하게 되고, 매매타이밍이 한발씩 늦게 된다.

이런 우울한 사건들로 인해 심각하게 고민하면서 내린 결론은 3가지다. 첫째, 기억력은 좋으면 좋을수록 투자자의 수익률에 도움을 줄 수 있는 자질이며, 기억력이 나쁘면 투자자의 생존에 영향을 미칠만큼 큰 실수가 나올 수 있다. 특히 단기매매에서는 말이다. 둘째, 기억력 감퇴를 막기 위해 병원을 가서 상담을 받아 의학의 도움이라도 빌려야 된다. 또한 생활 속에서는 스케줄표를 더 자세하게 작성해서 기억력에 대한 자신감을 회복해야겠다. 셋째, 매매일지 역시 스케줄표와 마찬가지로 더 자세하게 작성해야겠다. 과거의 기록도 중요하지만, 미래의 일정이나 예측의 부분에 대해서는 특히 자세하게 작성해야 한다.

주식투자자의 자질 3_통찰력

통찰력과 관찰력은 무엇이 다를까? 관찰력이 사물이나 현상을 주의

하여 자세히 살펴보는 능력이라면, 통찰력은 사물이나 현상을 예리하게 꿰뚫어보는 능력이다. 사전적 의미를 보면 비슷한 듯 다르다. 좀 더 쉽게 생각해보면 다음과 같다. 관찰력이 보이는 것을 주의깊게 보는 능력이라면, 통찰력은 보이는 것 너머에 있는 보이지 않는 것을 보는 능력 또는 부분이 아닌 전체를 보는 능력이라고 말이다.

주식투자에서는 어떤 예로 통찰력과 관찰력을 구분할 수 있을까? 한 종목에 대한 재무제표 숫자들, 또는 한 종목의 주가차트 저점과 고점, 그리고 추세선을 그려내는 것들은 관찰력으로 볼 수 있다. 두 종목 이상 어떤 종목 간의 움직임, 혹은 시장 전체의 움직임을 파악하는 능력은 통찰력으로 구분할 수 있을 것이다. 이러한 관점이 맞다면 아마도 관찰력이 뛰어난 사람은 바텀업 접근방식이, 통찰력이 뛰어난 사람은 탑다운 접근방식이 수월하게 느껴질 수 있다. 좀 더 큰 관점에서 본다면, 자산의 전략적 배분과정에서 통찰력이 미치는 영향은 상당히 크다고 할 수 있을 것이다.

장황하게 설명했지만 말하고자 하는 것은 간단하다. 깊고 넓게 아는 것이 우리 모두의 소망이지만, 결국 시간과 능력에는 한계가 있으므로 선택을 해야 한다. 깊고 넓게 아는 것이 불가능하다면, 얕고 넓게 알 것인가? 아니면 좁고 깊게 알 것인가? 다시 한 번 생각해보자. 넓게 알 것인가? 깊게 알 것인가? 넓게 알수록 통찰력이 자라날 것이고, 깊게 알수록 관찰력이 자라날 것이다.

주식투자자의 자질 4_분석력

주식투자 관련 서적에 가장 자주 등장하는 말 중에 하나는 아마도 '분석'일 것이다. 이 책에서도 재무제표 분석, 차트분석, 재료분석 등 삼박자 분석법에 대한 설명뿐만 아니라 여러 부분에서 '분석'을 언급하고 있다. '분석'의 사전적 의미는 얽혀있거나 복잡한 것을 풀어서 개별적인 요소나 성질로 나눈다는 뜻이다. 영어로는 analysis이다. 애널리스트는 바로 분석하는 사람을 뜻한다. 철학이나 과학, 또는 기타 모든 학문에서 분석은 매우 중요한 역할을 한다. 주식투자에서는 어떤가? 아마도 주식매수단계에서 80% 이상을 차지하는 것이 바로 분석일 것이다. 재무제표를 보면서 분석하고, 차트를 보면서 분석하고, 재료를 보면서 분석한다.

필자는 이성적이고 합리적으로 자료와 정보를 나누고 쪼개어 새로운 결과를 만들어내는 힘이 분석력이라고 생각한다. 분석력이 중요한 이유는 바로 감정 개입 없이 이성적이고 합리적으로 정보를 분석해내는 힘이기 때문이다. 매수매도 행위에서는 인공지능을 가진 로봇이 아닌 이상 감정의 개입이 없을 수 없다. 하지만 자료와 정보를 분석할 때는 최대한 감정 개입 없이 해야 한다. 왜냐하면 분석력에 좋지 않은 영향을 미치는 것이 바로 감정 개입이기 때문이다.

분석력이 중요한 또 하나는 정보를 쪼개보는 능력이기 때문이다. 분석이라는 단어의 한자를 살펴보면 '나눌 분'에 '쪼갤 석'이다. 나누고 쪼개어 본다는 것은 주식투자에서 굉장히 중요한 개념이다. 실타래처럼 엉켜 있는 여러 정보를 하나하나 분석해나가는 과정은 결국 나누고 쪼개어서 최소단위 정보로 만든 후, 필요 없는 것은 버리고 필요한 정보는 살려서, 남은 정보만의 조합으로 새로운 결과를 만들어내는 과정이다. 최근에 크게 이슈가 되는 분야인 빅데이터의 핵심은 빅데이터 분석가가 이리 쪼개보고 저리 나눠봐서 새로운 의미 있는 정보를 창출하는 것이다. 마찬가지로 주식정보 분석의 핵심은 주식투자자가 이리도 쪼개고 저리도 나눠봐서 새로운 의미 있는 정보를 창출하는 것이다.

이러한 주식투자에서 필요한 분석력을 키우기 위한 방법에는 어떤 것이 있을까? 첫째, 원데이터에 대해 잘 파악하고 있어야 한다. 예를 들어 재무제표를 분석하는데 원데이터인 재무제표를 모른다면 분석이 가능할까? 차트분석을 하는데 원데이터인 이동평균선 차트를 모른다면 보조차트의 분석이 이루어질 수 있을까? 너무나 당연하다.

둘째, 창출해야 할 새로운 의미 있는 정보에 대해 확고한 주관이 있어야 한다. 주식투자 접근방법은 너무 많기 때문에 모든 데이터를 다 활용할 수는 없다. 예를 들어 차트분석을 할 때, 이 세상의 수백 가지 모든 차트를 분석해 매수결정을 하겠다는 것은 말도 안 되는 일이다. 아마도 하루 종일 매수종목에 대한 판단을 내리지 못할 것이다. 따라서 수많은 정보 중 나만의 유의미한 정보에 대한 판단기준을 세운 후, 분석대상을 결정해야 한다.

주식투자자의 자질 5_결단력

　이번에는 결단력에 대해 생각해보자. 결단력의 사전적 의미는 결정적인 판단을 하거나 단정을 내릴 수 있는 능력이다. 즉 판단과 결단의 가장 중요한 차이점은 결정적이냐 아니냐의 차이일 것이다. 돌이켜보면 살면서 판단은 쉽게 해도, 결단은 쉽게 하지 못했던 기억들이 몇 번 있다. 지금 되돌아보면 '잘못된 결단'에 대한 후회보다 '결단의 시기를 놓쳐서' 후회하는 경우가 더 많다. 왜냐하면 잘못된 결단을 하면 실패를 통해 좀 더 나은 방향의 길을 찾을 수 있지만, 아무것도 하지 않으면 결코 좀 더 나은 방향의 길을 찾을 수 없기 때문이다.

　그렇다면 주식투자는 어떨까? 필자가 오랫동안 주식투자를 하면서 가장 많이 듣는 질문이 "A종목 사도 되나요?" 혹은 "A종목 갖고 있어도 되나요?"이다. 매수희망자의 매수여부에 대한 판단과 보유자의 보유지속 여부에 대한 판단, 이 두 판단은 주식수익률을 결정짓는 매우 중요한 판단이다. 주식투자라는 것이 매수해서 보유하고 있다가 매도하는 것이니, 앞의 질문은 결국 주식의 시작과 끝을 의미한다. 사는 행위와 파는 행위를 자신이 판단하지 못하고 왜 남한테 의존할까?

　아마도 A라는 종목을 선정하는 데 본인이 판단하고 결정하지 못했기 때문이다. 즉 "A종목 사도 되나요?" 또는 "A종목 갖고 있어도 되나요?"라고 묻는 투자자의 90% 이상은 A종목을 직접 선정한 것이 아니라 누군가의 추천을 받은 것이 분명하다. 누군가의 추천을 받았으니 A종목을 사야 할지 판단이 서지 않는 것이고, 산 이후에는 갖고 있어야 할지 판단이 잘 서지 않는 것이다. 이러한 이유들 때문에 필자는 직접 연구하고, 직접 판단하고, 직접 매수하고, 직접 매도하고, 직접 책임지는 연습을 해야 한다고 기회가 될 때마다 주변 투자자들에게 말하곤 한다.

이제 결단을 이야기해보자. 주식투자 결정에서 판단을 넘어 결단의 수준이라고 한다면, 투자비중을 굉장히 크게 결정하는 경우이다. 예를 들면 투자원칙이 종목당 20% 미만 비중으로 5종목 정도에 투자 포트폴리오를 구성하는 것이라고 하자. 재료, 차트, 재무제표 삼박자가 맞아 떨어지면서 심장을 두근거리게 하는 종목이 갑자기 튀어나와 투자비중을 더 높일까 고민을 하는 경우가 있다. 이때 자신만의 투자원칙을 어긴다는 것은 굉장히 큰 결단이다. 그럼에도 불구하고 결단을 해서 좋은 결과가 나오는 경우도 분명히 있다. 분석결과가 좋고 느낌이 온다면 가끔씩은 투자원칙을 어겨가며 승부를 걸어야 할 때가 있을 것이다. 이때 결정을 내리고 행동을 취하는 것을 결단력이라고 할 수 있는데, 만약 결단력이 약한 투자자라면 뜸을 들이다가 좋은 투자시기를 놓치기 쉽다.

그럼 결단력을 높이기 위해서는 어떻게 해야 할까? 필자 경험상 자신에 대한 믿음이 가장 중요하다. 자신의 연구, 자신의 생각, 자신의 판단에 믿음이 있다면 결정을 내려야 할 순간에 결단할 수 있을 것이고, 믿음 없이 자꾸 흔들린다면 결정을 내려야 할 순간에 쉽게 결단할 수 없을 것이다. 그래서 필자는 주식투자자라면 자존심이 어느 정도 있어야 한다고 본다. 자신을 사랑하고 자신을 믿고 자신을 존중하는 스스로의 믿음이 있어야 결정적인 순간에 결단할 수 있을 테니 말이다. 요즘도 가끔 스스로에게 물어보곤 한다.

주식투자자의 자질 6_자제력

주식투자에서 가장 극복해야 할 심리는 탐욕과 공포이다. 탐욕이 생길 때 자제력을 발휘하여 욕심을 거두고, 공포가 생길 때 자제력을 발휘하여 공포를 이겨내는 자신감을 가져야 한다. 이 공포와 탐욕이 극에 달하는 과정이 바로 주식보유과정이다. 곰곰이 생각해보면 자제력은 주식보유과정만이 아닌 현금보유과정에서도 마찬가지이다. 아니 어찌 보면 현금보유과정에서 더 중요할지도 모른다.

한번 생각해보자. 주식보유과정에서 필요한 의사결정은 주식의 지속보유 혹은 매도이다. 즉 A라는 주식을 이미 매수한 후에 A주식의 지속보유 혹은 매도, 둘 중 하나의 선택을 남겨둔 상황이다. 반면에 현금보유과정에서 필요한 의사결정은 현금의 지속보유 혹은 매수이다. 그런데 주식보유과정에서 매도는 A주식의 매도이지만, 현금보유과정에서 매수는 불특정한 2,000종목 중 하나를 선택해서 매수하는 것이다. 어느 과정이 훨씬 중요할까?

매수가 매도보다 훨씬 더 중요하다. 그런데 왜 우리는 매도를 못해서 주식에서 실패한다고 생각하고 있을까? 아마도 매도가 이익이나 손실을 확정짓는 단계이기 때문일 것이다. 매도로 인해 이익의 크기, 또는 손실의 크기가 달라지기 때문에 대부분의 투자자는 '난 매수는 잘하는데 매도를 못해'라고 생각한다. 하지만 이는 오해이다. 실제는 매수를 잘못했기 때문에 이익이 나지 않을 확률이 훨씬 높다. 따라서 공포와 탐욕을 다스리는 자제력이 필요한 단계는 주식보유 중 주식매도 단계가 맞지만, 현금보유 중 주식매수 단계에서는 또 다른 자제력이 필요하다.

바로 돌부처와 같은 인내심과 평정심이다. 경험 많은 강태공들이 가벼운 입질에 낚시대를 올리지 않는 자제력이라고 생각하면 된다. 2,000종목 중에 최선의 종목을 골라서 매수를 해야 하는데, 10종목 또는 30종목 중에 최선의 종목을 골라 매수를 하는 것은 자제력이 없기 때문이다. 이 종목도 좋아 보이고, 저 종목도 좋아 보이니 다 사고 싶다.

하지만 가지고 있는 자금은 한계가 있기에 모든 종목을 살 수는 없다. 주식투자는 제한된 자금으로 최고의 수익을 얻는 과정이다. 희소성의 법칙으로 인해 최소의 비용으로 최대의 효과를 이루어야 하는 경제학의 기본원칙과 일맥상통한다. 당연히 제한된 자금으로 이 종목, 저 종목 모두를 살 수는 없는 것이다. 자제력은 매수의 유혹이 있더라도 참을성을 갖고 더 좋은 매수종목을 찾아나가는 과정에 반드시 필요하다.

주식투자자의 자질 7_호기심

앞에서 정리한 자질 6가지 창의력, 기억력, 통찰력, 분석력, 결단력, 자제력은 모두 사고의 한 부분이다. 생각하는 힘을 나타내거나 감정과 관계가 있는 힘을 나타내는 능력들이었다. 모든 단어들이 한자인 '힘 력'으로 끝난다. 그런데 이번에 말하고자 하는 '호기심'은 새롭고 신기한 것을 좋아하거나 모르는 것을 알고 싶어 하는 마음이다. 왜 호기심은 호기'력'이 아니고 호기'심'일까? 그것은 호기심은 능력이 아니라 개인적인 성향이기 때문이다. 창의력, 기억력, 통찰력, 분석력, 결단력, 자제력은 높을수록 좋다. 그래서 이러한 능력을 키우기 위해서 기억력 훈련, 창의력 개발 등을 해서 그 능력을 개발하고 높이도록 노력하는 것이다.

그렇다면 호기심은 어떨까? 높은 것이 좋을까, 낮은 것이 좋을까? 호기심이란 '새롭고 신기한 것을 좋아하거나 모르는 것을 알고 싶어 하는 마음'이다. 아는 것이 힘인 세상인데, 알고 싶어 하는 마음이 호기심이라면 호기심이 큰 것이 훨씬 좋은 것 아닌가? 그렇다면 주식투자에는 호기심이 중요할까? 주식투자자에게 호기심은 중요한 자질일까? 필자의 대답은 당연히 "YES!"이다.

호기심이 낮은 성향의 주식투자자는 스스로 정보를 찾는 것에 재미를 못 느낄 것이고, 호기심이 높은 성향의 주식투자자는 스스로 정보를 찾으면서 지적호기심 충족에 심한 만족감을 느낄 것이기 때문이다. 이는 생활 속 종목발굴에서 더욱 빛을 발한다. 호기심이 많은 투자자는 남들이 하는 것, 보는 것, 쓰는 것을 궁금해한다. 저건 새있나? 저건 맛있나? 저건 좋나? 그 궁금증을 해결하는 유일한 방법은 내가 직접 그것을 사용하고 소비하는 방법밖에 없다. 주식투자자에게 호기심이 수익률에 직결되는 경우는 필자 경험상 재료매매나 생활 속 종목발굴인 경우가 많았다.

'저 사람은 주식으로 어떻게 큰돈을 벌었지? 나도 저 사람처럼 하면 큰돈을 벌 수 있나?'라는 호기심에서 출발하여 주식투자를 시작한다. 성공한 투자자들의 투자전략과 투자마인드를 호기심을 가지고 직접경험 또는 간접경험으로 배우고 익혀서 나 자신만의 투자전략을 세운다. 그

투자전략을 지켜나가는 투자마인드를 정립한다면 성공한 투자자의 반열에 오를 것이라고 확신한다. 늘 떠올리고, 늘 궁금해하고, 늘 이유를 묻자. 도대체 왜?

주식투자자의 자질 8_성실성

성실성은 정성스럽고 진실한 품성을 뜻한다. 보통 생각하는 열심히 노력하면서 하루하루를 살아가는 행동적인 측면보다는 정신적인 측면을 강조한 단어라 생각한다. 노력과 성실의 차이점을 생각해보면 노력이 목적을 이루기 위하여 몸과 마음을 다하여 애를 쓴다는 점에서 조금 더 육체적인 노력과 결과에 비중을 둔 것이라고 할 수 있다. 반면에 성실성은 정신적인 진실과 과정에 비중을 둔 것이라고 이해하면 될 듯하다.

그러면 주식투자자의 자질 중 마지막 여덟 번째 자질로 성실성을 꼽은 이유는 무엇일까? 필자는 주식투자를 대함에 정성스럽고 진실한 마음이 주식투자 성공에 큰 영향을 미친다고 믿는다. '주식투자를 사업처럼 하라' 또는 '집을 사는 노력으로 주식을 사라' 같은 자주 인용되는 격언들이 정성스럽고 진실한 마음으로 주식투자를 하라는 말임은 굳이 설명하지 않아도 알 수 있다.

하지만 실제로는 대부분 주식투자를 함에 있어서 정성스럽고 진실한 마음으로 하지 못하고 있다. 주식투자를 재미없어 하고, 억지로 하고, 심지어 될대로 되라 식으로 계좌를 방치하기도 한다. 정성은커녕 극성스럽게 돌보던 강아지를 한순간에 버려 유기견으로 만들 듯이 자신의 계좌를 버려두는 투자자도 많다. 투자과정에서 자신이 제대로 임했는지 성실성을 나무라지 않고 결과로서 계좌만을 바라보고 자신의 무능을 탓한다. 과정이 없는 결과는 복권밖에 없다. 도박도 돈을 따기 위해 노력을 기울여야 한다. 복권은 과정이 전혀 없는, 아주 극소수의 확률로 결과로 나올 뿐이다.

결국 복권을 제외하고는 돈을 버는 행위는 어떠한 것이든 과정이 있어야 하며, 과정 없이 결과를 기대하는 것은 감나무 밑에서 감 떨어지는 것을 기대하는 것과 똑같다. 이런 이유로 주식투자자가 지녀야 할 여덟 번째 자질을 성실성으로 정한 것이다.

자질의 사전적 의미를 찾아보면 첫 번째 뜻인 '타고난 성품이나 소질'의 예문으로 "아버지의 자질을 이어받다"가 나온다. 이 예문을 보면 한숨이 절로 나온다. 우리 아버지는 주식투자를 한 번도 한 적도 없으시고 주식이 무엇인지도 잘 모르시는 분인데 말이다. 그런데 다행스럽게 두 번째 의미가 있다. '어떤 분야의 일에 대한 능력이나 실력의 정도'라는 뜻이다. 그 예문으로 "자질이 향상되다"가 나온다.

이 예문을 보니 절망이 희망으로 바뀐다. 타고난 것이 아니라 향상시킬 수 있는 어떤 분야의 일에 대한 능력이라면, 필자를 포함한 투자자들은 주식투자를 위해 꼭 필요한 자질을 지속적으로 향상시킬 수 있기 때문이다. 자질이 향상될 수 있다면, 8가지 자질[8Talent] 중에서 가장 중요한 자질은 성실성일 것이다. 성실성은 나머지 7가지 자질을 향상시켜주는 묘약이다. 즉 성실성으로 무장해 나머지 7가지 자질을 향상시키려고 노력한다면, 사전에 나온 예문처럼 '자질이 향상'되지 않을까? 그러면 결론은 간단하다.

주식투자를 성실하게 하자!

주식투자를 정성스럽고 진실하게 하자!

18장

주식투자자의 지식
무엇을 알아야 할까?

주식투자자의 지식 1_자본

주식회사란 주식을 발행해서 자본을 조달하는 기업을 말한다. 이런 측면에서 자본금계정은 주식발행이나 발행된 주식이 취소되는 경우가 아니면 변할 수 없다. 자본금계정이 증가하는 경우를 증자, 자본금계정이 감소하는 경우를 감자라고 한다. 자본금계정이 증가하는 증자는 자신의 증가와 자본금의 증가가 동시에 이루어지는 주식발행인 유상증자와 자본잉여금의 자원이 자본금으로 대체되는 주식발행인 무상증자로 이루어진다. 통상적으로 유상증자는 기존주주를 대상으로 이루어지지만, 기존주주가 아닌 제3자에게 이루어지는 제3자배정 유상증자도 있다. 새로운 자금유입이 이루어지지 않는 무상증자는 그 형태상 당연히 기존주주에게 무상증자만 가능하다.

유상증자와 무상증자의 가장 큰 차이점은 기업가치 변화 여부이다. 무상증자는 신규자금 유입 없이 회계상 계정과목 변경에 불과하므로 기업가치의 실질적인 변화는 없다. 하지만 통상적으로 주가에 호재로 작용한다. 기존주주들의 주식수가 증가하는 동시에 주가가 싸지면서 착시효과가 발생하기 때문이다.

반면에 유상증자는 회사에 신규자금이 유입되기에 기업가치가 증가한다. 다만 기업가치가 증가하는 만큼 주식수도 증가한다. 그렇기 때문에 때로는 호재로서의 재료, 때로는 악재로서의 재료로 받아들여진다. 기존주주에게 유상증자는 대부분 악재로서 받아들여지는 경우가 많다. 이유는 다음과 같다. 첫째, 기존주주 중 유상증자를 청약하지 않을 주주들은 당연히 주식을 매도하게 된다. 둘째, 기업에 신규자금이 필요한 경우가 여러 가지 있지만, 시장에서는 주로 기업의 자금악화 신호로 유상증자를 해석하게 된다.

제3자배정 유상증자는 그 대상에 따라 호재로 받아들여지는 경우가 있다. 첫째, 제3자에게 유상증자로 최대주주가 변경되며, 그 변경되는 최대주주가 기존 최대주주보다 회사경영에 유리한 상황인 경우이다. 둘째, 제3자에게 유상증자로 조달한 자금이 기업의 신규사업에 활용되는 경우이다. 이 경우 시장은 신규사업에 포커스를 맞추면서 호재로 인식하기도 한다.

자본금계정의 변동은 증자와 감자 이외에도 주식배당으로 발생하는 경우가 있다. 주식배당은 이익잉여금에서 현금이 아닌 주식으로 배당을 지급하는 것으로, 이익잉여금이 자본금으로 대체된다. 현금배당이 현금이라는 자산의 감소와 이익잉여금이라는 자본의 감소라면, 주식배당은 이익잉여금이라는 자본의 감소와 자본금이라는 자본의 증가로 이루어진다. 즉 현금배당은 회사의 가치가 줄어드는 효과가 나타난다면, 주식배당은 회사의 가치가 유지되는 효과가 있다. 다만 주식배당의 실질효과는 무상증자와 동일하다. 자본계정에서 자금변동이 있을 뿐 기업의 가치에는 아무런 변화가 나타나지 않는다.

자기자본수익률ROE은 기업이 자기자본으로 얼마의 이익을 나타냈는지의 비율을 뜻한다. ROE는 PER와 PBR과 더불어 기업가치를 분석할 때 가장 기본이 되는 지표이다. 이 3대 지표를 간략하게 살펴보자.

① PER = 시가총액÷당기순이익

② PBR = 시가총액÷자기자본총액(순자산총액)

③ ROE = 당기순이익÷자기자본총액(순자산총액)

3대 지표를 자세히 살펴보면 3가지 요소로 이루어져 있음을 알 수 있다. 바로 시가총액, 자본총액, 당기순이익이다. 이를 모두 주식수로 나누면 주가, 주당순자산, 주당순이익이다. 결국 앞의 3대 지표는 주가가 이익대비 높은지, 아니면 주가가 순자산(자본)대비 높은지를 나타내는 비율인 것이다.

① PER가 높다는 건 이익에 비해서 주가가 높다는 뜻이다.

② PBR이 높다는 건 순자산에 비해서 주가가 높다는 뜻이다.

③ ROE가 높다는 건 순자산에 비해 순이익이 많다는 뜻이다.

3가지 지표를 자유자재로 갖고 놀 수 있는 실력이 되어야 가치분석을 할 수 있다. 또 하나 재미있는 것은 PER와 PBR은 결국 주가에 영향을 받는 지표라는 것이다. 주가의 고저에 따라 지표의 고저가 결정된다는 측면에서 기업가치분석 지표로서는 약간 부족한 부분이 있다. 기업가치분석을 중심으로 하는 가치투자자의 관점에서 본다면 가격은 분석할 대상이 아닌데, PER와 PBR은 결국 가격과 연동되어서 움직이기 때문이다. 그런 관점에서 ROE 개념은 주가가 개입되어 있지 않다는 측면에서 3대 지표 중 순수한 기업가치분석 지표라고 생각해도 좋다. 워낙 중요한 지표이기 때문에 ROE의 분모를 변형해서 ROA도 계산하고, ROIC도 계산하고 하는 것이다. 하지만 결국 차트분석에서 가장 중요한 것이 보조지표 아닌 원데이터인 주가 그 자체인 것과 마찬가지로, 가치분석에서 가장 중요한 것은 여러 보조지표가 아닌 이익과 자본, 그 자체가 근원적인 원데이터라는 것을 기억해야 한다.

주식투자자의 지식 2_이익

기업가치를 평가할 때 현재상태의 순자산을 정확히 평가하는 방법보다 더욱 정확하고 논리적인 방법은 미래이익의 현재가치를 평가하는 것이다. 물론 미래의 이익을 구한 후에 적정이자율로 할인한 현재가치를 정확히 평가하는 것이 현재상태의 순자산을 정확히 평가하는 방법보다 훨씬 어렵다. 그럼에도 불구하고 이익개념을 정확히 이해하고, 주가의 평가에 이익을 반영시키려는 지속적인 노력과 학습은 매우 중요하다.

주식투자에서 '이익'의 개념이해가 중요한 이유는 기업의 가치평가가 순자산가치에 중점을 두고 이루어질 수도 있지만, 대개 순이익 가치에 중점을 두고 이루어지기 때문이다. 따라서 순이익을 특정기간의 유량이라는 점을 정확히 이해해야 한다. 또한 과거의 수치는 유용성이 떨어지고 미래의 수치는 유용성은 높지만 측정이 힘들다는 점도 중요하다.

이런 이유로 미래 순이익의 예측이 불확실한 전망으로 끝날 확률이 높기에 현재의 순이익, 아니 좀 더 정확히 말하면 가장 최근 영업연도를 기준으로 순이익을 분석하여 저평가 여부를 검토하기도 한다. 그렇다면 재무제표 작성의 기본이 되는 회계학적인 개념을 이해하고 있어야 한다. 회계학적으로 이익은 매출총이익, 영업이익, 당기순이익 등으로 구분된다. 다음을 보자.

매출총이익은 매출액에서 매출원가를 뺀 이익개념으로 매출이라는 본래의 영업활동에 가장 직접적인 연관성이 높은 이익개념이다. 영업이익은 매출총이익에서 일반관리비와 판매비를 뺀 이익개념으로 주식투자자에게 가장 중요하다. 특히 당기순이익에는 비정상적이고 불규칙적인 특별이익과 특별손실마저 가감되어야 하기 때문에 영업이익과 당기순이익을 구분하여 체크하는 법을 익혀야 한다.

법적으로 당기순이익이 배당가능이익이고 이익잉여금으로 누적되는 이익이므로 더 중요해 보일 것이다. 하지만 이익을 중심으로 한 주가평가에서는 영업이익이 더 중요하다. 이는 영업활동을 중심으로 한 이익이기에 미래의 예측가능성과 지속성이 당기순이익에 비해서 월등히 높기 때문이다. 그래서 더 의미 있는 이익개념이라고 할 수 있다.

이러한 이유로 관리종목 지정사유 중 4년 연속 영업이익 적자가 있는 것이다. 이는 당기순손실보다 영업적자를 더 부실하고 위험한 회사로 여기고 있음을 알려준다. 영업적자가 5년 연속 지속되면 계속기업으로의 영업능력을 상실한 것으로 판단해, 투자자 보호를 위해 상장폐지로 시장에서 퇴출시키고 있는 것이다. 요약하자면 당기순이익이 기업의 배당가능이익이며 이익잉여금의 원천이라는 중요성이 있음에도 불구하고, 기업의 계속성과 미래의 이익가능성 등을 예상하기 위해서는 영업이익이 더 중요한 개념임을 알 수 있다.

주식투자자의 지식 3_배당

주식투자자의 목적은 주식이라는 대상에 투자하여 이익을 창출하는 것이다. 주식투자로 이익을 창출하는 방법은 간단하다. 싸게 사서 비싸게 팔면 된다. 그런데 이 간단한 방법이 쉽지가 않다. 자꾸 비싸게 사서 싸게 파니 이익을 창출하려다 손실만 누적되고, 결국 "주식투자는 사기다, 주식투자는 도박이다"라는 말을 부르짖으며 시장을 떠나고 마는 것이다. 그래서 주식투자로 이익을 창출하는 확실한 방법을 설명해보고자 한다. 몇 년 전 만났던 ○○증권 지점장과의 대화가 생각난다.

"이 세무사님! 배당 많이 주는 회사 없을까요? 주가는 떨어져도 상관없는데…"

자세한 내용을 물어보니 강남의 땅부자가 100억 원을 들고와 그 당시

금리 수준인 매년 시가배당률 4% 이상 주는 회사를 사고 싶다고 했단다. 그 강남 땅부자는 평생 부동산을 모으면서 2가지 투자원칙을 지켰다고 한다.

첫째, 사면 안 팔기 Buy & Hold

둘째, 부동산 임대소득 발생시키기

즉 아파트나 상가를 사면 당연히 전세가 아닌 월세 임대를 했으며, 나대지를 사더라도 주차장이라도 해서 임대소득을 발생시켰다고 한다. 이렇게 안정적으로 연간 임대소득이 확보되니 부동산을 팔 필요가 없었고, 평생 Buy & Hold 전략을 지킬 수 있었다고 한다. 그런데 종합부동산세와 재산세 등으로 인해 실질 임대소득률이 낮아지던 중 주식 배당 투자로 눈을 돌린 것이다.

주식투지로 이익을 창출히는 가장 간단한 방법은 싸게 사서 비싸게 파는 것이지만 쉽지 않은, 꽤나 어려운 방법이다. 반면에 주식을 Buy & Hold 하고 매년 배당소득을 받는 방법은 주식투자로 이익을 창출하는 가장 확실한 방법이다. 다만 기대수익이 기회비용을 고려하면 그리 크지 않을 수 있다. 배당소득의 성패여부는 ① 기업, ② 장기투자, ③ 금리와 인플레이션, 3가지이다. 첫째, 망하지 않고 이익이 지속적으로 나며 이익에서 배당을 지속적으로 주는 기업을 찾아내야 한다. 둘째, 한 번 사면 절대 팔지 않을 자금과 장기투자 약속을 지킬 수 있는 투자자여야 한다. 셋째, 금리와 인플레이션 기타 경제변수 조건이 배당소득자의 기회비용 계산에 유리해야 한다.

그렇다면 기업은 왜 배당을 하는 것일까? 또 이익이 나면서 배당을 하지 않는 회사는 왜 그러는 걸까? 회사 배당의 숨겨진 목적을 읽을 수 있어야 한다. 그 해답은 누구나 알고 있는 워런 버핏의 회사 버크셔 해서웨이에서 찾을 수 있다. 버크셔 해서웨이는 배당을 하지 않는 기업이면서 미국 최고의 기업 중 하나라는 것에서 해답을 찾아보고 싶다.

앞에서 말한 것처럼 주식투자자가 이익창출을 하는 방법은 2가지뿐이다. 매매차익을 거두든지, 배당금을 받든지 말이다. 이것은 한 기업의 대주주에게도 똑같이 적용된다. 회사자산을 배당을 통해 현재 개인의 자산으로 만들 건지, 아니면 배당을 하지 않고 미래 잠재자산으로 이연시킬 것인지 선택의 문제이다. 결국 이 선택에서 핵심은 재투자 수익률이다. 기업의 재투자 수익률이 높을지, 개인의 재투자 수익률이 높을지에 따라 배당선택 결과가 달라진다.

기업의 재투자 수익률이 높다면 배당을 미래로 이연시키는 것이 유리하고, 개인의 재투자 수익률이 높다면 지금 당장 배당을 받는 것이 유리할 것이다. 배당을 하는 회사는 기업 내에서 재투자 기회를 찾기 힘들고, 대주주가 매년 배당금 받기를 원하며, 안정적인 배당성향을 통한 주가 안정을 노리는 경우가 대부분이다. 배당을 하지 않는 회사는 기업 내에서 재투자 기회를 찾고 있거나, 대주주가 매년 배당금을 받기를 원치 않는 경우이다.

하지만 내막을 들여다보면 또 한 가지 이유가 있다. 바로 회사 돈을 대주주 개인 돈처럼 쓰는 회사는 배당을 통해 굳이 소액주주에게 헛돈을 쓸 필요가 없다. 배당이 아닌 비자금 형태로 회사의 돈을 뽑아갈 것이며, 결국 회사는 껍데기만 남게 된다. 이런 여러 가지 변수가 있기에 이익이 나는 기업이 배당을 하는 것이 주주에게 유리한지, 배당을 안 하는 것이 주주에게 유리한지에 대한 정답은 없다. 따라서 투자자가 스스로 배당으로 수익을 내기를 원하는지, 매매차익으로 수익 내기를 원하는지 판단해야 한다.

주식투자자의 지식 4_주가

주가는 주식의 가격이다. 주식투자자, 특히 가치투자자들은 가치에 대한 분석에 너무 치중한 나머지 주가에 무심하거나 무지한 경우가 많다. 심지어는 가치는 굉장히 어려운 다원적인 개념이고, 가격은 단순한 1차원적인 개념이라고 생각하는 투자자도 있다. 하지만 주식가치가 결국 주식가격과 장기적으로 일치한다는 가정에 가치분석이 성립한다는 논리라면, 주식가치분석 만큼 주식가격분석 또한 중요한 문제이다.

경제학의 근원인 미시경제학에서도 최고 이론들은 결국 '가격'이 중심이다. 일찌감치 아담 스미스는 '보이지 않는 손'이라는 표현으로 가격의 중요성을 간파했으며, 알프레드 마샬의 가격론은 미시경제학의 근간을 이루고 있다. 수요공급 곡선이 가격을 축으로 움직이고 있고 거시이론들도 물가를 축으로 움직인다는 생각을 한다면, 주식시장 이전의 근원 시장인 상품시장에서는 가치보다는 가격에 포인트를 맞춘 이론들을 발전시켰다고 생각한다. 이러한 관점에서 주식의 가격인 주가의 중요성을 인지하고, 주가의 다양한 개념들을 생각해보고 이해할 필요가 있다.

주가는 결국 수요와 공급의 균형점에서 의견이 합치된 가격이다. 주식시장에서는 수요자를 매수자, 공급자를 매도자로 표현하며 균형을 이루어 거래된 가격을 체결가격이라고 한다. 그 체결가격이 소위 말하는 시장가격, 시가가 되는 것이다. 매수자 또는 매도자가 시장에 주문을 내는 방법에는 크게 2가지가 있다. 시장가와 지정가이다.

시장가는 무조건 사거나 팔아달라는 의미라고 이해하면 된다. 시장가 매수주문은 현재 시가(체결가격)에서 위로 상한가 사이에 있는 매도주문 물량을 최우선으로 매수하겠다는 주문이다. 반면에 시장가매도주문은 현재 시가(체결가격)에서 아래로 하한가 사이에 있는 매수주문 물량을 최우선으로 매도하겠다는 주문이다.

호가공백이 큰 종목들에 시장가주문은 커다란 위험성이 있다. 그러므로 거래량이 적거나 호가 공백이 큰 종목에는 시장가 주문을 지제해야 한다. 일반적으로는 지정가주문을 이용하는데, 최근에는 지정가주문도 조건부지정가, 최유리지정가, 최우선지정가 등 형태가 다양하다. 그러므로 사용하고 있는 HTS의 주문방법을 이해하고 익혀야 한다.

주식투자의 본질은 싼 가격에 매수해서 비싼 가격에 매도하는 것이다. 그런데 매수주문 또는 매도주문 방법을 모른다는 것은 구구단을 모르고 산수를 배우거나 알파벳을 모르고 영어를 배우는 것이나 다를 바 없다. 어쨌든 이러한 매수자들의 지정가매수들이 모여서 매수호가를 이루고, 매도자들의 지정가매도들이 모여서 매도호가를 이룬다. 현재 대다수 증권사의 현재가 창은 매수 10호가, 매도 10호가가 보이도록 하며, 매수 10호가와 매도 10호가가 만나는 가격이 바로 현재 체결가격인 시가이다. 내공이 깊어질수록 현재가 창의 호가와 체결가에서 시장의 힘과 세력의 매수매도를 느낄 수 있게 된다. 현재가 창에 숨어 있는 매수호가와 매도호가와 체결가격의 진정한 의미, 그리고 시장가주문과 지정가주문의 큰 차이를 이해해야 한다.

주식회사를 설립할 때는 주식을 발행해야 한다. 발행한 주식에는 액면가가 있다. 통상 액면가는 5,000원이지만 1,000원일 수도 있고, 500원일 수도 있고, 100원일 수도 있다. 심지어는 액면가액이 없는 무액면주식도 있다. 즉 액면가는 발행 시에 설립자본금 납입을 위해 필요한 가액이지만, 설립 이후에는 주가에 미치는 영향이 전혀 없다. 과거에는 '거래소 우량주는 액면가 5,000원, 코스닥 거품주는 액면가 500원' 같은 고정관념들이 있었지만 지금은 사라진 지 오래다. 따라서 주식투자를 함에 있어 액면가를 관심 있게 볼 필요는 없다. 주식분할도 같은 관점에서 이해하면 된다. 주식분할은 액면을 분할함으로써 액면가와 주식수를 조정하는 제도이나, 기업의 가치에는 전혀 변동을 주지 못하는 제도이다.

그런데 기업들은 왜 주식분할을 하는 걸까? 2가지 이유가 있다. 첫째, 주가의 착시현상 때문이다. 5만 원에 거래되는 종목을 5,000원에 거래되게 하면, 주가가 싸 보인다는 이유만으로 매수에 임하는 투자자들이 반드시 있기 때문이다. 둘째, 저가주에 대한 유동성 확보이다. 사실 투자금액이 적은 투자자들은 고가주를 부담스러워 한다. 그래서 주가가 싸지면 소액투자가들에게는 매수에 참여할 기회를 준다는 장점이 있다. 이것을 반대로 생각하면 단점이 된다. 주가가 너무 싸게 보이면 기업 가치에 대한 이미지가 훼손되어 명품주에서 저가주로 이미지가 변할 수 있으며, 유동성이 늘어나는 대신 소액투자가가 늘어나면서 권리보호의 목소리가 커질 수 있다.

가치에는 전혀 영향을 미치지 않는 주식분할은 가끔 가격상승에 영향을 미친다. 이러한 정보의 특성을 잘 이해해야 한다. 또한 가격과 가치에 둘 다 영향을 미치는 정보는 물론, 가격에만 영향을 미치는 정보도 잘 정리해놓아야 한다.

주식투자자의 지식 5_차트

주가차트에는 시가, 종가, 저가, 고가로 이루어진 봉이 있고 종가들의 평균으로 이루어진 이동평균선이 있다. 봉과 이동평균선은 주가로 그릴 수도 있고, 거래량으로 그릴 수도 있다. 이러한 그림들이 그려져 있는 것을 차트라고 한다. 봉으로 그려진 차트를 봉차트, 이동평균선으로 그려진 차트를 이동평균선 차트, 주가로 그려진 차트를 주가차트, 거래량으로 그려진 차트를 거래량 차트라고 이해하면 된다.

먼저 봉의 모습을 간단히 설명하면, 4가지의 가격을 통해 양선과 음선 또는 아랫꼬리와 윗꼬리가 결정된다. 봉을 보면 시가보다 종가가 높은지, 고가와 저가는 얼마나 벌어져 있는지 등을 알 수 있다. 이에 따라 하루의 주가추세는 어떻게 이루어졌으며, 변동성과 방향성은 어땠는지를 확인할 수 있다. 봉의 형태를 매일매일 연구하다 보면 양봉과 음봉에 따라 단기매매 전략이 어떻게 달라지는지, 윗꼬리와 아랫꼬리가 단기적인 매수포인트 또는 매도포인트로 어떻게 작용하는지 판단할 수 있다.

이동평균선의 기본은 단위에 대한 이해에서 출발한다. 이동평균이 되는 값이 일간종가인지, 주간종가인지, 월간종가인지에 따라 일간이동평균선, 주간이동평균선, 월간이동평균선등으로 나누어진다. 평균을 하는 기간에 따라서 5일이동평균선, 20일이동평균선, 60일이동평균선 등으로 나누어진다.

단기이동평균선과 장기이동평균선의 위치와 돌파, 수렴, 확산 등에 따라 기본적인 그랜빌Granville 법칙부터 다우이론과 엘리어트 파동이론까지 기술적 분석의 모든 분석이 이루어진다. 그렇다. 핵심은 장단기 이동평균선의 위치, 돌파, 수렴과 확산, 배열이며 이러한 분석의 목표는 결국 추세인지, 비추세인지 파악하는 데 있다. 또한 추세와 비추세, 변화점이 변곡점의 위치파아도 매우 중요한 차트분석 목표 중 하나이다.

볼린저밴드, 일목균형표 등 우수한 차트 한 가지만으로도 책 한 권을 쓸 수 있다. 그래서 이 책에서 여러 가지 차트를 나열하는 것은 크게 의미가 없다. 차트에 관심이 있는 투자자들은 각자의 방법으로 공부해야 한다. 다만 재무제표 분석을 공부하기 위해서 회계학 책을 공부했더라도, 결국은 상장기업 재무제표를 직접 보면서 실전적인 분석훈련을 해야 한다. 마찬가지로 차트분석을 위해서 차트 책을 공부했더라도, 결국은 상장기업 차트를 직접 보면서 훈련해야 함을 강조하고 싶다.

주식투자자의 지식 6_위험 혹은 리스크

주식투자와 연관성이 높은 학문으로 경제학, 재무관리, 회계학, 심리학 등이 있다. 여기에 통계학도 포함된다. 통계학이 연관성이 높은 이유 중 하나는 바로 리스크관리 때문이다. 소위 리스크를 단순하게 손실로 잘못 이해하는 투자자가 있는데 리스크는 단순한 손실 가능성이 아닌 미래의 불확실성이라고 이해하는 것이 바람직하다. 아주 간단한 예를 들어보겠다. 매번 80점을 맞아 반에서 5등하는 철수와 한 번은 100점, 한 번은 60점으로 1등과 10등을 번갈아가면서 하는 영희를 비교해보자. 철수는 미래가 확실한 학생(늘 80점에 5등)이고, 영희는 미래가 불확실한 학생(기대평균은 80점으로 동일하지만)이라고 말할 수 있다.

같은 개념으로 은행의 부도가능성이 제로라고 가정했을 때, 1년에 수익률 5%를 주는 은행과 1년에 50%의 확률로 10%의 수익률을 얻고, 50%의 확률로 수익률 0%로 분견을 하는 주식투자를 비교해보자. 그렇다면 은행은 미래가 확실한 재테크 수단(1년 기대수익률 5%), 주식투자는 미래가 불확실한 재테크 수단(1년 기대수익률은 5%로 동일하지만)이라고 할 수 있다.

이때 위험회피 개념이 나온다. 합리적 투자자는 같은 기대값이면 낮은 위험, 즉 미래의 불확실성이 낮은 것을 추구한다. 그러한 행위를 위험회피라고 한다. 예를 들어 맞히면 2배를 주는 홀짝 게임이 있다고 가정할 때, 100원을 걸고 틀리면 0원이 되고 맞히면 200원이 된다. 당신은 100원을 걸고 게임에 응할 것인가? 간단히 생각하면 기대수익이 100원이니 해도 그만 안 해도 그만인 게임이라고 생각할 수 있다.

액수를 키워보자. 당신의 전 재산 10억 원을 걸고 틀리면 0원이 되고, 맞히면 20억 원을 주는 홀짝게임을 하겠는가? 아마도 응한다는 투자자는 한 명도 없을 것이다. 같은 기대수익률이긴 하지만, 틀렸을 경우에 0원이 되는 불확실성을 감당하기 힘들기 때문이다. 그래서 이러한 게임에 응하게 하기 위해서 리스크 프리미엄이라는 것이 존재해야만 한다. 리스크 프리미엄이라는 보너스로 기대수익률을 살짝 높여준다면 게임에 참여하는 투자가가 생길 수 있다.

그래서 주식투자, 부동산투자 등 재테크 수단들은 은행금리보다 기대수익률이 높아야 한다. 은행금리보다 기대수익률이 낮다면 확실한 은행예금을 놔두고 아무도 그 재테크 수단에 투자할 사람이 없을 테니 말이다. 역으로 은행금리가 낮아지면 기대수익률도 함께 낮아진다. 요즘 은행금리가 3%라고 가정했을 때, 리스크 프리미엄을 감안해도 주식투자 수익률은 5% 정도도 힘들다고 봐야 하기에, 투자자들은 이를 감한해서 1년 목표수익률을 낮게 결정해야만 한다. 그러면 20%, 30% 버는 사람은 어떻게 그렇게 높은 수익률이 가능하냐고 물을 것이다. 우선 투자자들의 능력이나 종목선정에서의 행운일 가능성은 배제하자. 그러면 이론적으로 20%의 최고수익을 내기 위해 −10%의 손실을 감내한 투자자들(기대수익률 5%), 혹은 30%의 최고수익을 내기 위해서 −20%의 손실을 감내한 투자자(기대수익률 5%)라고 생각하면 틀림없다.

이러한 리스크와 리턴에 대한 상관관계를 정확하게 이해해야 한다. 모두가 아는 하이리스크 하이리턴, 로우리스크 로우리턴이라는 재무관리에서 가장 중요한 문장을 생각해보자. 은행은 로우리스크 로우리턴 (3% 수익률에 낮은 불확실성)이며, 주식투자는 하이리스크 하이리턴(5% 수익률에 높은 불확실성(30% 수익과 −20% 손실의 변동가능성))이라고 예를 들면 이해하기 쉽다. 주식투자 성공여부는 높은 수익률 추구의 이면에 숨어 있는 리스크 관리이다. 그런데 대다수 주식투자자들은 높은 수익률을 추구하면서 높은 리스크에 노출된 것을 잘 모른다. 잠깐 동안의 고수익에 흥분하다가 결국 불나방 신세가 되고 만다.

요약하면 금융에서의 리스크란 미래의 불확실성, 변동가능성을 의미한다. 주식투자는 본질적으로 하이리스크 하이리턴이다. 동시에 리스크 관리를 통해 하이리스크가 아닌 로우리스크를 추구한다.

19장

주식투자자의 심리
어떻게 마음을 다스릴 것인가?

주식투자자의 심리 1_심리적 안정이 필요하다

　그리스 신화를 보면 근심의 신 쿠라가 어느 날 땅의 신 호무스에게 흙을 빌려 형상을 만들고 제우스에게 영혼을 불어넣어 달라고 부탁하여 인간을 만들었다. 인간을 서로 갖고 싶어 싸우던 신들은 현자를 찾아가 판결을 내달라고 하니, "인간은 어차피 죽게 되니 죽은 후에 형상은 흙에서 온 것이니 호무스가 가시고, 영혼은 제우스가 수었으니 제우스가 가지고, 쿠라는 살아 있는 동안 소유하라"고 판결을 내렸다. 그래서 인간은 살아있는 동안 쿠라의 소유가 되어 죽는 날까지 걱정과 근심을 하며 살게 되었다고 한다. 어찌 보면 인간이 근원적으로 걱정과 근심을 갖고 사는 것은 당연하다. 그러니 하루에도 수백 번을 고민하고 선택해야 하는 주식투자자들의 걱정과 근심은 더 말할 것도 없다.

　걱정과 근심이 많은 인간이기에 희로애락의 즐거움, 기쁨, 슬픔, 분노 중 '분노'를 가장 강하게 느끼는 것 같다. 보통 주식투자자들이 읽는 필독서들에는 주식투자자가 경계하고 다스려야 할 감정을 탐욕과 공포라고 한다. 필자는 거기에 덧붙이고 싶다. 탐욕과 공포의 이면에는 결국 분노가 함께 수반되는 것은 아닐까?

> 내가 산 주식이 막 올라, 기쁘지. 근데 이걸 조금 밖에 안 샀어. 화가
> 나? 안 나?
> 내가 산 주식이 막 떨어져, 슬프지. 근데 코스피 지수는 막 올라. 화가
> 나? 안 나?
> 오랜만에 지수가 올랐어, 즐겁지. 근데 내가 산 종목만 떨어져. 화가
> 나? 안 나?

필자가 보기에 주식투자를 하면 기쁨, 슬픔, 즐거움보다 분노가 가장 다스리기 힘든 감정인 것 같다. 주식투자를 하면서 분노를 느끼는 경우는 너무나도 다양해서 일일이 나열할 수가 없다. 그중에 가장 크게 분노하게 되는 3가지 경우를 정리해보면 다음과 같다.

> 첫째, 타인 또는 자신을 너무 과신해서 투자에 실패했다.
> 둘째, 끝이 안 보이는 폭락 속에서 강한 두려움이 느껴진다.
> 셋째, 주식투자는 할수록 너무 어렵고 나만 뒤처진다고 느껴진다.

이러한 분노를 다스리고 이겨내는 필자의 문구가 있다.

> 첫째, 아무도 믿지 마라.

둘째, 이것 또한 지나가리라.

셋째, 주식, 참 어렵다.

3가지 명제를 가지고 분노를 조절하고 이겨낼 수 있는 심리적 안정이 뒷받침되어야 한다. 그래야 평온한 상태에서 주식투자를 할 수 있다.

주식투자자의 심리 2_아무도 믿지 마라

험하디 험한 주식시장에서 믿을 수 있는 사람은 결국 자기자신뿐이며, 아무도 믿지 말아야 한다. 최근의 주식 관련 기억들을 더듬어보자. 한미약품 해외수출계약 취소, 대우조선해양 거래정지, 대우건설 감사의 거절 등이 떠오른다. 이렇게 여러 종목들에서 야기되었던 문제들 뿐만 아니라 브렉시트, 트럼프 대통령 당선 등 실마리가 우려했던 일들이 현실이 되는 세상에 살고 있다.

이런 굵직한 사건들은 알려지니 다행이지만, 알려지지 않은 속고 속이는 사기게임들이 도처에 도사리고 있는 곳이 주식시장이다. 연례행사처럼 뉴스를 장식하는 주식 관련 사기사건들은 어찌 보면 빙산의 일각일지도 모른다. "주식투자란 무엇인가"라는 질문에 필자가 생각하는 가장 현명한 답은 "더 바보를 찾는 게임"이다. 그런데 나보다 더 바보를 찾는 게임이란 합법적인 범위 내에서 내 매수가격보다 더 높은 가격에 사려는 투자자를 찾는다는 의미이지, 불법적인 방법으로 더 바보를 결정한다는 의미는 결코 아니다.

수년 전에 어떤 펀드매니저가 통정매매로 개인적인 이득을 취하다가 검찰에 적발된 일이 있었다. 방법은 뻔한 수법이다. 펀드계좌가 아닌 외부계좌(부정행위공모계좌)를 이용해 A주식을 10,000원에 사고 펀드계좌로 15,000원에 사면, 외부계좌는 50% 이득을 얻는 방식이었다. 추천종목의 선취매 후에 추천후 매도하는 불법적인 물량 넘기기다. 제도권 또는 제도권 밖 일부 애널리스트들의 고질적인 병폐이기도 하다. 결국 나보다 더 바보를 찾는 투자라는 본질을 불법으로 해결하려는 데서 비롯되었다고 할 수 있다.

주식투자에서 돈을 번다는 것, 즉 투자수익이 발생했다는 것은 무슨 뜻인가? 나의 매수가가 매도가보다 낮다는 것, 다시 말해 나의 매도가가 매수가보다 높았다는 뜻이다. 나는 10,000원에 샀는데 15,000원에 사는 사람이 있어야만, 나의 주식투자는 돈을 번 것이고 성공한 투자가 되는 것이다. 그래서 우리는 어떤 10,000원짜리 주식을 사야 15,000원에 팔 수 있을지 고민하면서 자신만의 무기로 열심히 종목선정을 하는 것이다. 합법화된 주식투자 게임이 내가 10,000원에 산 후 15,000원에 사는 바보가 있을만한 종목을 찾아내는 게임이라면, 불법화된 주식투자게임은 내가 10,000원에 산 후 15,000원에 사는 바보를 미리 만들어놓는 게임이다. 질 수 없는 게임이며 100% 이기는 게임이 되는 것이다. 그것은 불법이다.

시장에는 많은 투자자가 있다. 시장을 리딩^{Reading}하려는 투자자가 있고, 누군가에게 리딩^{Leading}당하려는 투자자가 있다. 시장에 리딩^{Leading}당할 것인가? 아니면 시장을 리딩^{Reading}할 것인가? 아무도 믿지 말고, 성실히 노력하는 자기 자신을 믿으면서 시장을 읽어야 한다.

주식투자자의 심리 3_이것 또한 지나가리라

투자자들이 가장 경계해야 할 심리는 탐욕과 공포이다. 주가가 오를 때는 조금 더 오르겠지 하고 욕심을 부리다가, 탐욕의 결과로 매도타이밍을 놓쳐 수개월 심지어 수년 동안 고생한다. 주가가 떨어질 때는 공포에 휩싸여 손절매를 하거나 매수를 망설이다가 바닥권에 매도하거나 또는 최적의 매수타이밍을 놓치고 닭 쫓던 개 지붕 쳐다보는 격이 되어 하늘만 쳐다보며 신세한탄을 한다. 이러한 일이 허다하다.

지고 또 피는 꽃잎처럼, 언젠가 가고 마는 푸른 청춘처럼, 주식의 고점과 저점은 그렇게 흘러가는 것이다. 불꽃 기둥이 민빌한 강세장이 와도 다시 무서운 파란 파도가 몰아치며 하락장으로 변하고, 다시 또 붉은 태양이 떠오르듯 강세장이 왔다가 눈보라가 몰아치는 추운 약세장이 오고 만다. 해가 지면 달이 뜨고 달이 지면 해가 뜨는 자연의 섭리를 당연히 받아들이듯이 주식시장도 빨강과 파랑이 왔다 갔다 함을 받아들여야 한다. 봄이 가면 여름이 오고 가을이 가면 겨울이 오는 사계절의 섭리를 당연히 받아들이듯이, 상승추세가 끝나면 하락추세가 오고 하락추세가 끝나면 상승추세가 기다리고 있음 또한 받아들여야 한다.

누군가가 부른 노래 구절처럼 맘이 아플 때 기뻐질 수 있는 한마디, 맘이 기쁠 때 슬퍼질 수 있는 한마디가 있다. '이것 또한 지나가리라'를 마음속 깊이 새긴다면 투자자의 심리는 탐욕과 공포, 불안과 좌절을 벗어나 평온함을 찾을 수 있다. 아무리 어려운 상황이라도 이것 또한 지나가리라는 생각을 하다보면 마음이 편안해지면서 늘 하던 대로 하는 평소 습관을 이어갈 수 있다.

'이것 또한 지나가리라'는 말 속에는 주식시장의 상승하락 또는 개별 종목의 상승하락 뿐만 아니라 투자자 개인의 계좌수익률도 포함되어 있다. 주식투자 성과는 지식과 경험 등의 투자자 능력에도 영향을 받지만, 운에도 좌우된다. 따라서 수익이 크게 났다고 경거망동하여 자만심을 가져서도 안 되고, 손실이 크게 났다고 풀이 죽어 자괴감에 빠질 필요도 없다.

투자자에게 필요한 심리는 자만심도 자괴감도 아닌 자신감이다. 바닥 밑에 지하실, 지하실 밑에 땅굴이 있는 것처럼 바닥을 파내려가는 폭락장이 계속된다고 해도 천장 위에 옥상, 옥상 위에 하늘이 있는 것처럼 고점을 갱신해나가는 상승장이 계속된다고 해도 자만심과 자괴감을 버리고 자신감을 가져야 한다. 이것 또한 지나갈 테니 말이다!

주식투자자의 심리 4_주식, 참 어렵다

이승철의 〈사랑 참 어렵다〉는 노래제목처럼 주식이 참 어렵다는 것을 인정하는 순간 심리적으로 안정을 얻을 수 있다. 주식이 어려운 이유는 사랑이 어려운 이유와 비슷하다. 통제할 수 없는 감정 때문이다. 시스템이 하는 매매와 인간이 하는 매매의 가장 큰 차이점은 감정의 개입여부이다. 주식투자자들이 주식이 어렵다는 것을 느끼는 이유 중 가장 큰 부분이 바로 감정 때문이다.

주식을 매수한 후 주식보유상태가 되면 현금보유상태에서는 없었던 여러 가지 감정의 문제가 발생한다. 주식보유상태에서는 주가상승에 의한 평가차익 발생과 주가하락에 따른 평가차손 발생이 나타난다. 평가차익이 발생할 때는 탐욕이라는 심리가, 평가차손이 발생할 때는 공포라는 심리가 크게 작용한다. 그래서 현금보유시기에 이성적이고 합리적인 판단으로 주식매수를 하던 투자자도, 주식보유시기에는 감정이 개입되어 비이성적이고 비합리적인 판단으로 주식매도를 하게 될 확률이 굉장히 높아진다.

현금보유상태에서 합리적이고 이성적인 연구와 기법으로 매수를 했는데 주식보유상태에서 비합리적이고 비이성적인 심리가 작용하여 매도를 한다면, 투자결과는 어떻게 나올지 불을 보듯 뻔하다. 이때 우리는 주식보유시 평온한 마음으로 매수할 때 판단했던 이유와 예상했던 목표이익실현가, 또는 예상손절매가를 떠올려야 한다. 매수할 때 판단했던 이유가 소멸했다면 상황에 맞는 대응을 해야 할 것이며, 이유가 유효하다면 지속보유를 결정해야 한다. 매수할 때 예상했던 목표이익실현가, 또는 예상손절매가가 명확히 존재한다면 그 가격에 도달했을 때 자동으로 매도주문이 나가야 한다.

이러한 행동은 어디서 나올 수 있을까? 바로 룰을 지키려는 강한 마인드이며, 자기 자신에 대한 확고한 믿음이다. 자제력은 인간적 자아가 지닌 매우 소중한 자질이라고 여기며 자신만의 룰을 지켜야 하며, 자기 자신을 사랑하고 존중하고 신뢰하는 마음이 주식시장에서 살아남는 유일한 길이라고 믿어야 한다. 그래야만 손절매가 패배가 아닌 투자의 한 과정임을 직시할 수 있고, 그 현금으로 다음 번 매수에서는 이익실현매도가 나올 수 있다.

보통 사람의 경우 심리적으로 같은 크기의 이익과 손실이 났을 때, 손실의 슬픔이 이익의 기쁨보다 4배 정도 크다고 한다. 투자자로서 성공하고 싶다면 보통사람의 심리로는 힘들다. 이익과 손실의 크기가 같다면 내 계좌에 미치는 영향도 같다고 굳게 믿고, 나의 방법이 맞다면 내 룰을 지켜야 장기적이고 규칙적인 수익을 창출할 수 있다고 굳게 믿어야 한다. 손절매를 해야 되는 상황이라면, 냉수 한 잔 시원하게 들이키고 손해가 얼마든 손절매를 해야 한다. 지속보유를 해야 되는 상황이면, 목에 칼이 들어와도 매도클릭을 해서는 안 된다. 그 판단은 본인의 자유의지로만 할 수 있다.

하지만 늘 감정을 통제하고 심리를 안정시키려 노력해도, 완벽한 마인드관리는 어렵다. 그것을 알기에 우리는 주식이 어렵다는 것을 인정해야 한다. 주식이 어렵다는 것을 인정하고 주식에서 받는 스트레스를 이겨내는 자기만의 방법 또한 만들어놓아야, 정신적 건강을 유지할 수 있다.

요약컨대 주식투자가 어렵다는 것을 인정한다는 것은 객관적인 사실을 인정하는 것이다. 이런 객관적인 사실을 인정함으로써 더욱 더 연구와 훈련을 성실히 해나가게 된다. 그리고 이러한 노력의 결과로 다른 보통 주식투자자들보다 주식투자가 쉽게 느껴지게 된다는 것을 기억해야 한다.

20장

주식투자자의 경험
무엇을 겪을 것인가?

주식투자자의 경험 1_시장위험과 개별위험

　재무관리에서 위험은 불확실성이며 위험은 크게 시장위험과 개별위험으로 나눌 수 있다. 쉽게 생각해서 시장위험은 시장 전체의 위험, 개별위험은 부분적인 위험이라고 이해하면 된다. 또 시장위험은 통제불가능·분산불가능의 위험이며, 개별위험은 통제가능·분산가능의 위험이 된다. 주식투자로 범위를 좁히면 더욱 이해하기 쉽다. 우리나라 증시 전체에 영향을 미치면 시장위험, 개별종목 또는 특정 산업에만 영향을 미치면 개별위험이라고 이해하면 된다. 주식투자자에게 시장위험과 개별위험의 구분과 각각의 대처방안은 매우 중요하다.

　우리가 가장 쉽게 경험하는 개별위험은 보유종목의 돌발악재이다. 결산실적이 적자전환 또는 자본잠식이 되었다거나, 회사의 부도가능성이 높아졌다거나, 유상증자 공시가 나오면서 주가가 급락하는 경우가 그렇다. 보유종목의 개별위험이 발생하면, 그 상황에 맞게 현명하고 단호한 대처를 해야 한다. 그런데 대부분의 돌발악재는 단기적 관점에서는 즉

시 매도, 중장기적 관점에서는 반등시 매도 등의 전략을 생각해볼 수 있다. 결국 개별종목들의 돌발악재로 나타나는 개별위험은 상황에 따라 다르지만, 매도로 대처하는 것이 확률적으로는 적절한 방법이다.

반면에 시장위험은 좀 더 복잡하게 다가온다. 최근 수년간 겪었던 시장위험 중 시장에 큰 충격을 준 것들을 나열해보자. 그리스 디폴트, 영국 브렉시트, 미국 트럼프 당선, 미국 금리인상 등의 국외재료들과 개성공단 폐쇄, 북한 핵실험, 국정농단사태 등 국내재료들로 나눌 수 있다. 국내냐 국외냐 관계없이 이러한 돌발악재 이벤트들이 발생하면, 피터 린치가 말한 북소리가 여기저기서 울려 퍼진다. 특히 요즘은 개인 미디어가 발달하면서 과거보다 돌발악재의 북소리 효과가 더욱 요란하게 나타난다.

이럴 때는 과거 유사 사건들에 대한 자료수집과 분석이 무엇보다 중요하다. 예를 들면 미국의 금리인상이 우리 증시에 실제로 어떤 영향을 미쳤는지, 북한 핵실험에 의한 남북관계 경색이 우리 증시에 어떤 영향을 미쳤는지 등을 과거 시례에서 찾아봐야 한다. 그리고 그 당시의 언론 북소리들과 그 북소리에 의해 지수에는 어느 정도 기간 동안, 어느 정도 낙폭이 나왔는지를 추적해야 한다. 그러다 보면 돌발악재에 대처할 수 있는 차가운 머리가 생기는 것이다.

예를 들어 과거 미국 금리인상이 실제 우리나라 주식시장에 미친 영향을 생각해보자. 이론적으로는 미국의 금리인상이 우리나라 시장의 외인자본에 미치는 영향은 부의 영향이므로 하락방향으로 영향을 미칠 확률이 높다. 하지만 과거 미국의 금리인상 시기에 우리 증시가 어떤 움직임을 보였는지 찾아보면 반드시 그런 것은 아님을 알 수 있다. 코로나19

이후 '동학주식운동'에 합류한 주식초보자들이 많고, 팬데믹 때문에 다시 제로금리가 된 지금, 미국의 금리인상을 겪어보지도 못한 주식투자자들이 더 많은 이 시기에 과거 데이터 실증검증이 무슨 의미가 있냐고 생각한다면 어쩔 수 없다.

하지만 미국 금리인상과 미국시장, 그리고 우리나라 주식시장에 대한 상관관계를 찾아보는 것은 미국 금리인상에 올바른 대처를 위해서 필요하다. 그러한 실증분석을 통해 미국의 금리인상이 미국시장에 크게 영향을 미치게 되는 상황적 요인은 무엇이며, 또한 미국의 금리인상이 우리나라 시장에 영향을 크게 미치게 되는 상황적 요인은 무엇인지 판단하는 것이 중요하다. 즉 미국 금리인상을 무조건 악재로 확정할 필요는 없으며 상황에 따른 대처를 해야 한다.

같은 방법으로 북한의 핵실험과 남북관계 경색 등도 우리 증시 반응 사례를 통해 실증검증할 수 있다. 그동안 있었던 일련의 북한 핵실험 과징들과 천안함 사태, 연평도 폭격, 개성공단 폐쇄 등이 어느 정도의 기간 동안 어느 정도의 크기로 증시에 악영향을 미쳤는지 실제 검증을 해놓자. 그러면 향후에 있을 유사사건에도 의연한 대처를 하는 투자자가 될 수 있다.

시장위험 이벤트 중 가장 중요하게 생각할 것이 재료의 노출기간이다. 예를 들면 9·11테러처럼 아무도 예상치 못한 사건이 불시에 발생할 수도 있고, 그리스 디폴트 사태처럼 천천히 전조를 나타내면서 수년간에 걸쳐 악재가 형성되는 경우가 있다. 그리스 디폴트와 같은 예고된 악재는 악재의 노출, 악재의 소멸이며 불확실성이 확실성으로 전환된다는

면에서 큰 악재로 받아들여지지 않는 경우가 많다. 반면에 9·11테러와 같은 갑작스런 돌발악재는 일시적 폭락 이후에 천천히 주가를 회복하는 경우가 많다. 이러한 것은 경험적으로 습득한 확률이니 잘 기억해둬야 한다.

정리하자면 증시재료 판단에 있어서 첫째, 재료가 시장위험의 재료인지 개별위험의 재료인지에 따라 종목에 미치는 영향과 대응전략을 구분해야 한다. 둘째, 새로 나온 돌발악재인지 아니면 전조가 있었던 오래된 악재인지를 구분해야 한다. 셋째, 단기간에 영향을 미칠 악재인지, 장기간에 영향을 미칠 악재인지를 구분해야 한다. 또한 과거에 유사사례가 있다면 실증검증을 통하여 차가운 머리로 대처해야 한다.

주식투자자의 경험 2_해외증시 상관관계

우리는 지금 지구 반대편에서 일어나는 일들을 실시간으로 알 수 있는 글로벌시대에 살고 있다. 유럽축구리그 경기들을 밤새 볼 수도 있고, 메이저리그에 진출한 우리나라 선수의 경기를 실시간으로 보며 응원할 수도 있다. 하물며 금융시장이야 두말 할 것도 없다.

실시간으로 해외주식시장은 물론 해외선물시장에도 참여하는 시대이다. 실제로 많은 이들이 국내를 넘어 해외주식 또는 해외선물시장에 투자를 하고 있다. 해외 직접투자를 하고 있다면 해외증시가 당연히 중요하다. 또한 해외 직접투자를 하지 않고 국내주식 또는 국내선물에만 투자하고 있다 해도 해외증시 체크는 매우 중요하다. 해외증시가 우리나라 증시와 어떤 상관관계가 있는지 늘 관심을 갖고 분석하다 보면, 시기별로 약간 다른 적용이 필요하지만 분명 정(正)의 상관관계가 있음을 알 수 있다. 즉 원칙적으로 글로벌증시는 한 방향으로 움직인다는 뜻이다. 다만 일시적으로 상황에 따라 다른 방향으로 움직이거나 낮은 상관관계를 보일 수는 있다. 이러한 것들은 시간을 갖고 추적조사해야만 한다. 그것이 경험이다.

예를 들면 미국증시와 유럽증시, 일본증시, 중국증시 등이 각각 어떤 상관관계가 있으며 지수 움직임이 우리나라 증시에 각각 어느 정도의 영향을 미치는지 파악하고 있어야 한다. 이 중에서 우리나라에 가장 큰 영향을 미치는 지수는 역시 미국증시이다. 과거 데이터를 보면 상황별로 약간 편차는 있지만, 우리나라 증시는 미국증시와 가장 상관관계가 높았음을 알 수 있다. 그렇다면 과연 미국증시와 우리나라 증시의 연동성이 과거처럼 계속 지속될 것인지 고민해봐야 한다. 트럼프 취임 이후 미국의 경제정책이 어느 정도 강도로 보호무역주의와 미국 우선주의가 펼쳐질지 굉장히 중요하기 때문이다. 향후 트럼프 정부의 경제정책은 일단 불확실성이 높아지고 있음은 분명하다. 여기서 불확실성은 좋다 나쁘다의 개념이 아닌 예측이 불가능다는 관점임을 알아야 한다. 필자는 개인적으로 트럼프 대통령이 과거 어느 미국 대통령보다도 주식시장에 큰 영향을 미칠 것으로 본다.

중국증시도 매우 관심 있게 지켜봐야 할 해외증시 중 하나다. 과거에 비해서 중국증시의 영향력이 전 세계적으로 커졌다. 특히 인접국이며 경제적 연관성이 높은 우리나라 증시가 과거보다 점점 더 중국증시와의 상관관계가 높아지고 있음을 알 수 있다. 여태까지는 중국과의 무역문제나 국제관계 등 우리산업에 미치는 영향을 주로 체크해나갔다. 하지만 앞으로는 중국증시 자체에 관심을 갖고 우리나라와 연동성이 커지고 있는지 실증분석을 해봐야 한다.

주식투자자의 경험 3
_주말/연휴/연말/연초, 시기별 대처

예전에는 설연휴, 추석연휴를 앞두고 주식투자를 하는 주변 지인의 전화를 많이 받았다. "주식 팔고가요? 사고 넘어가요?" 주말이나 연휴를 앞두고 주식투자자들은 주식을 추가매수하는 것이 맞는지, 주식을 매도하고 현금을 보유하는 것이 맞는지, 아니면 그대로 현재 포지션을 유지하는 것이 맞는지 무척 궁금해했다. 예전에 이런 질문을 더 많이 받았던 이유는 지수의 변화가 꽤나 큰 시기였기 때문이다. 종목 전체가 동반급등이나 동반급락이 나오는 날이 많았으며, 그러한 변곡점들은 연휴 이후에 나오는 경우가 특히 많았다.

연휴가 길수록 시장급변 리스크가 커지는 이유는 뭘까? 간단하다. 우리나라 증시에 영향을 미치는 해외증시 변동폭이 장이 안 열리는 시기 동안 쌓였다가, 연휴 이후에 한꺼번에 영향을 주기 때문이다. 또는 연휴 동안 장이 쉬면서 돌발악재가 나올 확률이 더 커지기 때문이기도 하다.

극단적으로 1분이라는 시간 동안 내가 산 종목이 부도가 날 확률은 벼락 맞을 확률이지만, 10년이라는 기간 동안 내가 산 종목이 부도가 날 확률은 생각보다 굉장히 높다. 이것을 생각한다면 연휴 동안의 리스크가 조금이라도 더 큰 것은 자명한 이치다.

이런 관점에서 본다면 연휴기간 동안 세계증시 등락폭을 계산하면서 우리나라 증시의 연휴 이후 첫날 아침 시초가를 예상하는 것이 가능하다. 통상적으로 우리나라 월요일 증시는 금요일 밤의 미국증시나 유럽증시가 시초가에 영향을 미친다. 이것을 알고 오랜 시간 동안 추적조사했다면 연휴 이후 시초가 계산 또한 단순논리로써 가능하다. 물론 이 경우 우리가 쉬는 동안 우리나라를 제외한 아시아 증시에는 어떤 영향을 미쳤는지도 파악해야 한다. 다만 주말이나 연휴 이후 이러한 시초가 분석들은 선물옵션 거래자들이나 데이트레이딩 매매자들에게나 해당될 뿐이다. 투자기간이 긴 장기투자자에게는 의미 없는 이야기가 될 수도 있다.

또 주식투자자에게 매우 중요한 시기는 연말이다. 이유는 2가지이다. 하나는 배당을 받을 수 있는 권리락일이 연말에 있다는 것이며, 또 하나는 요즘 점점 강화되고 있는 양도소득세 관련 대주주의 판단기준일이 연말이기 때문이다. 특히 배당문제는 하루 이틀 문제가 아니고 투자자마다 투자성향에 따라 미리미리 배당투자인지 아닌지가 결정되면, 연말에 별다르게 대처할 것 없이 지속보유하면 그뿐이다.

그러나 양도소득세와 관련한 대주주의 판단문제는 간단하지 않다.

매년 강화되고 있는 대주주 요건에 따라 대주주가 급증하고 있으며, 대주주 지분요건에 해당되어 주식매도 시에 양도소득세 대상이 되기 싫은 투자자들은 연말 전에 매도하여 대주주에서 벗어날지 고려해야 한다. 이런 이유로 몇 년 전부터 연말에 개인선호종목들에 대한 매도물량이 증가하고 있는 추세다.

마지막으로 연초장세에서 가장 주의할 것이 있다. 연초 정부 혹은 기업들의 신년계획들을 꼼꼼히 검토해보는 것이다. 특히 정권초기에 강력한 정부정책으로 인한 테마주 형성이 나오는 경우가 있으니, 연초에 정부정책이 나오면 꼼꼼히 검토분석해볼 필요가 있다.

주식투자자의 경험 4_폭락장 대처

주식투자자가 겪어야 할 경험 중 가장 중요한 게 바로 폭락장이다. 상승장이나 조정장에 시장에 진입한 투자자들은 폭락장을 경험하지 못하고 안이한 자세로 주식투자를 하다가, 폭락장에서 버티지 못하고 시장에서 퇴출되는 경우가 굉장히 많다. 이유는 다양하다. 심리적으로 폭락장을 버티지 못하는 경우도 있고, 조정장이나 상승장에 익숙해져 손절매를 하지 못하고 버티기를 계속하기 때문이기도 하다.

"경험은 돈 주고도 못 산다"고 한다. 주식시장의 경험은 특히 그러하다. 그래서 직접경험을 대신해서 간접경험이라도 하려고 책을 열심히 읽기도 하지만, 책으로 얻는 간접경험은 분명히 한계가 있다. 지식이나 이성적인 부분에서의 경험은 직접경험이나 간접경험이나 큰 차이가 없다. 그러나 정신이나 감정적인 부분의 경험은 직접경험과 간접경험은 큰 차이가 있다. 특히 폭락장 경험이 그렇다. 그나마 책이나 주가차트로 폭락장에 대한 간접경험 준비가 되어 있는 투자자라면, 감정적으로는 참기 어려우나 이성적으로는 대응이 가능할지도 모르겠다. 하지만 간접경험조차 없는 초보투자자들은 심리적 불안뿐만 아니라 주식시장이 이렇게 빠질 수도 있다는 점에 충격을 받는 경우가 허다하다.

"위기 속에서 기회가 꽃 핀다"고 한다. 어려운 일이 지나면 좋은 일이 찾아온다는 전화위복 정도의 뜻이겠다. 상황이 변해서 위기가 기회가 된다는 수동적 해석도 가능하지만, 사람이 변해서 위기가 기회가 된다는 능동적인 해석도 가능해진다. 그래서 기억해야 한다. 지수 폭락장세에서 종목들이 동반폭락을 할 때 얼마나 허무하게 무너져 버리는지, 반대로 반등장세가 왔을 때 종목별로 얼마나 빠른 반등을 보여주며 강력한 힘으로 동반폭등을 하는지를 말이다. 각각의 경우의 절망과 가슴 두근거림 등을 철저하게 경험하고 학습해야 한다.

아직 연차수가 적은 투자자를 위해 거래소지수차트에서 간접경험을 위한 중요시기를 정리하면 다음과 같다.

첫째, 우리나라 최장기간 대세하락추세시기였던 1990년대 후반, 바로 IMF시기이다. 1994년 말 1000P 돌파시에 "이제는 주가지수 4자리수 시대" "이제 1000P는 저항이 아닌 지지"라는 언론의 평가를 뒤로 하고, 1995년부터 1998년까지 4년간 지수 1145P 최고점에서 277P의 최저점으로 추락한 암흑시대이다. 지금은 웃으며 차트를 볼 수 있지만, 그 시절 어려움을 겪은 일반 서민들에게는 뼈와 한이 녹아 있는 시기이다.

둘째, 1999년 말 1000P를 다시 돌파하면서 온 2000년 밀레니엄 장세는 멀지 않아 밀레니엄 거품 붕괴 장세로 이어졌다. 지수가 반토막이 나며 1000P에서 463P 저점으로 밀리는 거품 폭락장으로 변했다.

셋째, 외환위기가 원인이 된 IMF시기와는 달리 미국 금융시장 시스템 불안으로 촉발되어 전 세계 시장을 강타한 금융위기 장세이다. 연봉상 5년 연속 양봉으로 2003년부터 2007년까지 지수저점 660P에서 지수고점 2000P를 돌파하면서 5년간 지수가 3배 상승하는 것을 보여주었다. 그런데 마지막 해인 2007년 고점 2085P를 마지막으로 약 1년간 바닥 밑에 땅굴이 있다는 것을 보여준 땅굴장세였다. 2008년 10월 24일 금요일 하루 10% 폭락에, 다음날인 10월 27일 월요일 장중저점 892P를 바닥으로 마무리된 것이 아직도 기억난다. IMF장세가 길고 긴 하락의 암흑 터널장세였다면, 금융위기장세는 이제는 바닥인가 싶으면 단기간에 큰 폭으로 하락하고, 조정을 조금 주며 바닥인가 싶으면 또 한 차례 폭락하는 등 전형적인 땅굴장세였다.

넷째, 폭락장세는 아니지만 폭락장세 만큼 힘들 수 있는 장기박스권 장세이다. 역시 경험할 가치가 있는 매우 중요한 시기인데 우리나라 지수 역사상 가장 변동성이 적은 장기 박스권 장세이다. 2011년 여름부터 2017년 봄까지의 만으로 5년 이상 1,800P와 2,100P의 굉장히 좁은 밴드에 갇혀 있는 감옥장세이다.

마지막 다섯째, 2018년 1월 이후 코로나시대까지 약 2년 동안 미국·중국 무역분쟁으로 인해 '고래 싸움에 등 터진 새우'꼴로 흘러내리다가 코로나19로 인하여 2020년 3월 19일 저점을 찍은 하락시기이다. 동시기 동안 거래소는 2607P에서 1439까지 45% 하락, 코스닥은 932P에서 419

까지 반 토막이 넘는 51% 하락했다.

IMF, 밀레니엄, 금융위기, 이번 코로나19까지 4번의 대세하락장세 전에는 대세상승장세가 있었었다. 또한 4번의 대세하락장세 뒤에도 어김없이 대세상승장세가 있었다. 주식에서 크게 오른 것보다 큰 악재가 없고, 크게 빠진 것보다 큰 호재가 없다고 하는 것이 그 때문이라 하겠다.

다시 올 것 같지 않은 폭락장세도 언제든 다시 찾아올 수 있으며, 다시 올 것 같지 않은 상승장세도 결국에는 온다는 강한 믿음은 오랜 경험으로만 만들어진다. 주식을 처음 배울 때 경험 많은 선배가 해준 말이 기억나곤 한다. "주식의 법칙도 자연의 법칙과 같아서 해가 뜨고 지는 것처럼, 추운 겨울이 오면 곧 따뜻한 봄이 오는 것처럼, 상승장과 하락장을 반복한다." 그런데 주식을 20년 가까이 하다 보니 상승장과 하락장을 반복하면서도 결국 우상향하는 것이 주식시장이라는 것을 알게 되었다. 주식시장은 절대 우하향할 수 없으며, 중장기적으로 언제나 우상향만이 가능한 시장이라는 것을 굳게 믿어야 한다. 그래야만 주식투자에서 승리할 수 있고, 그 믿음은 경험에서 배우며 만들 수밖에 없다.

코로나 위기가 시작되며 끝없이 하락할 줄만 알았던 시장은 유동성 공급에 의하여 방향에 변화가 있었고, 이런 시장의 변화가 금융장세가 열리며 투자자에게 큰 수익의 기회를 주었다. 하지만 영원한 상승장도 영원한 하락장도 없음을 명심해야 한다. 상승장의 끝에 안전하게 빠져나가고 싶은 사람이나, 하락장의 끝에 수익을 추구하러 들어오는 사람이나, 때를 기다리며 열심히 준비해야 한다. 준비된 자만이 주식시장에서 주는 변화Change를 기회Chance로 만들 수 있다.

21장

주식투자자의 동기부여
어떻게 동력을 부여할 것인가?

주식투자자의 동기부여 1
_왜 동기부여가 중요한가?

꿈을 이루기 위해서는 목표를 세우고 그 목표를 이룰 수 있도록 구체적인 계획을 세워야 한다. 누구나 잘 알고 있을 것이다. 그럼에도 불구하고 최고의 결과에 도달하지 못하는 이유는 최선의 과정을 거치지 않기 때문이다. 최고보다는 최선이 더 가치 있는 단어임을 알지만, 막연히 최고만을 바랄뿐 최선을 다하지 않는 이유는 무엇일까? 과정이 힘들고 지쳐서 포기하고 싶을 때 그 순간 필요한 동기부여가 없기 때문이 아닐까? 목표를 이루기 위한 계획을 실천할 수 있도록 지속적인 자극을 주어야만 성실성을 유지할 수 있다. 외부의 자극이 동기부여가 되기도 하지만, 결국은 자기 자신의 마음속 깊은 곳에서 나오는 동기부여가 가장 강력하다.

항상 '왜'라는 목표달성의 이유와 '어떻게'라는 실천 가능한 구체적인 계획을 생각하는 것이 동기부여의 출발점이라고 생각한다. 주식투자자에게 필요한 동기부여도 또한 마찬가지다. 내가 주식투자를 왜 하고 있는지 명확하게 이유를 설명할 수 있어야 하며, 어떤 계획을 가지고 구체적인 실천을 해야 하는지 구상하고 있어야 한다.

주식투자는 수많은 지식과 짧지 않은 경험, 그리고 열정적인 노력이 있어야 성공할 수 있다. 그래서 주식투자자는 지식습득을 위하여 많은 시간을 투자하고, 경험 속에서 실패하고 좌절하는 과정을 겪게 될 것이며, 또한 열정적인 노력의 실행이 얼마나 힘든지 뼈저리게 느끼게 된다. 주식투자를 한다는 것은 이러한 힘든 과정을 거치면서 끝까지 살아남는 것이다. 그러므로 그 과정에서 길에서 이탈하지 않고 계속 걸을 수 있어야 한다. 결국 효과적인 목표달성을 위해서 목적의 중요성을 인식하고 주식투자를 공부하는 목적, 나아가서 주식투자를 하는 궁극적인 목적을 생각해봐야 한다. 정글 같은 주식시장에서 살아남기 위한 최후의 무기는 결국 동기부여임을 기억하라. 다시 한 번 묻고 싶다. 당신은 살아남을 것인가? 퇴출될 것인가?

주식투자자의 동기부여 2
_왜 부자가 되고 싶은가?

언제부터인가 금수저와 흙수저에 관한 논란이 끊이지 않고, 그로 인한 잡음이 평범한 서민들의 마음을 불편하게 하고 있다. 준비되지 않은 연예인 자녀의 방송출연에 대한 곱지 않은 시선부터 정치인이나 고위관료 등 사회 고위층 인사 자녀들의 특혜 논란이 계속되고 있다. 금수저를 입에 물고 경거망동하는 일부 몰지각한 사람들에 대한 사회 전반적인 비판이 계속되고 있다.

필자도 흙수저이다. 하지만 흙수저라는 말을 좋아하지 않는다. 흙수 저라는 단어를 쓸 때면 부모님이 떠오르면서, 당신 자식이 "난 흙수저 야" 하고 실망하고 자책하는 모습을 보면 부모님들의 심정은 참담하지 않을까? 그런 걸 생각하면 흙수저라는 단어를 쓰고 싶지 않다. 최선을 다해 인생을 살아온 부모님의 자식으로서 스스로 흙수저라는 생각을 하 지 않으려고 한다.

사회적인 금수저와 흙수저에 대한 비판의 핵심은 간단하다. 바로 기 회의 불평등이다. 연예인 자녀들이라는 이유만으로 드라마 주연으로 단 번에 캐스팅되면, 단역만 전전하는 배우 지망생들은 아예 기회조차 없 는 것이다. 국회의원이나 장관의 첫 번째 조건이 자녀 군면제라는 우스 갯소리가 슬픈 대한민국의 현실이다. 진국의 군필자들이 기회의 불평등 을 떠올리는 것은 당연지사 아닐까?

기회의 불평등은 미국기업과 우리나라 기업 중 시가총액 상위기업들 과 비교하면 더욱 그렇다. 2020년 8월 기준 미국의 시가총액 상위기업인 애플, 아마존, 마이크로소프트, 페이스북, 구글, 테슬라 등 어느 것 하나 2세가 물려받아서 유지되고 있는 오랜 기업은 없다. 모두 창업주가 혁신 기업을 만들어서 세계 최고의 기업으로 만든 것들이다. 이런 것을 보면 미국은 창업 성공 기회가 많이 열려 있는 기회의 땅임은 분명해 보인다.

반면에 2020년 8월 기준 한국의 시가총액 상위기업 10종목 중 대물림

하지 않은 기업은 NAVER, 셀트리온, 카카오 세 종목에 불과하고, 나머지 7종목은 삼성그룹, SK그룹, 현대차그룹, LG그룹에 속한 경영권을 대물림하는 재벌기업들이다. 이것만 봐도 우리나라는 창업 성공 기회가 매우 좁다는 것을 알 수 있다. 이러한 현상의 가장 큰 요인은 바로 기회의 불평등 때문이다.

기회의 불평등은 사회적인 문제이니 개인의 노력으로 하루아침에 바꿀 수는 없다하더라도, 흙수저라도 맛있는 밥상을 차려먹는 노력은 필요하다. 필자도 맛있는 밥상을 위해 꾸준히 노력했다. 가장 큰 목표는 행복한 부자가 되는 것이다. 일과 사랑의 선택만큼이나 힘든 것이 돈과 행복의 선택이다. 하지만 일과 사랑을 둘 다 열심히 할 수 있듯, 돈과 행복도 두 가지 모두에 가치를 두고 살아갈 수 있다고 생각한다. 그렇다면 행복한 부자가 되기 위해서는 물질적으로 여유있는 돈이 있는 부자가 되어야 하는데, 어떻게 부자가 될 수 있을까?

필자는 어려서부터 백조의 꿈을 꾸었다. 아마도 대부분은 세히얀 새, 백조를 생각하겠지만 숫자를 의미하는 '100조 원'이다. 필자는 어렸을 때부터 돈과 숫자에 관심이 많았다. 1, 2, 4, 8, 16, 32, 64, 128, 256, 512, 1,024라고 손가락을 열 개 접어보면서, 2배를 열 번하면 1,000이 넘는다는 것을 처음 알았을 때 참 신기했었다. 1,000배가 별게 아니구나. 2배를 열 번만 하면 되는구나. 그럼 10만 원이 있으면 10만 원의 1,000배는 1억 원, 1억 원의 1,000배는 1,000억 원, 1,000억 원의 1,000배는 100조 원. 그럼 2배의 수익을 내는 방법만 찾아내면 10만 원으로 100조 원를 만들 수 있겠구나 싶었다. 물론 그때는 10만 원조차 없었다.

그때부터 '백조의 꿈'이라는 글귀를 주변 곳곳에 붙여 놓았다. 물론 100조 원이라는 돈이 우리나라 제일 부자도 이루지 못한 큰돈이라는 것을 알게 되기까지 그리 시간이 오래 걸리지는 않았다. 그럼에도 기죽지 않고 계속해서 투자금의 2배를 버는 방법을 찾기 시작했다. 물론 쉽지 않았다. 그러다가 주식투자로 1년에 수익률 100%는 물론 200%, 아니 500%도 낼 수 있다는 성공담을 책과 신문을 통해 접했다. 실제로 대세상승장에서 1년에 1000% 수익을 낸 투자자들을 만날 기회도 생겼다. "아! 그래 주식이구나. 주식으로 1년에 2배씩 벌면 10만 원으로 30년만 있으면 100조 원이 되는구나. 아니, 일단 주식공부를 하면서 돈을 열심히 벌어 1억 원으로 주식투자를 시작하면 1년에 2배를 20번, 즉 20년만 주식투자를 하면 100조 원이 되는구나"라는 생각으로 주식을 공부면서 소액으로 주식투자를 시작했다.

처음에는 정말 한 달에도 2배를 쉽게 벌 정도로 주식이 쉬웠다. 소위 말하는 물 만 고기 만 상세었던 IMF 직후의 대세상승장에서, 스스로 살아서 주식투자로 돈을 벌기가 너무 쉽다고 착각한 것이다. 그러나 대세상승장이 끝나고 2000년이 되면서 한 달에 2배는커녕 1년에 2배 벌기도 쉽지 않다는 것을 알게 되었다. 물론 동년배 친구들과는 비교할 수 없는 큰돈을 단기간에 벌며 소위 말하는 대박을 쳤지만, 필자는 그 당시 대박을 쳤다는 기쁨보다 꿈을 이루기 힘들다는 슬픔이 더 컸다. "아! 백조의 꿈은 말 그대로 꿈이었구나."

하지만 지금도 100조 원을 벌기 위한 노력을 멈추지 않고 있다. 꿈을 가지고 살아가는 인생이 더 신명나고 재미있는 인생이라는 걸 잘 알기 때문이다. 100억 원이 있으나 100조 원이 있으나 행복한 부자가 되기에는 별 차이가 없다는 것을 잘 알기에, 오늘도 100조 원를 벌기 위한 노력을 계속하고 있다. 이 노력은 그냥 부자가 아닌 행복한 부자가 되려는 노력이다.

주식투자자의 동기부여 3
_왜 주식투자를 하는가?

행복한 부자가 되기 위해 충분한 부를 축적하는 방법에는 여러 가지가 있다. 공부를 열심히 해서 의사나 변호사 같은 돈을 잘 버는 직업을 갖거나, 창업을 해서 성공한 사업가가 될 수도 있으며, 가장 쉽게는 돈이 많은 부모님 또는 배우자를 만나는 방법도 있다. 물론 원한다고 되는 것은 아니지만 말이다. 필자가 주식투자를 선택한 계기를 앞에서 이야기했다. 어린 마음에 단순논리로 선택한 것이었는데, 요즘에는 주식투자하기를 잘했다는 생각을 한다.

주식투자로 부자가 되는 방법은 장점이 많다. 이미 언급한 기회의 평등이 주어지는 시장이라는 점과 시간과 공간이 자유로워질 수 있다는 점이 있다. 이것은 매우 중요한 장점이다. 노트북 하나만 있으면 세계 어느 곳에서든 매매를 할 수 있고, 단기매매를 잠시 중단한다면 꽤 긴 여행도 언제든지 출발할 수 있다. 잔소리하는 상사나 갑질하는 거래처 사장한테 스트레스를 받을 필요조차 없다는 것은 보너스다. 필자의 지인은 겨울스포츠를 좋아해서 여름에는 남반구인 호주의 겨울을 즐기기 위해 떠나기도 하고, 또 다른 지인은 노트북 하나를 들고 세계여행을 오랫동안 자유롭게 하기도 한다.

직업으로써 전업투자자가 되어 자유로운 시간과 공간을 누리는 것만 의미가 있는 것일까? 그렇지 않다. 전업투자자가 아니라도 보통의 직장인들에게 주식투자는 더욱 의미 있을 수 있다. 특히 고령화 사회와 저금리 시대를 살아가는 요즘에는 더욱 그렇다. 현재 평균수명이 80을 넘어 90에 가깝게 올라가고 있다. 60세에서 65세를 은퇴나이로 보았을 때 2050년에는 인구 절반이 은퇴자들이라는 예상이 있다. 죽을 위험보다 오래 살 위험이 더 크다는 어느 보험회사의 광고를 생각하면 이해하기 쉽다.

과거에 우리 주변 부자들은 연금보험에 가입하지 않고도 은퇴 이후를 대비했다. 바로 부동산임대사업이다. 대부분 직장인들의 은퇴 후 꿈이 건물 하나 사서 월세 받으면서 노후를 즐기는 것이었다. 하지만 요즘 부동산임대수익률도 그리 높지 않다. 바로 저금리 때문이다. 금리와 임대수익률이 정의 상관관계에 있기에 저금리 여파로 부동산임대수익률은 지속 하락하는 중이다.

같은 논리로 저금리 때문에 열심히 10년, 20년 모아놓은 연금보험 예상수령연금이 고금리 시대에 비해 현저히 줄어들고 있다. 평균수명은 높아져 은퇴 이후 삶은 길어지는데, 금리는 낮아져서 은퇴 이후 생활의 질이 낮아질 확률이 높아지고 있다. 따라서 고령화 사회, 저금리 시대를 살아가는 지금, 은퇴 이후 안락하고 편안하게 삶의 질을 유지하고 싶다면 연금보험, 부동산임대수입이 아닌 또 다른 무기 하나는 가지고 있어야 한다.

해답은 주식투자이다. 워런 버핏의 예를 들지 않더라도, 주식투자에는 정년이 없다. 모두가 잘 알고 있다. 부동산임대사업에 정년이 없는 것처럼 말이다. 과거 직장인들의 로망이 부동산임대사업이었던 것처럼, 미래 직장인들의 로망이 주식투자자가 될 수도 있다. 부동산임대사업은 금리로 인해 시장 전체 수익률에 크게 영향을 받지만, 주식투자수익률은 개인의 노력 여부에 따라 수익률 편차가 굉장히 심하다. 준비된 투자자는 높은 수익률을 쟁취할 수 있는 합법적인 무기가 하나 생기는 셈이다. 고령화 사회와 저금리 시대를 살아가는데 무기 하나 쯤은 만들어놓아야 되지 않을까? 이것이 바로 필자가 주식투자를 하는 이유이다.

주식투자자의 동기부여 4
_성실하게 투자하고 있는가?

필자가 하는 주식투자 블로그에 투자일지를 올리면서 많이 듣는 말이 있다. "이 세무사님의 성실성이 좋습니다." 정말 기분이 좋다. 요즘 주식투자자로서 필자의 꿈은 우리나라에서 가장 성실한 주식투자자가 되는 것이다. 통계를 낼 수도 할 수도 없지만, 성실성만은 상위 0.1%에 든다고 자신한다. 1,000명 중 1등이면 중간 단계 정도 꿈을 이룬 것이리라. 언젠가는 우리나라에서 가장 성실한 투자자라는 꿈도 이룰 수 있다고 자신해본다.

처음에는 주식투자에서의 꿈은 돈이었다. 그런데 돈이 꿈이 되면 감나무 밑에서 감 떨어지기를 바라는 게으름뱅이 근성이 생기고, 심지어 운에 의존하게 된다. 매매에 성공하면 내 실력인데, 매매에 실패하면 운이 없다며 남 탓을 하게 된다. 오히려 그 반대일 경우가 대부분인데 말이다. 그래서 돈을 벌겠다는 꿈보다 가장 성실한 투자자가 되는 꿈을 꾸기로 했다. 그게 훨씬 현명해 보였다. 돈을 벌겠다고 해서 돈이 벌릴지 안 벌릴지는 확률이 50 대 50이지만, 성실한 투자자가 되겠다고 노력한다면 성실한 투자자가 불성실한 투자자보다 돈을 더 벌 확률은 훨씬 크기 때문이다.

물론 성실하게 살아간다는 것이 말처럼 쉬운 것은 아니다. 하고 싶은 일과 해야 하는 일이 일치하지 않을 때 동기부여가 잘 되지 않으며 나태해지기 십상이다. 세상에는 내가 하고 싶은 일, 내가 해야 하는 일, 내가 잘하는 일이 있다. 해야 하는 일과 잘하는 일이 같은데 하고 싶은 일이 다르다면, 꿈을 잃은 재미없는 삶일 것이다. 하고 싶은 일과 잘하는 일은 같은데 해야 하는 일이 다르다면, 직업을 잘못 선택한 삶일 것이다. 하고 싶은 일과 해야 하는 일이 같은데 잘하는 일이 다르다면, 무능력한 삶이라서 고달파질 것이다.

특히 하고 싶은 일과 해야 하는 일이 같은데 잘하는 일이 다른 경우, 절박한 성실성으로 노력해야 한다. 주식투자에 대입해볼까? 주식투자자가 주식투자하는 것이 너무 재미있는데 수익이 나지 않는다고 생각해보자. 욕심과 노력의 관계를 생각하면서 수익에 욕심이 있다면 더 노력해야 하고, 노력하지 않는다면 수익에 욕심을 내지 말아야 한다. 왜냐하면 욕심과 노력, 두 가지는 같은 방향으로 움직이기 때문이다.

투자의 기본인 위험과 수익률이 정正의 관계로 움직이듯이, 욕심과 노력 역시 정正의 관계로 움직인다. 높은 수익률을 위해서 고위험을 감수해야 하듯이, 높은 욕심을 위해서는 노력을 감수해야 한다. 그러므로 우리는 둘 중 하나를 선택해야 한다. 욕심을 버리든지 노력을 하든지 말이다. 이 세상에 높은 수익률에 낮은 위험은 없듯, 노력하지 않고 욕심을 채울 수는 없다. 스스로 물어보자. 혹시 당신은 노력은 하지 않고 욕망만 그득한 욕심쟁이가 아닌가?

22장

주식투자자의 투자일지
늘 작성하고 작성하라

주식투자자의 투자일지 1_기록은 늘 중요하다

　많은 주식투자자들이 기록의 중요성을 인지하지 못하거나, 알더라도 실행하지 못하는 경우가 많다. 어쩌면 당연하다. 주식투자라는 것이 학교 또는 학원에서 선생님들에게 체계적으로 배우는 것이 아니기 때문이다. 다만 이것만은 알아뒀으면 한다. 기록의 중요성을 자각하거나 스스로 기록하거니 하는 것이 주식투자 수익률 향상에 도움이 된다는 깃을 말이다.

　만약 알면서도 주식투자자로서 기록하는 것을 실행하지 못한다면 주식투자자로서 자격미달이 아닌지 의심해봐야 한다. 자신의 주식투자도 기록하지 못하는데 종목분석, 마인드관리, 자금관리, 끊임없는 학습 등 그 어느 것도 실행에 옮기지 못했을 확률이 높다. 이는 결국 주식투자에 성공할 확률이 거의 없다는 뜻이기도 하다.

　주식투자 성공을 위해서 끊임없는 동기부여가 필요한 것처럼, 철저하고 자세한 기록이 필요하다. 써본 적도 없고 배워본 적도 없는 주식투자일지를 어떤 양식에 어떤 내용을 써야 할지 난감하겠지만, 의외로 쉽다. 일기를 생각하면 된다. 일기에 어떤 양식이나 형식, 내용 제한이 있는 것은 아니지 않은가? 마찬가지로 투자일지도 처음에는 일기를 쓰듯이 자유롭게 쓰는 것이 가장 좋다. 의무감으로 억지로 쓰기보다 쓰는 습관을 들이는 것이 중요하다. 어렵게 생각하지 말고 쉽게 생각하자.

이렇게 일기를 쓰듯 주식투자일지가 익숙해진 이후에는 조금씩 필요에 따라 세분화시키고 구체적으로 작성하면 좋다. 단기매매는 장전, 장중, 장마감 이후에 각각 분석하는 내용들을 간단히 정리하며 기록하는 것이 중요하다. 중장기투자는 관심종목을 분석하고 매매종목의 성과를 측정하는 것이 중요하다. 수익률분석일지는 모든 주식투자자들에게 중요하다.

수식투자자의 투자일지 2_단기매매

단기매매자들은 매일 투자일지를 작성해야 한다. 부지런하고 노련한 투자자라면 장전, 장중, 장마감, 3번의 투자일지를 작성하고 있을 것이다. 이미 하루 3번 투자일지를 쓰는 투자자라면 단기매매에서 절대 지지 않는 실력이 있을 것이다. 반대로 단 한 번도 투자일지도 쓰지 않은 투자자는 단기매매가 아닌 중장기투자를 하는 투자자라고 생각한다.

먼저 장전투자일지는 아침 장 시작 전 단기매매를 위해 준비하고 분석하는 내용들을 자신만의 언어로 간단하게 요약해보는 것이 매우 중요하다. 특히 초보투자자들에게 가장 큰 훈련이 되고 학습이 되는 것은 증권사데일리를 정독하고 정리해보는 것과 HTS상에서 꼭 체크해야 하는 해외지수나 예상체결가 조회 등을 정리해보는 것이다.

증권사데일리는 여러 가지 측면에서 중요한 정보이다. 투자자가 얻을 수 있는 다양한 루트의 정보 중 가장 높은 질로 작성된 정보이며, 동시에 가장 영향력이 있는 정보이기 때문이다. 해외증시 동향이나 국내산업 동향, 기관과 외국인 등의 매매동향 등 일반적인 개인투자자 수준을 뛰어넘는 정보를 요약작성하여 매일 제시하기 때문에 가급적 여러 곳의 증권사 데일리리포트를 읽어 보는 것이 좋다. 물론 처음에는 한두 증권사의 것만 읽기에도 아침 시간이 빠듯할 것이다. 하지만 익숙해지면 여러 개의 증권사리포트를 읽을 수 있게 된다.

단기매매시 증권사 추천종목을 잘 이용하여 매매종목으로 활용하는 경우도 있는데, 이는 시기에 따라 다른 결과가 나온다. 주식투자의 어떤 방법도 영원히 절대적으로 우월한 방법은 없다. 그런 측면에서 여러 방법을 익히고, 각각의 방법들이 지금 시기에 맞는 방법인지 안 맞는 방법인지 체크하는 것이 매우 중요하다.

증권사 추천종목을 잘 관찰할 필요가 있는 이유는 다음과 같다. 단기매매는 미인주 선발대회이고, 당일 미인주 선발대회 결과는 그날의 상승종목으로 나타난다. 그렇다면 그날의 상승종목을 미리 예측하는 방법은 없을까? 수급의 논리로 생각해보자. 사고자 하는 사람이 많고 팔고자 하는 사람이 적으면, 그 종목의 주가는 상승으로 나타날 것이다. 그렇다면 사고자 하는 사람은 어떤 근거로 특정종목을 사고자 할까? 아마도 기본적 분석과 기술적 분석, 그리고 재료분석을 포함한 자신만의 종목분석으로 매수종목을 선정할 것이다.

그런데 과연 모든 투자자들이 합리적이고 객관적인 자세로 연구분석을 해서 매수종목을 결정할까? 필자 생각에는 전체 투자인구 중 소수의 투자자가 스스로 생각하고 연구해서 매수종목을 결정하고, 다수의 투자자들은 여러 경로를 통한 추천종목을 이용한다. 경제방송의 추천종목, 증권회사의 데일리 추천종목, 사이버 애널리스트들의 추천종목 등 매일매일 쏟아지는 추천종목이 수백 개에 달한다. 다수의 투자자들은 이러한 추천종목들 중 입맛에 맞는 하나를 고를 것이다. 이렇게 추천종목 중 증권회사 데일리 추천종목을 매일 체크해야 하는 이유는 정보의 공개성 때문이다. 그래서 다수의 투자자가 읽고, 나아가 경제 관련 뉴스로 기사화될 가능성도 높다. 그래서 여타 추천종목보다 증권사데일리에서 언급한 추천종목이 훨씬 파급력이 높다고 추론할 수 있다.

실제로 필자는 증권사 추천종목 시후권리를 지속적으로 해봤다. 그 결과 일정 시기에는 시장지수의 상승률보다 더 큰 상승률을 지속적으로 보였음을 데이터로 확인했다. 따라서 스스로 종목선정이 힘겨운 초보투자자는 다른 통로를 통한 추천종목을 접하기보다 증권사 추천종목을 접할 것을 권한다. 종목선정 방법을 공부하는 것도 종목선정 훈련의 하나이며, 단순히 읽기보다 투자일지를 작성하며 종목들을 정리하다 보면 어느 순간 종목분석 노하우가 자라나고 있음을 발견할 수 있을 것이다.

증권사데일리 정독과 함께 반드시 필요한 장전분석은 HTS의 각종 메뉴를 검색해보고 분석하는 것이다. 해외증시, 특히 미국의 마감지수를 확인하고 8시 10분부터 제공되는 예상체결가를 조회하며 아침에 나오는 재료를 분석하여 장전 매매관심종목을 선정해야 한다. 특히 장전 예상체결가 상위종목들의 아침에 나온 재료를 분석하는 훈련을 매일 하다 보면, "일찍 일어나는 새가 벌레를 잡아먹는다"라는 말을 실감할 수 있을 것이다. 다만 굉장히 빠른 정보검색과 판단력이 요구되는 기법이므로 장전 투자일지는 간단히 작성해야 한다.

단기매매를 주로 하는 투자자라면 장전과 마찬가지로 장중에는 투자일지를 쓸 시간이 많이 부족할 것이다. 그러므로 장중투자일지는 간략하게 작성하여 매매에 방해가 되지 않도록 해야 한다. 단기매매시 장중 중요 체크포인트는 상승률상위, 하락률상위, 거래대금상위, 외국인·기관 순매수상위 종목들과 시가총액 상위그룹, 그리고 장중에 속보로 나오는 뉴스재료 및 공시사항 확인 등이다.

장전투자일지와 장중투자일지보다 중요한 것은 역시 장마감투자일지이다. 특히 장마감 후에 상승률상위 종목분석을 하는 것이 가장 중요한 일이다. 과거에는 상한가종목분석이 매우 중요했지만, 상한가가 30%로 확대 시행된 이후로 큰 의미가 없다. 뿐만 아니라 개인투자 비중이 과거에 비해 줄었고, 특히 단기매매 비중이 굉장히 줄었다. 또한 시장 감시체계가 심해져서 상한가종목, 테마주종목 등에 대해서 강한 매수주문이 들어올 확률이 과거에 비해서 낮아졌다. 이러한 이유로 과거에 비해 연속상한가는커녕 당일 하루 상한가종목도 2~3종목 정도 밖에 나오지 않기 때문에 상한가종목분석은 이제 큰 의미가 없다.

다만 같은 논리로 상한가종목의 범위를 조금 확대하여 상승률상위 10

종목 또는 20종목 등 개인적으로 가능한 투입시간을 고려하여 일정한 종목을 매일 조사분석하는 방법은 여전히 매우 유용하다. 필자도 상승률 순위 종목분석은 매일 30종목을 하고 있다. 종목분석은 주로 재료분석을 통해 상승의 이유를 찾는 것이다. 이러한 상승률상위 종목분석이 익숙해지면 주가상승에 영향을 미치는 재료 파악이 가능해진다.

종목분석 다음으로 중요한 것이 지수분석이다. 특히 시기에 따라서 지수가 좁은 박스권에서 움직일 때는 종목분석이 중요하지만, 지수가 박스권의 저점이나 고점에 머무르면서 직전저점을 갱신하여 폭락하거나 직전고점을 갱신하여 폭등할 가능성이 있는 시기에는 지수분석이 매우 중요하다. 시장의 급락이나 급등시기에는 종목이 전체적으로 함께 움직이는 경향이 있기 때문이다. 이것이 선물옵션 등 파생투자를 전문으로 하는 파생투자자 뿐만 아니라 주식투자자들도 매일 지수를 분석하고 일지를 작성해야 하는 이유이다.

특히 거래소지수와 코스닥지수를 비교 검토하여 매매동향과 차트의 움직임을 파악함으로써 상대적 강도를 알아내야 하고, 미국지수를 포함한 해외증시와 비교검토하여 우리나라 지수의 상대적 강도를 알아내야 한다. 파생투자자들은 방향성만을 예측하는 것에서 한걸음 나아가서 여러 가지 방법을 이용하여 지수변동성을 전문적으로 체크해야 한다. 이런 과정을 통해 현재의 위치가 단기적으로 또는 장기적으로 상승추세구간, 하락추세구간, 비추세구간 중 어디인지 체크해야 한다. 결국 지수의 움직임을 예측할 때는 방향성분석을 통해 추세와 비추세, 상승과 하락을 먼저 판단한 후에 변동성분석을 통해 확대와 축소를 판단하는 과정을 거치게 되며, 이러한 분석은 파생투자자에게는 필수적인 과정이라 할 수 있다.

장마감 후 분석 중에 종목과 지수 분석의 교집합적인 성격의 분석을 생각해보면, 코스피200종목 분석이 있다. 시가총액 상위기업이 다수 포함된 코스피200종목은 선물과 옵션의 기초상품인 코스피200을 구성하는 종목이다. 그러므로 이들 종목에 대한 분석은 시가총액 상위 개별기업의 분석 측면과 동시에 지수의 움직임을 예측하는 측면이 있다. 투자 초기에 장마감 후에 잘 때까지 하루 종일 주식분석만 하던 때에는 코스피200종목을 모두 검토하기도 했다. 하지만 정말 시간이 많이 걸리는 작업이다. 초보투자자들에게는 코스피200종목 중 상승률 1위 종목과 하락률 1위 종목을 매일 검토분석하고 투자일지를 작성하는 작업을 권하고 싶다.

상승장에서는 코스피200종목에 해당되는 지수 관련 대형주 중에 지수상승률을 초과하는 선도주를 포착해서 중장기투자를 하는 것이 가장 이상적인 투자전략이 되는 경우가 많다. 이는 평소에 코스피200종목을 검토분석하는 투자자에게만 기회가 온다. 그렇지 않은 경우 하락장이나 조정장에 익숙해 소형주 매매에 길들여져 있어서, 대형주로의 매매종목 전환이 쉽지 않다. 이런 단점을 보완하기 위해서도 코스피200종목에 관심을 갖는 것은 매우 중요하다.

장마감 분석 중 또 하나 빠질 수 없는 것이 외국인·기관 매매동향이다. 시장 전체 관점의 매매동향도 중요하지만 외국인 순매수 상위사와 기관 순매수 상위사에 대해 체크할 필요가 있다. 다만 최근에는 과거와 달리 순매수의 연속성이 보장되지 않는 경우가 많으므로 순매수 금액과 함께 연속순매수의 일수도 중요한 체크포인트 중 하나이다.

마지막으로 데이트레이딩 위주의 초단기매매를 하는 경우에는 거래량상위 또는 거래대금상위 종목분석도 중요하다. 가장 큰 이유는 초단기매매에서 호가공백이 없는 것이 중요하기 때문이다. 호가공백 없이 매수잔량과 매도잔량이 촘촘히 채워져 있어야 초단기매매가 가능하다. 이런 관점에서 당일 또는 최근의 거래대금 급증종목의 검토가 필요한 것이다.

요약하자면 중장기투자는 매일 투자일지를 쓸 필요가 없지만 단기매매는 반드시 매일 투자일지를 작성해야 한다. 장전 또는 장중 투자일지는 매매에 방해되지 않는 선에서 간략하게 작성한다. 장마감 투자일지는 우리나라 최고의 데일리리포트를 작성하는 심정으로 다양한 각도로 작성하는 습관을 들여야 한다.

주식투자자의 투자일지 3_관심종목분석

지켜보던 종목이 매수 관심종목 대상이 되면 분석을 해야 한다. 분석의 결과로 매매여부가 결정되기 때문에 과정과 결과를 꼼꼼히 기록해 놓는 것이 종목분석 실력향상에 큰 도움이 된다. 또한 관심종목 대상이어서 분석을 하고 매수를 유보하기로 결정했는데, 차후에 그 종목의 주가가 상승하는 경우가 있다. 이때는 피드백을 해서 어떤 부분을 놓쳤는지 체크해보는 것이 매우 중요하다. 수험생들의 오답노트와 같은 논리이다.

관심종목분석을 투자일지에 쓰는 것에 특별한 양식은 없다. 자기 자신만의 분석을 이용하여 꼼꼼히 체크한 내용들과 그 결과를 정확하게 기록하면 된다. 필자는 관심종목분석에는 언제나 삼박자 분석법을 이용한다. 즉 재무제표 분석, 차트분석, 재료분석, 3가지 분석내용을 기록하고 그 종합점수를 합산하여 매수여부를 결정짓는다는 내용을 기록한다. 이러한 과정을 통해 나만의 분석기법이 발전하고, 나만의 투자일지가 작성되며, 나의 계좌수익률이 향상되는 것이다. 의심의 여지가 없다.

시험에서 고득점을 맞고 합격하기 위해 시험에 나오는 한 문제를 아느냐 모르느냐는 중요한 게 아니다. 고득점에 대한 동기부여를 갖고 효율적인 공부방법과 시험기술을 익히는 것이 중요하다. 주식투자자들 중에는 마치 고3 수험생이 수능에 나오는 한 문제를 미리 알아내고 싶어 하듯 기타 경로를 통한 관심종목이나 추천종목만 찾아보는 경향이 투자자들이 있다. 소용 없는 짓이다. 누군가의 관심종목을 볼 때는 되도록 해당 종목의 매수를 목적으로 하지 말기를 권한다. 대신 그 종목의 발굴기법과 분석기법에 대한 힌트를 얻어야 한다. 그것을 자신만의 것으로 만들어야 한다. 그러한 관점과 자세가 필요하다.

관심종목분석 투자일지를 작성할 때 가장 중요한 것은 최초 관심종목이 된 이유를 자세히 기술하는 것이다. 예를 들면 HTS 조건검색 중 차트 관련 사항을 넣고 돌려서 찾은 종목이라든지, 조건검색 중 재무제표 관련 사항을 넣고 돌려서 찾은 종목이라든지, 아니면 일일 또는 주간 상승률 TOP 30종목을 분석하다가 포착된 종목이라든지, 생활 속 종목발굴법으로 발굴한 종목이라든지, 아니면 증권사 추천종목이라든지, 어쨌든 최초에 관심을 갖게 된 이유를 자세히 적어놓아야 한다.

이렇게 하면 한 달 후 또는 6개월 후 또는 1년 후에 보면 어떤 방법으로 포착한 관심종목의 주가상승률이 좋았는지 추적조사를 할 수 있다. 또한 이러한 추적조사를 통해 최근 가장 수익률이 좋은 종목선정의 방법을 찾을 수 있기 때문이다. 다시 한 번 강조하지만 심리가 개입되는 매도보다 매수종목 선정이 훨씬 중요한 작업이다. 매수종목 선정을 위한 관심종목 포착을 하려면 자신만의 여러 가지 노하우를 가지고 있어야 한다.

관심종목분석으로 매매여부가 결정되어 매매를 하게 되면 매매종목으로서 투자일지를 기록해야 한다. 매매종목 기록에 중요한 것은 매수시에는 분할매수 여부와 평균매수 단가, 보유시에는 매수판단의 이유에 대한 변동여부와 보유기간 동안의 새로운 재료, 그에 따른 심리변화, 매도시에는 분할매도 여부와 평균매도 단가 등이 있다. 이 중에 가장 중요한 것은 매수시나 매도시보다 보유시의 기록이다. 특히 보유기간 동안 공시나 뉴스재료 등 보유종목의 새로운 정보가 나오는지 매일 체크하고, 그 정보가 기업가치에 영향을 미치는지, 또는 가격의 움직임에 영향을 미치는 중요한 정보인지 파악하고 대응전략을 꾸려야 한다.

주식투자자의 투자일지 4_수익률분석

투자규모나 매매행태 등에 따라 수익률분석 기간은 달라져야 한다. 월간수익률은 매달 분석하는 것이 좋고, 일간 또는 주간 수익률 등 분석의 기간이 짧을수록 더 긍정적인 효과가 있다. 주식투자의 기본목적이 수익창출임을 생각하면, 수익률분석을 왜 해야 하는지를 알 수 있다.

수익률분석시 2가지가 가장 중요하다. 첫째, 지수상승률과의 비교이다. 파생투자자가 아닌 주식투자자라면 결국 비교대상 기준이 되는 것이 지수상승률이다. 예를 들면 월간 지수상승률이 3%라면 나의 월간수익률이 3%가 기준이 되어 3% 이상이면 시장대비 초과수익을 얻은 것이다. 그 이하라면 시장대비 초과손실을 얻은 것이다. 역시 같은 논리로 지수가 하락한 한 달을 겪었다면 하락률보다 낮은 손실만 보았다 하더라도 그 기간은 시장대비 초과수익을 얻었다고 할 수 있다.

이러한 지수상승률 비교는 특히 상승장에 반드시 필요하다. 지수가 폭등하는 물 반, 고기 반 장세에서 내가 잘나서 수익이 나는 것이 아닌 시장이 좋아서 수익이 나는 것을 수치로서 정확히 인식할 수 있다. 이런 인식은 겸손한 투자자로서 자세형성에 도움이 되고, 종목분석도 중요하지만 지수분석도 중요하다는 논리형성에도 도움이 될 것이다.

둘째, 목표수익률과의 비교이다. 예를 들면 목표수익률이 월간 기준 시장변동 대비 +2% 초과 수익률로 정해져 있다면, 그것을 달성했는지 실제수익률과 비교해보는 것이다. 이러한 목표수익률과의 비교를 통해서 동기간 동안 매매에 대한 집중도와 성실도를 파악할 수 있고, 반성의 기회로 삼을 수도 있다. 나아가 수개월 연속으로 목표수익률 달성에 실패할 경우 기존의 투자스타일이 잘못되었거나, 수익을 주던 매매기법이 더 이상 초과수익을 주지 못한다는 신호일 수 있다. 이때는 투자스타일을 변경하거나 새로운 매매기법 개발에 나서야 한다.

22장에서 제시하는 투자일지 방법론은 필자만의 투자일지이다. 이것이 정석도 아니고, 누구에게나 맞는 방법이 아닐 수도 있다. 다만 이 장에서 설명한 투자일지를 참고해 자신에게 가장 적합한 투자일지를 개발하고 성실히 작성하기를 바랄 뿐이다. 혹은 강제성이 없는 투자일지 작성이 조금이라도 게을러지면, 동기부여의 재료로 활용되기를 기대해 본다.

23장

주식투자자의 즐거움
주식투자를 즐기는
다양한 방법

주식투자자의 즐거움 1_인생이 주식투자

"주식투자일지를 통해서 얻고자 하는 것은 매일 연구하는 성실성을 유지하는 것과 아무도 믿을 수 없는 정글에서 스스로의 판단을 보조할 수 있는 다양한 정보수집이다. 주식시장은 장기적으로 우상향한다는 것과 다른 어떤 재테크보다 매력적인 수단이라는 것은 변할 수 없는 진리임을 믿자."

블로그 활동을 처음 시작했을 때 인사글에 올려놨던 글이다. 그때나 지금이나 주식시장은 장기적으로 우상향한다는 것과 다른 어떤 재테크보다 매력적인 수단이라는 것은 변할 수 없는 진리라고 믿고 있다. 그런 연유로 필자는 주식시장을 떠나야 한다는 생각을 한 번도 한 적이 없다. 물론 큰 스트레스로 단기간에 휴식을 취하고 싶다는 생각은 해본 적이 있지만 말이다.

주식시장에서 20년을 살아왔고 또 앞으로 그 이상 살아가야 하는 게 필자의 운명이라고 받아들이고 있으니 인생이 주식투자라고 할만하다.

살아남는 자가 성공하는 자라고 하는데 살아남는다는 건 결국 살아간다는 의미가 아닐까? 인생이란 죽기 전까지의 삶인데 죽기 전까지 우리 모두는 살아남았고 살아가고 있을 테니, 이런 의미로 접근한다면 인생을 살아가고 있는 우리 모두는 승리자이다. 인생을 주식투자에 던졌으니, 나는 주식투자의 승리자 나아가 주식시장의 승리자이다.

주식시장에서 "잘하고 있어"는 "잘 버티고 있어"라는 말과 같은 의미라는 생각을 요즘 들어 한다. 예전에 못 느꼈던 것을 새롭게 느끼는 것을 보니 최근 수년간 지긋지긋하게 이어졌던 횡보장에 그만큼 지친건지, 아님 맘이 약해진건지, 그것도 아니면 세월이 약이 되어 조금 지혜로워진건지 모르겠다. 하지만 수익이 나지 않는다고 힘들어하지 말자. 주식시장은 궁극적으로 우상향한다는 것은 변할 수 없는 진리이다. 결국 시장은 크게 내렸다가 올라가던, 버티다가 올라가던, 어차피 올라가게 되어 있다. 시간은 우리 편이고 우리는 무너지지 않고 잘 버티고 있으면 된다.

주식시장에서 20년 이상을 살아오면서 IMF와 우리나라의 정치적 격동, 미국발 금융위기 등 굵직한 사건들을 보내왔다. 제도적으로는 상하한가 확대, 오전장과 오후장 사이의 점심시간이 없어지고, 거래시간이 30분 늘어나는 변화를 겪어오고 있다. 사실 이보다 더 중요한 진짜 변화는 인공지능 시대가 다가오면서 생긴 큰 변화이다. 컴퓨터 시대에서 시스템트레이딩이 인간의 트레이딩과 한판 승부를 벌였었는데, 이제 로보어드바이저가 인간과 한판 승부를 벌이는 시대가 왔다. 즉 제도의 변화에 적응해야 하며, 시스템트레이딩과 로보어드바이저 같은 고가의 중장비로 무장한 보이지 않는 적과 싸워야 하는 시대이다.

주식투자자의 즐거움 2_건강과 주식투자

필자 집안은 뇌질환이 가족력이어서 이 질병으로 쓰러진 분들이 많다. 이 사실을 알고 나서 뇌질환에 대한 막연한 두려움이 있었다. 그래서 30대부터 종합병원에서 뇌검사를 포함한 종합검진을 받았다. 처음에는 정말 건강하고 그 흔한 대장 용종하나 없이 누구나 있다는 위염이나 지방간 주의판정 정도만 받았었다. 하지만 오늘 건강한 것이 내일 건강한 것을 보장하는 것이 아니라는 평범한 진리를 깨닫게 되었다. 초기 대장암 판정을 받은 것이다. 다행히 초기여서 간단한 수술을 했고 1주일 정도 입원을 했다. 병실에서 혼자 많은 생각을 했다. 간병인도 보호자도 없이 혼자 1주일 있으니 생각할 시간이 정말 많았다. 인생, 건강, 꿈, 이런저런 것들에 대한 생각을 하면서 삶에 대한 태도나 자세들이 이때 이후로 많이 변하게 되었다.

퇴원 후 거의 1년 동안 의사가 먹지 말라는 것은 절대 먹지 않았다. 그야말로 물만 마셨고, 좋아하는 와인은 물론 술, 커피, 쥬스, 탄산음료 등 물 이외의 액체는 절대 마시지 않았다. 고기 종류는 삶은 고기만 먹었고, 그것도 아주 가끔 먹었다. 고기가 너무 먹고 싶을 때는 수육이나 삼계탕 정도가 유일한 해소책이었다. 채소는 당연히 많이 먹는 것이 좋다고 하여 최대한 섭취하려고 했다. 또한 고추가루, 간장, 소금은 최소한으로 들어간 저염식만 먹었다. 가장 중요했던 것은 밥을 포함한 모든 식단의 양을 전보다 2/3 정도로 줄였었다. 소식이 건강에 좋다는 말을 지키려고 노력했다. 운동은 하루 평균 3시간 이상 했다. 술을 안 마시면 시간은 참 많이 남는다는 것을 그때 처음 알게 되었다. 또한 몸에 좋지 않은 음식을 먹지 않으니 몸도 가벼워져서 운동효과도 더 좋아지는 것을 느끼게 되었다.

어쨌든 암진단을 한 번 받고 나면 완치가 되어도 6개월에 한 번씩 추적조사를 받아야 한다. 좀 괜찮아졌다 싶으면 1년에 한 번을 받게 된다. 보통 재발기간을 5년 이내로 잡기 때문에 5년 동안 조사를 받으며 조심해야 한다. 중증질환등록을 통해서 암환자 등록이 되면 5년 동안 병원비 절감혜택을 받고, 5년 동안 재발이 되지 않으면 등록말소가 되는데 다행히 5년이 지난 후 졸업을 할 수 있었다.

이런 과정을 통해 인생에 대해서, 그리고 건강에 대해서 많은 것을 경험하고 생각하는 시간을 가질 수 있었다. 더불어 이하이 발전과 의학장비의 발전도 직접 체감할 수 있었다. 우리나라 평균수명이 80이 넘은 지 오래이며, 이제 100시대가 다가오고 있음을 느낄 수 있었다. 사전 건강검진의 발달과 사후 치료의 발달, 그리고 평균수명의 연장은 선순환하며 의학과 의료기술의 발전으로 이어진다. 그렇다면 의료비가 가장 많이 드는 시기는 언제일까? 평균수명을 80세로 가정했을 때 1~20세, 20~40세, 40~60세, 60~80세로 20년씩 4구간으로 나누어 본다면 당연히 60~80세인 노년시기일 것이다.

평균수명이 늘어난다는 이야기는 무슨 뜻일까? 바로 개인당 지불하는 의료비가 기하급수적으로 늘어난다는 말이다. 의료비가 늘어난다는 이야기는 다시 제약바이오산업의 발전을 가져온다는 뜻이고, 제약바이오산업의 발전은 평균수명을 보다 늘어나게 하고, 이는 다시 의료비가 늘어나는 것에 영향을 미친다. 이러한 연결고리를 생각해본다면 제약바이오주가 왜 현 시대 최고의 성장산업이고, 왜 주식투자자들이 반드시 주목해야 하는지 알 수 있을 것이다.

제약바이오주에 대한 분석과 투자자들의 시각은 극과 극인 경우가 많다. 거품이다 아니다, 더 간다 못 간다 등 말이 많다. 당연한 말이지만 투자판단은 언제나 각자의 몫이다. 다만 제약바이오산업의 개별종목 중에는 분명히 거품주도 있고, 거품이 꺼지면서 시세가 폭락하는 종목이 있을 수도 있지만, 여타 어느 산업보다 성장산업이라는 점을 기억해야 한다. 진시황이 불로장생을 꿈꾸며 불로초를 찾았듯이, 현대인들도 아프지 않고 오래 살기를 바란다. 인간이라면 누구에게나 해당되는 희망사항이다.

현대인들이 건강한 삶을 영위하기 위하여 종합검진을 받듯, 계좌의 건강을 위해 종합검진을 받는다면 계좌의 평균수명이 늘어날까? 필자도 계좌 종합검진이라는 게 있다면 받고 싶지만, 안타깝게도 그런 기관은 없다. 스스로 검진을 하는 수밖에 없다. 건강을 위해 질병 자가진단법을 이용하듯, 계좌가 현재 건강하게 운영되는지 스스로 반드시 진단해보는 것이 중요하다. 그렇다면 어떻게 진단하는 것이 좋을까?

Q1. 과거 병력이 있는가?

과거에 깡통이 난적이 있거나 상장폐지 또는 1/5 토막 이상 난 종목을 보유한 적이 있다면, 과거에 중증을 앓은 경험이 있는 것이다. 그러면 늘 계좌 건강에 신경을 써야 한다. 중증이 재발하지 않도록 말이다.

Q2. 현재 고도비만인가?

모든 질병의 원인 중 하나가 고도비만이듯, 계좌 건강에도 고도비만이 큰 병이 될 수 있다. 계좌가 현금 없이 주식으로 꽉꽉 채워져 뚱뚱해진 것은 아닌지 점검해봐야 한다. 음식을 조절하여 체중을 관리하듯, 적절하게 현금비중을 조절하는 능력이 필요하다.

Q3. 적절한 영양소를 공급하고 있는가?

음식을 섭취할 때 특정 영양소만 먹는 습관이 있는 것은 건강에 굉장히 좋지 않다. 마찬가지로 계좌에 특정업종의 종목만 보유하고 있는 것은 포트폴리오 분산효과에 굉장히 좋지 않다. 포트폴리오 구성에 업종분산이 적절히 이루어져야 계좌가 건강하게 유지될 수 있다.

Q4. 운동을 지속적으로 하는가?

육체의 건강을 위해서 운동이 필요하듯이, 계좌의 건강을 위해서 주식 관련 연구와 공부가 지속되어야 한다. 운동하듯이 말이다. 감나무 밑에서 감 떨어지기만 기다리는 투자자가 의외로 많다. 하지만 감나무 밑에서 감이 떨어지는 경우는 평생 한 번 있을까 말까 하는 경험이다. 감나무를 키우고 가꾸어 감을 따는 쪽으로 습관을 바꾸어야 한다.

주식투자자의 즐거움 3_취미와 주식투자

어렸을 때 하고 싶은 것을 맘대로 할 정도의 형편이 아니었기에 주변의 여유 있는 집안의 친구들이 여러 가지 학원을 다니는 것을 부러워했다. 특히 취미를 가르치는 학원에 다니는 것을 많이 부러워했다. 성인이 된 지금은 그런 것이 자격지심으로 남은 건지, 스스로 돈을 벌게 되면서 의식적으로 많은 취미를 가지려고 한다. 그런데 취미가 많은 만큼 한 가지 취미를 오래 유지 못한다는 단점이 있다.

태어나서 가장 오랫동안 재미를 느끼는 분야가 주식투자이다. 주식투자에 워낙 집중하고 재미를 느껴서인지 오래가는 스타일이 아닌데도 지금까지 하고 있다. 보통 한 가지 분야에 입문하면 평균 1년 정도 집중해서 빠지고 흥미를 잃어버리는데 주식은 아니었다. 아마도 필자가 추구하는 스타일이 스페셜리스트보다는 멀티플레이어라서 그런 것은 아닐까 싶다. 주식 다음으로 가장 오랫동안 열의를 갖고 한 취미는 와인이다. 동네 와인학원 초급반부터 시작한 와인 공부를 대학원 석사과정까지 진학해서 계속 했으니 말이다.

처음에 와인에 매력을 느꼈던 포인트는 와인의 다양성과 투자대상으로의 가능성 때문이었다. 실제로도 로마네 꽁띠나 보르도 5대 샤토 등에 투자하는 와인펀드가 있다. 대표적인 와인 생산국가인 프랑스에는 보르도와 부르고뉴라는 양대 와인산지가 있다. 두 산지는 와인의 주 품종이 다를 뿐만 아니라 와인병도 다를 정도로 구분된다. 보르도 최고급 와인 5종을 5대 샤토라고 한다면, 부르고뉴는 로마네 꽁띠를 최고의 와인이자 세계 최고 와인이라고 한다.

물론 여기서 최고란 주관적인 가치가 아닌 객관적인 가격으로 봐서 그렇다는 뜻이다. 주식의 가치와 가격이 다르듯이 와인도 역시 가치와 가격은 다르다. 와인의 가치를 주관적으로 제각각 다르게 평가한다 해도, 그것들을 객관화시키는 지표가 바로 가격이라는 것은 부인할 수 없다. 이렇게 와인애호가이자 주식투자자로서 와인과 주식을 비교해보는 것도 참 재미있는 일이다.

와인 정도는 아니지만 건강을 위해 많은 운동을 취미 삼아 배웠다. 수영, 탁구, 볼링, 복싱, 웨이크보드, 스노보드, 아이스하키, 테니스, 골프 등 다양하다. 특별히 한 가지를 특기로 내세울 만큼의 실력은 아니지만, 꾸준한 레슨과 연습을 통해 즐길 수 있는 정도의 실력은 되었다. 운동 중 그나마 개인적인 욕심을 냈던 종목은 볼링이었다. 1년 이상 꾸준히 연습했더니 기록이 점점 갱신되어 270대까지 점수가 나오곤 했다. 레슨을 해주던 볼링 국가대표 출신 선생님에게 프로테스트를 하면 어떻겠냐고 물어봤다. 그랬더니 선생님 대답이 매일 2시간씩 연습해도 쉽지 않으며 연습량을 2배 이상 늘려야 한다는 것이었다. 그 말을 듣고 프로볼러 테스트 도전의 꿈은 접었다.

이렇게 아마추어가 프로의 꿈을 꾸려면 굉장한 노력과 도전정신이 필요하다는 것을 배웠다. 주식 또한 마찬가지다. 아마추어 실력으로 운이 좋아 수익이 나면 프로가 된 거 마냥 자만하게 되는데, 운동과 마찬가지로 주식 또한 아마추어와 프로의 실력은 천지차이이다. 프로투자자가 되고 싶다면 지금 주식투자 연구시간보다 2배 아니 3배를 더 노력해야 한다. 그리고 강인한 도전정신으로 쉼 없이 밀어부쳐야 한다.

실력은 미천하지만 정말 재미를 느꼈던 종목은 스노보드와 아이스하키다. 두 종목 모두 위험한 스포츠라고 알려져 있는데, 주식에서 고위험 고수익이라는 말이 있듯 스포츠도 고위험 고재미인 것 같다. 사실 웨이크보드, 스노보드, 스키, 아이스하키 등 스피드가 있는 종목들이 조금 위험하기도 하지만, 그 위험을 잘 인지하고 보호장구로 미리 준비하면 여타 스포츠보다 훨씬 큰 재미를 만끽할 수 있다. 주식에서 위험을 감수하면 간혹 큰 수익이 따라오는 것처럼 말이다. 단 보호장구로 안전을 챙기듯 주식에서도 고위험 투자는 투자금액 제한이나 손절매라인 설정 등을 준비해놔야 한다. 위험을 높이고 수익을 높이기는 쉽지만, 위험을 낮추면서 수익을 높이는 것은 매우 어렵기 때문이다. 주식시장에서 성공하는 법은 한마디로, 위험을 줄이고 수익을 높이는 자기만의 방법을 찾는 것이라 할 수 있다.

하나의 차트를 확실히 배워두면 다른 차트를 쉽게 배울 수 있듯, 운동도 비슷하다. 특히 스노보드와 웨이크보드는 그런 관계다. 스노보드를 배운 사람은 웨이크보드를 쉽게 배울 수 있고, 그 반대도 마찬가지다. 그런데 가끔 보면 스노보드만 타는 사람과 웨이크보드만 타는 사람 간에 설전이 벌어지는 경우가 있다. 어느 보드가 더 재미있는지, 어느 보드가 더 위험한지 의견이 분분하다. 물론 팔은 안으로 굽는다고 자기가 탈 줄 아는 보드가 더 재미있고 더 안전하다고 믿는다. 이런 걸 보면 마치 주식투자자들 중에 가치투자분석만 할 줄 아는 투자자와 차트분석만 할 줄 아는 투자자가 서로 자신의 분석기법이 유일한 주식투자 성공 방법인양

떠들어대는 것과 흡사하다.

투자세계의 상위 0.1% 투자자들은 어제도 오늘도 내일도 어느 투자대상에 어느 투자기법이 잘 어울리는지 배우고 또 배운다. 이런 마당에 주식시장에는 장님 코끼리 만지듯 우연히 한 번 맞은 걸로 자신의 투자전략이 최고이고, 다른 사람의 투자전략은 절대 아니라는 식으로 억지 부리는 투자자들이 생각보다 많다. 본인 스스로만 그러면 상관없는데, 심하면 주변 투자자들을 설득시키고 다니니 그 이유가 궁금할 뿐이다. 수년 전부터 돈을 긁어모았던 HTF도 모자라서, 수십억짜리 기계와 수백억의 연봉을 받는 개발자들로 무장한 헤지펀드의 시대를 살고 있는 주식투자자로서 늘 열린 마음이 필요하다고 생각한다.

물론 모든 것을 다 알 필요는 없으며, 다 할줄 알아야 할 필요는 더더욱 없다. 스노보드가 좋으면 스노보드를 즐기고, 웨이크보드가 좋으면 웨이크보드를 즐기면 될 뿐이다. 가보지 않은 길, 모르는 길을 모른다고 인정하지 않고 그쪽은 길이 없다고 단정 지을 필요는 없다. 내가 아는 것 또는 내가 해본 것만이 전부이고, 최고라는 생각은 버리자. 다양성의 세계, 융합의 세계에서 살아남기 위해서는 여러 가지 투자대상, 여러 가지 투자전략에 대한 관심을 게을리하지 않아야 한다.

주식투자자의 즐거움 4_앉으나 서나 주식생각

한글날을 기념하여 시가총액 상위종목부터 거래소와 코스닥 전 종목을 돌려본 적이 있다. 거래소에서 5종목, 코스닥에서 5종목 해서 TOP 10을 추릴 수 있었고, 그중에서 가장 맘에 드는 종목의 순위를 1위부터 3위까지 선정하였다. 흥미가 있다면 한번 해보기를 권한다. 이 순위는 개인의 취향에 따라 달라질 것이다. 거래소 5종목은 우리은행/한샘/오뚜기/하나투어/키움증권이고, 코스닥 5종목은 서울반도체/한글과컴퓨터/모두투어/한빛소프트/참좋은레저이다. 이 종목들이 한글날 특집으로 종목검색을 한 결과 최고 TOP 10 종목이었다.

무슨 기준으로 TOP 10을 골랐는지 궁금할 것이다. 만약 바로 기준이 떠올랐다면 단기매매에 매우 중요한 자질인 순발력이 있는 투자자임에 분명하다. 바로 한글날을 기념해 영어와 한자가 아닌 순우리말로만 된 종목을 찾은 것이다. 전체종목명으로는 워낙 찾기가 힘들어서 뒤에 업종을 나타내는 단어는 한자나 영어더라도 예외로 두었다. 어쨌든 '순한글'을 기준으로 찾은 종목들이다. 1위부터 3위는 다음과 같다.

1위 한글과컴퓨터 / 2위 오뚜기 / 3위 한빛소프트

기타 종목에는 순한글 같지만 아니었던 유사종목들도 있었다. 다음과 같다.

- 아모레 : 이탈리아어로 음악에서 애정을 가지고 사랑스럽게 연주하라는 뜻
- 영원무역 : 영원은 한자로 이루어진 단어

- 매일유업 : 매일은 한자로 이루어진 단어
- 아가방컴퍼니 : 아가는 순우리말이지만 방이 한자어라서 탈락

지금 뭐하는 거냐고 물을 지도 모르겠다. 직접적으로 수익에는 전혀 도움이 되지 않는 장난일지도 모른다. 말하고자 하는 바는 이렇다. 바로 주식투자를 대하는 태도이다. 주식투자를 억지로 하지 말고, 즐기면서 하자. "사랑하면 알게 되고 알게 되면 보이나니 그때 보이는 것은 전과 같지 않다"는 유명한 말은 예술작품이나 문화재를 볼 때만 해당되는 것은 아니다. 주식투자도 늘 애정 어린 관심을 갖고 세세한 것까지 생각하다 보면, 매우 강력한 무기가 되는 투자전략을 세울 핵심논리를 발견하곤 한다.

즐거운 주식투자를 하면 노랫말처럼 앉으나 서나 주식생각을 하게 된다. 즉 언제, 어디서나 주식생각을 하기 위해서는 즐기는 자세가 필요하다. 필자도 TV프로그램을 보다가 주식투자와 연관 짓기도 하고, 일상생활 속에서 주식투자기법을 생각하기도 하며, 주식시장의 여러 현상들을 경제학이나 재무관리 등 관련 학문과 연계시키기도 한다. 이 모든 행위들은 주식투자를 사랑하고 주식투자를 즐기며 매일, 매순간 주식투자를 생각하기에 가능한 것이다.

주식시장에서의 격언 중에 "대중이 가는 뒤안길에 꽃길이 있다" "밀짚모자는 겨울에 사라" 같은 말이 있다. 시장에서 이 격언과 맞아 떨어지는 상황들을 직접 경험하면서 생각이 났던 경제학의 이론인 거미집 이론을 설명해보겠다.

경제학의 가격이론 중 하나가 거미집 이론이다. 가격변동에 수요와 공급의 시간차이를 고려할 때 균형가격으로 어떤 식으로 이동하는지를 설명한 이론이다. 주로 농산물이나 부동산처럼 공급에 반영되는 시간이 걸리는 상품의 수요공급을 분석할 때 많이 사용된다. 학문적으로 그래프로 이해하는 것이 가장 정확하지만 경제학을 배우지 않았다면 이해가 쉽지 않다(그래프상으로 거미집과 같은 그림이 그려져 있어서 거미집이론이라고 함). 필자 나름대로 설명하면 다음과 같다.

본래 수요와 공급은 가격의 상승과 하락에 반응하며 수요량과 공급량이 일치하는 점에서 가격이 형성된다. 우리가 소비하거나 거래하는 모든 상품의 가격을 생각하면 된다. 즉 가격이 오르면 수요량이 줄어들고, 가격이 내리면 수요량이 늘어난다. 그리고 가격이 오르면 공급량이 늘어나고, 가격이 내리면 공급량이 줄어든다. 이것이 기본적인 현상이다. 그런데 농산물의 경우 가격이 올랐을 때 공급량이 바로 늘어나지 않고, 또한 반대로 가격이 내린다고 공급량이 바로 줄어들지 않는다. 공급량을 실시간으로 조절할 수 없는 상품의 특성 때문이다.

배추파동 같은 농산물 가격파동을 생각해보자. 어느 해에 배추값이 금값이었다고 가정해보자. 그다음 해 채소농사를 하는 농부들은 마늘, 파 등을 다 때려치고 올해는 배추농사에 올인해야겠다고 생각한다. 그래서 모든 농부들이 배추농사를 하게 된다. 그러면 어떻게 될까? 배추 공급량이 너무 많아져서 배추값은 금값에서 똥값으로 바뀌게 된다. 그다음 해는 어떻게 될까? 배추값이 똥값이니 채소농사를 짓는 농부들은 올해는 절대 배추농사를 짓지 않을거라고 다짐하며 마늘농사를 짓는다.

그러면 배추 공급량이 너무 적어져 배추값은 다시 금값이 된다.

왜 이럴까? 그 이유는 배추공급을 하는 농부들이 실시간으로 가격에 반응하지 못하고, 긴 시간에 걸쳐 반응할 수밖에 없기 때문이다. 또한 소비자들은 배추가격에 큰 영향 없이 배추를 적정량 소비한다. 소비자들은 배추값이 떨어졌다고 김치만 먹을 수도 없고, 배추값이 올랐다고 김치를 안 먹을 수도 없다. 그렇기 때문에 일정한 수요량에 가격에 따라 공급량이 극단적으로 변화하며 가격이 폭락과 폭등을 반복하는 것이다. 이러한 가격수렴 과정이 다른 일반상품과 다르게 나타나는 대표적인 상품들이 농산물과 부동산이다. 농산물과 부동산 모두 상품의 공급준비 기간이 길다는 공통점이 있기 때문에 공산품과 달리 농산물이나 부동산 등에서 가격의 폭등이나 폭락이 나오는 것이다.

그렇다면 주식시장에서는 거미집 이론을 어떻게 적용할 수 있을까?

예를 들어 신규상장주를 생각해보자. 시장이 상승장이고 자금이 넘쳐나는 경우 공모주들은 상장 후 높은 상승에 대한 기대감 때문에 높은 공모가를 형성하게 된다. 발행시장에서 높은 공모가를 형성한 후 상장하게 되면, 유통시장에서는 가격거품에 대한 부담 때문에 주가상승이 아닌 주가하락으로 반응하는 경우가 계속 나오게 된다. 그럼 다시 공모시장이 얼어붙으면서 상장 후 하락에 대한 불안감에 낮은 공모가를 형성하게 된다. 발행시장에서 낮은 공모가를 형성한 후 상장하게 되면, 유통시장에서는 저평가 분석이 나오면서 주가하락이 아닌 주가상승으로 반응하게 된다. 신규상장주를 오랫동안 관찰하고 공략한 투자자들은 이런 것들을 다 경험하고 느끼고 있을 것이다. 이런 내용들이 거미집이론으로 설명될 수 있다.

공모장사가 잘될 때는 공모희망기업도 주간사도 모두 너도나도 공모장사로 대박 한 번 치려고 달려들다가, 시장이 싸늘하게 돌아서면 너도나도 지금은 때가 아니라는 생각에 납작 엎드려 좋은 날이 오기를 기다린다. 이런 식으로 공모준비와 상장이 농산물과 부동산처럼 공급자들의 반응속도가 긴 시간에 걸쳐 나타나기 때문에 가격이 급등락을 반복하게 되는 것이다.

액면분할, 무상증자 등도 이에 해당한다. 기업이 액면분할, 무상증자 등의 결정을 하는 데는 여러 가지 이유가 있다. 그래도 회사 주가에 긍정적인 영향을 기대하고 결정하지 부정적인 영향을 기대하고 결정하지는 않을 것이다. 하지만 시장은 변덕쟁이라서 액면분할종목이나 무상증자종목 등의 공급이 많을 때는 거들떠보지도 않는다. 그러다 액면분할이나 무상증자종목이 한동안 없다가 등장하게 되면 시장의 좋은 반응을 이끌어낸다. 그럼 액면분할을 할까 고려했던 기업들이 너도나도 액면분할을 하게 되고, 다시 시장에서는 흔해진 액면분할종목을 거들떠보지도 않게 된다. 무상증자도 이와 비슷한 흐름을 역사적으로 보인다.

그렇다면 투자자들은 어떻게 대처해야 할까? 신규상장주에 또는 공모주에 대해 시장이 관심을 가지지 않을 때, 액면분할주나 무상증자주에 대해 시장이 관심을 가지지 않을 때, 그때가 바로 관심을 가져야 할 때이다. 이렇게 여러 가지 주식시장의 현상들을 경제학, 재무관리 등의 이론에 빗대어 생각하고, 대입시켜보는 것은 참 즐거운 일이다.

TV프로그램을 보다가 주식투자를 생각했던 예를 하나 들어보겠다.

최근 몇 년 동안 인기를 끌었던 '응답하라' 시리즈 중 〈응답하라 1988〉을 보면서 주식투자에서의 장기투자 매력에 대해 생각했던 적이 있다. 이 드라마에서 여주인공 아버지로 나오는 성동일은 매 시리즈마다 펠레 못지 않은 잘못된 예언을 한다. 현재는 톱스타가 된 연예인들에 대해 저 연예인은 한계가 있다, 절대 톱스타가 될 수 없다는 식의 평을 한 것이다. 이 잘못된 예언가는 주식투자에 대해서도 얘기한다. 늘 주식투자만 생각하는 주식쟁이인 필자는 귀가 번쩍하면서 몰입했다. 드라마에서 종합주가지수가 1000P를 돌파했다는 소식에 동네 남자들이 다음과 같이 얘기한다.

> **택이아버지(최무성)** : 이제부터 좀 투자를 해볼까 하는데 주식투자 어떤가요?
>
> **정봉아버지(김성균)** : 내 친구가 삼성전자, 한미약품, 태평양화학은 꼭 사라고 하던데.
>
> **보라아버지(성동일)** : 주가지수가 1000이 넘는 게 말이 되냐? 역시 돈은 은행… 은행….

피식 웃고 말았다. 과연 보라아버지, 성동일의 예언은 여태껏 그래왔듯 잘못된 예언일까?

주식투자를 조금 아는 사람이면 삼성전자, 한미약품, 태평양화학(현재 아모레퍼시픽그룹), 3종목 이야기에서 피식 웃었을 것이고, 주식을 잘 모르는 사람은 이 드라마 시리즈에서 여태껏 성동일이 잘못된 예언을 했으니 '주식투자를 하면 은행보다 훨씬 돈을 잘 불릴 수 있겠구나'라고 생각할 수 있다. 드라마 스토리나 맥락상으로는 성동일의 예언은 '잘못된 예언'이지만, 엄밀히 따지면 반은 맞았고 반은 틀렸다.

거래소가 1000P를 최초로 돌파한 날은 1989년 3월 31일 금요일이다. 드라마 방송 당시 2015년 12월 24일 거래소 지수는 1990.65P이다. 26년이 넘는 기간 동안 거래소지수는 2배가 되지 못했다. 우선 다른 조건은 무시하고, 은행의 연평균금리를 몇 퍼센트 복리로 해야 26년 동안 100%의 수익이 날까?

2%를 26년 동안 복리로 저금하면 67%

3%를 26년 동안 복리로 저금하면 115%

4%를 26년 동안 복리로 저금하면 170%

5%를 26년 동안 복리로 저금하면 250%

10%를 26년 동안 복리로 저금하면 1000%

즉 우리나라 거래소의 지수상승률은 26년 동안 매년 평균 3%도 채되지 않는 수준이라는 뜻이다. 미국 다우지수는 1989년 3월 31일에 2293.62P이고, 2015년 12월 24일 다우지수는 17552.27P이다. 따라서 미국 다우지수의 상승률은 665%이다. 또한 미국 나스닥 지수는 1989년 3월 31일 406.70P이고, 2015년 12월 24일 나스닥 지수는 5048.49P이다. 따라서 미국 나스닥 지수의 상승률은 1141%이다. 즉 미국 나스닥 지수 상승률은 26년 동안 매년 평균 10%가 넘는 수준이라는 뜻이다.

그러면 성동일의 주식시장에 대한 예언인 "주가지수가 1000이 넘는 게 말이 되냐? 역시 돈은 은행… 은행…"은 과거 높았던 은행금리 대비 낮은 종합주가지수 연평균상승률을 고려해본다면 맞는 셈이다. 필자가 주식투자를 하는 이유는 장기적으로 주식시장이 우상향한다고 믿기 때문이다. 또한 주식시장의 수익률이 은행금리보다 높다는 것을 믿기 때문이다. 만약 그렇지 않다면 자금조달시장으로서 주식시장의 존재이유가 없다. 미국 주식시장의 경우 장기적인 연평균상승률에서 보듯이 금리 이상의 상승을 보이고 있음을 눈으로 확인할 수 있다.

그런데 우리나라 증시는 무려 30년 동안 평균상승률 3%에도 못 미치는 형편없는 상승률, 아니 조금 심하게 말하면 주식시장의 존재이유가 없는 상승률을 보여주고 있다. 이것이 주식시장에서 자금을 조달해서 엄한 짓을 해대는 기업인들을 싫어하는 이유이고(투자가들의 배는 고프지만, 그들의 배는 불렀을 것이고), 또한 이것이 그러한 기업인들을 비호하는 불법을 자행해온 일부 정치인들을 싫어하는 이유이다(국민들의 배는 고프지만, 그들의 배는 불렀을 것이다).

그럼에도 불구하고 난 여전히 주식투자를 20년째 하고 있다. 왜 그런지 이유를 생각해보면 은행은 돈을 맡기면 확정금리를 주지만, 주식투자는 돈을 투자하면 불확정 수익을 주기 때문이다. 주식시장이 30년 동안 연평균상승률 3%를 보이고 있음에도, 우리 주변의 많은 투자자들은 그 적은 연평균수익률조차 내지 못하고 주식투자에서 실패하고 있다. 반면에 우리 주변의 누군가는 은행금리보다 훨씬 큰 수익을 내면서 주식투자에서 성공하고 있음을 잘 알고 있기 때문이다.

참고로 드라마에서는 삼성전자, 한미약품, 태평양화학 3종목을 사야할 종목, 즉 그 당시 샀다면 현재 가장 좋았을 종목으로 나온다. 정말 그런지 확인해보면 다음과 같다. 1989년 3월 31일 기준일 대비 2020년 8월 24일까지의 거래소종목 누적 상승률 상위를 검색해보면 삼성전자 – 한미사이언스 – F&F – 부광약품 – 유한양행 순이다. 상승률 1위가 삼성전자인 것에서 우리나라 시가총액 1위가 저절로 된 회사가 아니라, 지속해서 최고로 성장한 회사임을 알 수 있다. 또한 코스닥이 아닌 거래소임에도 불구하고 다섯 종목 중에 제약바이오가 세 종목인 것에서 현재 최고의 성장산업이 제약바이오주임을 알 수 있다. 단기뿐 아니라 장기관점에서도 제약바이오주의 포트폴리오 편입은 선택이 아니라 의무라는 것을 강조하고 싶다.

24장

주식투자자의 성공

나는 이렇게 성공했다

주식투자자의 성공 1_성공담과 실패담

처음 주식투자를 했을 때는 IMF가 막 지난 후였다. 그 당시 부도 직전의 증권주는 액면가 5,000원짜리 주식이 1,000원 미만에 거래되고 있을 때였다. 당시 저가주들로 주식을 시작했는데, 자고 일어나면 주식이 오르는 신기루를 경험하면서 주식의 매력에 깊숙이 빠지게 되었다. 그 후에는 IMF 위기에서 관리종목이 된 것 중 브랜드가치가 높고 관리종목 탈피가 예상되는 종목들에 투자하였다. 계몽사, 삼익악기, 상아제약, 바로크가구는 단 한 번의 실패 없이 연속으로 2~3배의 수익이 났다.

투자수익이 불어나면서 투자금액이 커지자 관리종목에 투자하는 하이리스크를 부담하기가 싫어졌다. 관리종목보다는 덜 위험하고 거래소시장보다는 더 위험한 코스닥시장에 관심을 가지게 되면서 1999~2000년의 코스닥 대박행렬에 동참하게 되었다. 이 책에서 필자가 코스닥시장 활황기에 거래했던 수많은 수익종목들을 나열할 생각은 없다. 또한 상한가 따라잡기나 테마주 매매 등의 단기매매 성공 또는 우량주 장기투자에 대한 성공을 나열할 생각도 없다. 다만 창의적인 매매기법으로 완벽한 성공을 거두었던 경험을 이야기해보겠다.

그 당시 장하성펀드라고 장하성 교수가 제안한 '한국기업지배구조개선펀드'가 있었다. 지배구조가 모범적인 우량기업에 투자하는 사회책임투자펀드를 표방하여 투명경영 등 기업지배구조 개선을 통해 기업의 가치를 높이고 소액주주를 보호하기 위해 출범하였었다. 장하성펀드는 경영참여를 선언하는 5% 이상 투자를 지향했는데, 이 펀드의 1호 종목이 대한화섬이었다. 1호 대한화섬이 발표된 이후 주가추이를 보면 8월 23일부터 65,400원에서 출발하여 상한가 5방에 성공했으며, 9월 20일에는 거의 한 달 만에 고가 230,000원을 찍으며 거의 3.5배 상승률을 보여주었다.

장하성펀드는 지배구조개선과 소액주주권리강화를 목적으로 앞으로 유사종목에 계속 투자하여 2호 종목, 3호 종목을 계속 공개하겠다고 했다. 1호를 선취매한 사람들은 3.5배, 아니 꼭지에 못 팔았어도 2~3배는 벌었던지라 다음 종목인 2호 종목을 어떻게 알아낼수 있을까 고민에 고민을 거듭했다.

첫 번째 접근했던 방법은 대한화섬과 유사한 지배구조와 재무구조를 가진 기업을 정리하는 것이었다. 따라서 기업분석 책자를 밤새 뒤져가며 유보율이 높고 대주주지분이 높으며, 기업가치에 비해 주가가 낮고, 거래량이 낮은 소외주를 찾았다. 그래서 압축한 종목이 약 50종목이었다. 그러나 50종목을 1/50씩 살 수도 없고, 또 이 50종목에 포함되어 있을지 안 되어 있을지 알 수 없는 노릇 아닌가?

두 번째 접근했던 방법은 창구분석이었다. 기업공시는 5% 지분공시 룰에 의해 5% 이상 지분투자자는 반드시 지분변동시 공시할 의무가 있었다. 그 당시에는 주식취득시의 날짜와 수량까지 정확히 공시해야 했다. 이 점에 착안해 HTS상 회원별 매매동향을 검색했다. 그러다가 깜짝 놀랄만한 단서를 발견할 수 있었는데, 대한화섬을 매수했다고 공시한 각 매수 날짜에 특정 증권사 2곳이 정확히 순매수 수량까지 일치한 것을 찾았다. 바로 CS증권과 메릴린치증권이었는데, 이들은 외국계 증권사였다. 그래서 2호를 발표할 날짜가 가까워지고 있고 하루아침에 5% 지분을 취득하는 것은 아니니, 대한화섬과 유사한 종목 50종목부터 일단 회원별 매매동향을 검색해보는 작업을 시작했다. 기간은 최근 3개월 정도로 설정하고 회원사별 매매동향을 살폈다. 목표는 CS증권과 메릴린치증권으로 순매수가 총주식수의 4% 정도가 들어오는 종목이 무엇인지 찾는 것이었다.

어땠을까? 결과는 대성공이었다. 50종목에서 2개를 발견할 수 있었고, 전 종목으로 회원별 매매동향을 확대해보니 1개가 추가되어 총 3개의 종목이 나왔다. 화성산업, 크라운제과, 벽산건설이었다. 그렇다면 2호 종목은 이 종목 중에 나올 것이란 확실한 믿음이 생겼다. 그 근거는 CS증권과 메릴린치증권이 거래가 흔하게 이루어지는 증권사가 아니라 굉장히 특이한 매매창구였고, 소량이 아닌 4%대 순매수가 들어온 종목들이었다는 점이다.

적당한 금액을 사놓고 기다리다가 욕심이 생겼다. 발표날만 알면 당일날 더 큰 금액을 매수할 수 있을 텐데 좋은 방법이 없을까? 그래서 생각해낸 게 전자공시 사이트를 열어놓은 상태에서 '화성산업, 크라운제과, 벽산건설'이라는 단어가 나오면 경보음이 나오는 프로그램을 프로그래머인 지인에게 부탁해 컴퓨터에 세팅해놓았다. 그리고 매수주문을 바로 넣을 수 있게 3종목의 매수창을 각각 띄워서 최대주문 수량까지 입력해놓고, 엔터키만 누르면 되는 상태로 아침마다 준비해놓았다. 지금 생각해보면 아마 경보음이 아닌 매수주문으로 연결시키는 프로그램도 만들 수 있었을 것 같다. 어쨌든 그 후 필자는 2호 화성산업이 2006년 11월 22일 장중에 발표될 때 남들보다 훨씬 빠르게 주문을 낼 수 있었다. 다만 1호, 2호, 3호로 갈수록 발표 후 상승률이 낮아지면서 과감히 이 방법을 중지했다. 나중에도 이 방법을 몇 번 써먹을 기회가 있었다. 타이거펀드를 비롯한 유명펀드가 투자한 종목을 공략할 때이다. 동일한 방법으로, 1호의 지분투자공시로 2호를 유추하는데 사용했다.

이후에도 시장의 활황과 개인적으로 개발한 여러 창의적인 매매기법으로 좋은 수익이 계속 나는 평화의 시기가 지속되었다. 이 평화의 시기는 기업가치가 우량한 종목의 신고가 갱신패턴만 잘 보고 있다가 추세매매기법 투자를 하면 시장대비 훨씬 큰 초과수익률을 얻을 수 있는 물 반 고기 반 시기였다. 하지만 2003~2007년 5연속 양봉을 끝으로 평화의 시기가 끝나고, 2007년 11월부터 2008년 11월까지 공포의 1년, 아니 지옥의 1년을 보내야 했다.

이 시기에는 세무사 시험에 합격한 후 세무법인을 차리고 세무사로 일하면서 주식투자를 하고, 틈틈이 공부하여 CFP시험에 합격하는 등 종합재테크 전문가로서 꿈을 키우던 시기였다. 자고 일어나면 시장이 빠지는 시기가 계속되니 주식시장에 회의도 가지게 되고, 주식시장을 떠나서 종합재테크 전문가로 자리매김할까 심각하게 고민을 할 정도로 시장이 좋지 않았다. 미국발 금융위기는 끝이 없는 도미노 악재의 연속이었다. 지하실 밑에 땅굴, 땅굴 밑에 지옥이 있던 공포의 하락장이 1년이나 계속되었다. 이 1년 동안 매매했던 종목이 기억나지 않을 정도로 혼란의 시기였다. 한두 종목의 실패가 아닌 동 기간 매매 전체가 실패였다. 종목선정보다 시장판단이 더 중요하다는 것을 절실하게 느끼고 배웠다. 생각해보면 지금까지의 생존에 큰 무기가 되고 좋은 교훈을 얻을 수 있는 시기이지 않았나 싶다.

2008년 10월 1000P를 하향돌파했던 거래소지수가 900P까지 힘없이 무너지자 언론은 물론 사방에서 700P 바닥, 600P 바닥설이 나오기 시작했다. 그 당시 900P에서 위로 갈 확률과 아래로 갈 확률을 따져보았다. 단기적인 추세로 본다면 당연히 아래로 갈 확률이 더 높다고 인정하더라도, 그 크기까지 따져보면 추가하락의 그기보다 반등시 상승의 크기가 훨씬 크리라는 생각이었다. 이런 생각에 미치자 종목선정을 할 필요도 없이 선물옵션의 파생상품으로 지수상승에 투자하는 것이 더 낫지 않을까 싶어 매일 선물과 옵션의 움직임을 관찰하였다. 바닥이 없는 폭락장이 1년 이상 되었기에 소위 말하는 옵션프리미엄이 굉장히 크게 형성되었다는 결론이었다.

그래서 2008년 11월부터 실현이 거의 불가능한 외가옵션 중 프리미엄이 통통하게 붙은 종목들로 풋옵션매도를 시작했다. 그리고 강한 반등이 시작된 2009년은 주식투자 인생에서 1999년 이후 두 번째로 큰 수익을 얻은 해로 기록할 수 있었다. 수익률은 1999년이 더 컸지만, 투자금 차이가 있기에 수익금 기준으로는 2009년 수익이 가장 큰 수익이었다. 요즘은 강연회에서 우스갯소리로 가장 큰 돈을 벌었던 연도가 1999년과 2009년이니, 세 번째 기회는 2019년이라는 말을 하곤 한다. 믿거나 말거나이지만 말이다.

2009년에 이어 2010년에도 계속 선물매수 풋매도를 중심으로 한 상방향 파생포지션 구축으로 안정적인 수익을 누릴 수 있었다. 심지어 주식투자는 종목선정을 해야 하는데 파생매매는 그런 노력 없이 포지션 관리만 하면 되니, 아마 필자의 주식투자 인생에서 가장 편안했던 시기가 아닐까 싶다. 놀면서도 돈을 버는 주식투자 매력에 흠뻑 빠졌던 행복한 시기였다.

그러나 절박한 성실성이 없으면 결국 무너지고 만다는 경험을 얻는데는 그리 오랜 시간이 걸리지 않았다. 2007년의 전고점인 2000P를 쉽게 뚫어내지 못하리라는 판단에 2010년 말 2000P에 가까워지면서 뷰를 상방향에서 하방향으로 바꾸고 파생포지션을 변경했다. 근데 그게 화근이었다. 2000P을 돌파한 거래소지수는 2011년 4월에 2200P까지 브레이크 없는 추가상승을 함으로써 굉장히 큰 손실을 입어야 했다. 이때 지수에 대한 뷰, 특히 추세전환에 대한 뷰는 쉽게 결정해서는 안 된다는 교훈을 얻었다. 그 이후 지수의 추세를 파악할 때는 돌다리도 두드리는 심정으로 주의 깊게 살펴보게 되었다.

2011년부터 2017년 봄까지 지수는 약간의 이탈을 제외한다면 1900과 2100의 좁은 박스권을 유지했고, 투자자들은 코스피를 박스피라고 불렀다. 좁은 박스권에서는 종목도 지수도 변동성이 적기 때문에 목표수익률을 낮추고 적은 수익에 만족하며 여러 가지 매매를 연구하고 테스트했다. 해외주식투자도 하고, 해외선물도 하는 등 다양한 투자상품 매매를 하였다. 다음 대세상승장을 기다리면서 말이다.

장기 박스권 장세의 연평균수익률은 당연히 상승장에 비해 낮다. 그래도 일부 종목에서의 투자성공은 10루타는 아니더라도 3루타 정도의 성과로 나타났다. 반대로 일부 종목에서의 투자실패는 삼진아웃 이상의 아픔이었다. 박스권 장세의 특성상 중장기 추세매매로 수익을 내기보다는 테마주의 이른 포착으로 수익이 난 적이 많았다. 특히 2015년 상반기 바이오 장세와 하반기 핀테크 장세에서 일찌감치 테마주 선점을 해 박스권 장세치고는 꽤 큰 수익을 실현할 수 있었다.

반면에 박스권 장세의 지루함에 대박을 쫓다가 초보자 수준의 실수로 크게 실패를 한 경험도 있다. 2015년 연말이었다. 그 당시 가장 핫한 급등 테마주는 중국자금유치이 재료를 보유하고 있는 중국 관련주였다. 어느 날 중국에서 오랫동안 살고 있는 100% 신뢰할 수 있는 아주 친한 친구가 "중국에서 직접 접한 정보인데, 중국 상해 금융기관에서 코스닥 ○○종목에 자금투자 MOU를 체결했다. 100% 확실한 정보이다"라는 연락을 해왔다. 아직 시장에 알려지지 않은 정보이며, 시장에서 가장 핫하게 반응하고 있는 중국자금유치, 마지막으로 정보를 준 사람과의 100% 신뢰도 등 망설일 이유가 없었다.

두근거리는 가슴을 억누르고 그날부터 굉장히 많은 물량을 쓸어 담기 시작했다. 재료가 나온다는 시점이 가까워지면서 겁도 없이 더 많은 물량을 매수하며 머릿속으로는 계산기를 두드리기 시작했다. '최하 상승률 100%짜리 정보다'라는 강한 다짐을 하면서 말이다. 그런데 이상하게도 재료는 나오지 않았다. 나온다는 날도, 그다음 날도, 그다음 주도, 그다음 달도 말이다. 한 달 하고도 며칠을 더 보유하다가 큰 손실을 입고 손절매를 하고 나왔다. 머릿속에 그렸던 내 인생 최고의 기회는 그렇게 내 인생 최고의 망신살 뻗치는 실패담으로 끝나고 말았다.

왜 그랬을까? 친구에게 정보라고 전해준 지인이 결과적으로 잘못된 정보를 제공했다는 것을 나중에 알게 되었지만, 사실 본질적인 문제는 스스로에게 있었다. 변명할 생각도 없고 누구를 탓할 생각도 없다. 원칙이라고 말했던 '아무도 믿지 마라'를 깨버린 벌을 받았을 뿐이다. 한 달후 손절을 못하고 계속 버텼더라면 1년도 되지 않아 1/3 토막으로 하락한 종목을 부여잡고 하늘만 바라볼 수도 있었다. 그나마 손절을 했던 과감함을 칭찬하며 위안하고 있을 뿐이다. '아무도 믿지 마라'를 가슴 깊이 새길 수 있었기에 오히려 친구에게 고마울 따름이다.

또 하나의 투자 에피소드는 샘표식품 지분공시 경험담이다. 필자는 중장기투자 유망산업 중에 늘 음식료업을 빼놓지 않는다. 실제 최근 30년간 누적상승률 상위 30종목에는 롯데칠성, 농심, 오리온, 롯데푸드, 대상 등 음식료주가 다수 포함되어 있다. 이들의 공통점은 브랜드가치가 있으며, 특정시장에서 매출 점유율 1위인 기업들이며 차트를 보면 단기 부침은 있을지 몰라도 결국은 우상향하는 중장기 투자종목의 정석패턴을 보여준다.

이러한 이유로 필자는 음식료주를 언제나 장기투자 종목 선정 1순위로 보고 있었으며, 수년 전 샘표식품을 주목하고 관심을 가졌다. 샘표는 음식료주 중에 완제품 생산 브랜드 가치가 있는 종목이었다. 특히 국내 최장수 등록상표가 1954년에 등록된 '샘표'라는 점과 국내 간장시장 매출점유율에서 오랫동안 1위라는 점에 투자메리트를 느꼈다. 또한 다른 기관선호 또는 외국인선호의 음식료주에 비해 낮게 형성된 PER와 PBR 또한 기업가치 대비 낮은 가격으로 거래가 되고 있는 비인기 소외주라는 판단을 했다. 게다가 '요리에센스 연두'와 '흑초' 상품이 성공적인 런칭을 했다. 이로 인해 간장만 생산하는 비인기 소외주에서 종합식품기업으로 시장인지도가 상승하는 기회가 올 수 있다는 예상을 했다.

이러한 관점에서 관심종목으로 샘표식품을 선정한 후 삼박자 분석을 시작했다. 재무제표 분석상 영업이익증가율과 순이익증가율이 눈에 띄었고, 높은 유보율로 재무안정성을 확보하고 있다는 점이 돋보였다. 차트분석상 장기이동평균선이 중장기저으로 우상향하고 있었다. 큰 상승을 보인 다른 선도 음식료주에 비해서 다소 탄력이 낮기는 하지만, 중장기투자종목으로 손색이 없음을 확인할 수 있었다. 마지막 재료분석상으로는 지주회사를 위한 기업분할을 앞두고 있었다. 여태까지의 기업분할 종목들을 공략했던 과거 경험에 비추어볼 때 주가에 긍정적인 재료라는 판단을 하게 되었다.

이렇게 삼박자 분석법으로 합격점을 받은 후 샘표식품을 매수하였고, 5%룰에 의한 지분공시까지 하게 되었다. 최고지분보유당시의 지분율은 2017년 8월 2일 공시한 9.76%였으며, 2019년 4월 5일 4.88% 지분공시를 마지막으로 이제 더 이상 공시의 의무는 없어졌다. 보유기간 동안 미·중 무역분쟁이 격화되면서 대두관련주로써 샘표식품이 좋은 움직임을 보인 것은 운이 좋았다고 볼 수 있다. 이 공시로 자의반 타의반 슈퍼개미라고 불리게 되었는데, 주변에서 공시경험에 대한 사실을 모르는 투자자들이 "슈퍼개미면 계좌를 보여주세요"라는 질문을 가끔 한다. 그럴 때면 나는 피식 웃으며 5%룰에 의해서 공시할 때만 깔게요!"라고 대답한다. 어쨌든 5%룰에 의한 샘표식품 지분공시는 개인적으로 투자인생에서 크게 기억에 남을 에피소드임에 틀림없다.

주식투자자의 성공 2_세상 밖으로 나온 이유

필자는 현재 〈슈퍼개미 이세무사TV〉라는 유튜브 채널을 열심히 운영하고 있다. 독자들이 '구독, 좋아요, 알림설정'을 해준다면 더 좋은 영상으로 보답할 것을 약속한다. 요즘은 유튜브시대라 유튜브에 열심이지만, 2015년에 블로그를 시작했을 때만해도 블로그 운영을 무척 열심히했다. 처음 블로그를 시작한 이유는 2015년 새해 계획 때문이었다. 박스권 장세가 계속되면서 과거에 비해 큰 수익이 나기 힘들어졌고, 그런 이유로 나태해지는 게 싫어 새로운 목표가 필요했다. 초심으로 돌아가 치열하고 신중하게 매일매일 증권사데일리를 검색하고, 장마감 후에는 전종목차트와 모든 공시를 검토하면서 내일의 상한가종목을 예상하는 작업들을 하며 투자일지를 남기고 싶었다. 빨리 내일 아침이 되어서 골라

낸 종목들을 매수하겠다는 부푼 꿈에 설레며 잠들던 초보시절이 그리웠다. 토요일, 일요일은 주식시장이 열리지 않아 무료하고 심심해하며 월요일을 조급하게 기다렸던 젊은 날의 모습을 되찾고 싶었다. 그래서 더 열심히 하기로 했다. 그래서 블로그에 글을 올리기 시작했다.

한 번도 온라인 활동을 하지 않아서 매일 블로그에 글을 올리는 것이 처음에는 재미있었다. 특히 직접 분석한 투자일지들이 하루하루 쌓이는 것에서 보람을 느꼈고, 보람과 비례해 수익률이 잘 나오니 투자일지를 더 열심히 쓰는 선순환이 계속되었다. 공유나 퍼오는글 하나 없이 하루에 3~4종류의 투자일지를 매일 올리니, 시간이 지날수록 방문자수도 늘어나고 주식투자 블로그 치고는 방문객도 많아졌다. 많으면 2,000여 명의 방문객이 들어오니 더욱 책임감을 가지고 열심히 하게 되었다.

위기도 있었다. 방문자수를 너무 신경쓰다보니 스스로 한심하다는 생각이 들 때가 있었다. 그래서 나만 알고 싶은 블로그를 만들겠다는 결심을 했다. 어차피 내가 작성한 투자일지가 쌓이면서 나만의 보물창고를 만들어가고 있었는데, 몇 명이 방문한들 무슨 의미가 있겠나 싶었다. 그래서 더욱 성실히 투자일지들을 채워나갈 수 있었다. 지금 생각해보면 블로그 운영의 최대 수혜자는 결국 나 자신이었다. 열심히 공부하는 학생이 친구에게 노트를 빌려줘도, 결국 최대 수혜자는 노트를 필기하며 공부한 학생이다. 블로그 투자일지의 수혜자도 결국 '나 자신'이었다.

블로그의 목적은 결국 필자를 위한 것이었으며, 블로그 프로필에 쓴 것처럼 '매일 연구하는 성실성 유지'와 '스스로 판단을 보조할 수 있는 정보수집'이 목적이었다. 그럼에도 2년 넘게 방문해준 블로그 이웃들에게

늘 고마운 마음이다. 그래서 다양한 정보글과 주식투자 노하우 등을 전체공개로 하여 모든 이웃들이 볼 수 있게 하였다. 또한 정글 같은 주식시장에서 살아남기 위해 몸부림치다가 상처받은 이웃들의 심신을 달래주는 쉼터 같은 공간을 제공하려고 노력했다. 이러다보니 온라인 소통의 결과가 오프라인 모임인 강연회와 스터디모임으로 이어지게 되었다.

블로그 1주년 돌잔치를 기념해 이웃들과 모임을 가졌다. 온라인 인연을 오프라인으로 연결시키는데 두려움이 있었으나, 서로 댓글로 이어온 정이 길어지면서 한 번 보고 싶은 맘이 생겼기 때문이다. 2016년 1월에 첫모임을 했는데 반응도 좋고 필자에게도 긍정적인 효과를 줬다. 블로그 운영의 가장 큰 수혜자가 나였듯이 오프라인 모임의 가장 큰 수혜자역시 나였던 것이다. 필자의 말에 귀 기울이는 투자자들의 열기에서 무한한 에너지를 느꼈고 더 열심히 해야 한다는 각오를 새길 수 있다.

강연을 하는 것은 또 다른 모험이었다. 장세와 테마주의 움직임을 강의하기 위해서는 굉장히 많은 준비가 필요했다. '읽기와 듣기'로 배우는 것보다 '말하기와 쓰기'로 배우는 것이 진짜 공부라는 것을 실감한 순간이었다. 필자의 필요와 이웃들의 필요가 이어지면서 한 달에 한 번 모이는 정기적인 모임이 되었다. 수익사업이 아닌 순수한 친목모임이 되도록 노력했다.

불특정 다수를 대상으로 한 강연회를 5회 정도 하고 나니 소통에 대한 아쉬움이 있었다. 그런 단점을 보완할 수 있게 스터디모임을 계획하고 실행하게 되었다. '스스로를 믿는 자신감 있는 투자자'가 되기 위한 스터디모임이라는 모토로 조 원을 33명을 모집하여 스터디를 시작했다. 예전에 세무사시험이나 CFP시험에서 스터디모임을 이끌었던 경험이 큰 도움이 되었다. 스터디 횟수는 월 1회, 총 5회로 계획해 각 회차마다 공통 리포트를 A4용지로 제출하게 했다. 다들 열심히 숙제를 제출해줘서 스터디를 함께할 수 있었다. 그때 리포트는 다음과 같다.

① 조건 검색식 하나 만들기

② 월간 TOP 30 종목 간단히 작성하기

③ 관심종목 1종목을 삼박자 분석법으로 분석하기

④ 테마주 한 가지에 대해 관련 내용과 종목 정리하기

그리고 각 회차마다 읽어야 할 주식투자 서적을 3~5권 선정하여, 책의 중요 부문에 대해 함께 고민했다. 이러한 과정을 통해 필자를 포함한 스터디 조 원들이 '스스로를 믿는 자신감 있는 투자자'에 한발 다가섰다고 믿는다. 스터디 모임을 통해 다음의 것을 얻을 수 있었다.

첫째, 독서의 중요성이다. 스터디모임을 하면서 한 달에 적게는 1권, 많게는 3~4권씩의 책을 읽었다. 앞선 현인들의 글 속에서 그들의 노력과 그들의 고민, 그리고 그들의 생존방법들을 배우고 그들의 감정을 함께 느끼는 계기가 되었다. 제시 리버모어의 글 속에서 추세를 믿고 따르는 용기를 배웠고, 워런 버핏과 벤자민 그레이엄의 글 속에서 기업가치가 절대 가치라는 믿음을 얻었다. 알렉산더 엘더의 글 속에서 인간의 심리적 한계를 인식하게 되었고, 앙드레 코스톨라니 글 속에서 다각적인 시각과 지혜를 느낄 수 있었다.

둘째, 투자일지의 중요성이다. 스터디모임을 하면서 한 달에 한 번씩 리포트를 제출하였다. 다른 사람의 언어가 아닌 자기 자신의 언어로, 다른 사람의 판단이 아닌 자기 자신의 판단으로, 가장 핫한 테마주를 분석했다. 또한 조건검색으로 좋은 종목들을 찾아내고, 상승종목들의 이유를 체크하고, 그 과정을 통해서 최고의 종목을 발굴하여 삼박자 분석법으로 분석했다. 이런 모든 일련의 작업들을 기록하여 제출하였는데, 이것이 바로 나만의 투자일지가 되는 것이다. 필자는 20년 동안 늘 스스로 판단하고 분석하는 연습을 해왔다. 그래서 어느 누구의 도움 없이 혼자 투자를 할 수 있었던 일등 공신은 투자일지라고 자신있게 말할 수 있다. 투자일지 작성의 중요성은 아무리 강조해도 지나치지 않다.

셋째, 경험의 중요성이다. 필자가 겪었던 투자성공의 경험, 투자실패의 경험, 주식투자 입문기의 경험을 함께 공유하면서 주식투자에서 무엇보다 경험이 중요하다는 것을 인식하는 계기가 되었다.

3가지의 중요성을 인식하고 노력하면 언젠가는 바드시 '스스로를 믿는 자신감 있는 투자자'가 될 것이라고 생각한다. 이 책을 읽는 독자들에게도 도움이 되리라고 믿는다.

이것이 필자가 세상에 나오게 된 과정이다. 컴퓨터와 나, 오로지 둘만의 싸움에 지쳤던 순간에 온라인과 오프라인으로 좋은 인연을 맺는 기회를 가질 수 있었다. 그들과 함께였기에 두렵지만 계속해서 세상 밖으로 나올 수 있었다. 그런 점에서 온라인과 오프라인에서 맺은 수많은 인연들에게 감사의 말씀을 전하고 싶다.

주식투자자의 성공 3_꿈은 계속 된다

3년 전 책을 처음 출간할 때 필자는 '작가', '선생님', '사업가'로서의 세 가지 꿈을 책에 써놓았다. 꿈을 달성하는 가장 좋은 방법 중 하나가 주변에 널리 알려야 한다는 사실을 너무 잘 알고 있기 때문이다.

그 당시 꾸었던 꿈은 주식투자 책이나 종합재테크 책을 새롭게 출간하고 싶은 작가, 종목을 추천해주는 것이 아니라 종목을 선정하는 법을 가르치는 선생님, 그리고 그동안 세무사, 주식투자자, CFP 등 재테크전문가로서 쌓은 지식과 경험을 바탕으로 토털 재테크서비스를 해주는 사업가였다. 그동안 나의 꿈은 어떻게 되었을까? 결론을 먼저 말하지만, 세 가지 꿈 모두 현재진행형이다.

첫째, 작가의 꿈은 조금씩 이루어나가고 있다. 첫 번째 책《삼박자 투자법》에 이어 두 번째 책인《슈퍼개미 왕초보 주식수업》을 2018년 말에 출간했다. 지금 이 시간 삼박자 투자법의 개정판 작업을 하고 있다. 또한 능력이 닿는 대로 세 번째, 네 번째 책도 출간하고 싶다.《삼박자 투자법》을 읽은 독자들이 최고의 주식 서적이라고 찬사를 아끼지 않을 때 작가로서의 보람을 느낀다. 또한 불특정 다수의 독자 분들과 책으로 소통한다는 것의 진한 매력을 느낀다.

둘째, 선생님의 꿈 역시 진행 중이다. 책을 두 권이나 쓰고, 자의반 타의반 슈퍼개미가 되면서 더 많은 강의 기회가 생겼다. 글도 잘 쓰지만, 말도 잘한다는 칭찬에 못 이기는 척하며 여기저기 강의 초대가 있으면 가급적 가보려고 노력한다. 선생님으로서 강의하는 동안 늘 원칙을 생각하며 강의한다. 물고기를 잡아주는 선생님이 아닌 고기 낚는 법을 가르쳐주는 선생님이 되고 싶다는 나만의 원칙을 계속 지켜나갈 것이다.

셋째, 사업가로서의 꿈 또한 현재진행형이다. 현재 주식교육기관인 '밸런스투자아카데미' 그리고 종합금융컨설팅기관인 '밸런스에셋'이라는 두 개의 법인을 설립하여 운영하고 있고, 종합재테크 컨설팅이 가능하도록 부동산컨설팅회사와 세무법인 등과 제휴 중에 있다. 그동안 공부해왔던 재테크 전 분야의 이론과 실전 경험을 바탕으로 하나의 '밸런스그룹' 아래 토탈 재테크 서비스를 해주는 컨설팅그룹을 만들기 위해서 오늘도 열심히 노력하고 있다.

물론 무엇을 하든, 어떤 꿈을 꾸든, 20년 동안 계속된 필자만의 주식투자를 그만두지는 않을 것이다. 30년, 40년, 아니 죽는 그 날까지 영원한 주식투자자가 되는 것은 꿈을 넘어 나의 인생이다. 꿈과 주식투자자로서의 인생을 위해 필자는 계속 최선을 다할 것이다. 성실한 사람이 1등을 못할 수는 있어도, 성실한 사람이 절대 꼴등을 할 수 없다고 굳게 믿으면서 말이다. 필자의 꿈은 계속 되고 있으며 오늘도 한발 한발 나아갈 것이다.

부록1

삼박자 투자법에 의한
종목선정 사례

[삼박자 투자법 CASE 1] 샘표식품

1. 종목선정 이유

(1) 신고가종목 매매기법

신고가종목 매매기법은 일정기간의 추세를 상승추세로 형성하여 우상향 패턴을 지속하는 종목들이 발견되면, 그 종목에 대한 직접공략 또는 그 종목과 같은 업종이나 테마주 내의 종목에 대한 간접공략이 가능하다.

2015년 12월 30일 기준으로 연간, 3년간, 5년간 TOP 30 종목에 대한 분석을 해보면, 5년간 TOP 30 종목에 3위 삼립식품(2213.81%), 17위 오뚜기(1225%), 29위 동원 F&B(690.74%)가 있었다. 또한 5년간 TOP 30에 가장 이름을 많이 올린 테마주가 제약바이오주로서 바이로메드, 메디톡스, 인바디, 한미사이언스, 한미약품, 휴온스, 대화제약, 쎌바이오텍, 루트로닉, 젬백스테크놀러지, 총 10종목임을 알 수 있다. 2016년 1월부터 오늘 6월 13일까지의 TOP 30을 보면 영진약품, 엠젠플러스, 셀루메드, CMG제약, 제일약품, 오리엔트바이오, 총 6종목의 제약바이오주가 포함되어 있다. 즉 제약바이오주는 하루아침에 시장의 이슈가 되고, 시장의 핫테마가 된 것이 아니다. 대박종목이 나오면 제2의 대박주, 제3의 대박주를 찾아나가는 과정에서 제약바이오주 전체의 움직임이 좋아지는 학습효과가 작용한 것이다.

마찬가지로 삼립식품, 오뚜기, 동원 F&B뿐만 아니라 롯데제과, 농심 등 우리나라 음식료주중에는 중장기 우상향 추세의 종목들을 쉽게 찾을 수 있다. 이러한 점에서 음식료주는 제약바이오주 다음으로 최근 수년간 가장 추세가 좋은 업종군 내지 테마주라고 이해하면 된다.

(2) 시가총액 비교법

시가총액 비교법 중에는 동종업계 시가총액 순위를 비교분석하면서 저평가종목을 찾아내는 방법이 있다. 음식료주 중에서 시가총액이 1조 원 이상의 종목들을 정렬해보면 다음과 같다(가나다순).

CJ제일제당 5조 원

농심 2.3조 원

대상 1조 원

동서 3.3조 원

동원F&B 1.1조 원

동원산업 1조 원

롯데제과 3조 원

롯데칠성 2.3조 원

롯데푸드 1.2조 원

삼립식품 1.6조 원

오뚜기 3조 원

오리온 5.7조 원

하이트진로 1.8조 원

현대그린푸드 1.9조 원

　

현재 상장 음식료주의 평균 PER는 약 30 정도이며, 우량 음식료주의 평균PER가 높은 이유는 기관들이 선호하는 기관선호주가 다수 포진하고 있어서 가치주이지만 약간의 버블이 있는 종목들도 포함되어 있음을 알 수 있다. 1조 원 이상 종목들의 공통점은 영업을 오래하여 브랜드가치가 높고, 음식료업종의 각 카테고리 1등 기업들이어서 시장지배력이 높은 종목들이 다수임을 알 수 있다. 라면하면 농심, 초코파이하면 오리온, 빵하면 삼립식품, 과자하면 롯데과자 등을 연상해보면 된다.

따라서 아직 시가총액이 낮은 종목 중 1조 원 이상의 종목들처럼 영업을 오래하여 브랜드가치가 높고, 각 카테고리 1등 기업이어서 시장지배력이 높은 종목을 찾아내자. 왜 시장에서 아직 저평가를 받고 있는지 원인을 분석하다 보면 뜻밖의 좋은 기회를 주는 종목을 만날 수 있다.

(3) 생활 속의 종목발굴기법

생활 속 종목은 뉴스, 소비, 업무에서 주식 관련 정보를 얻을 수 있다. 예를 들어 '썩은 밀가루' 파동의 신송산업은 신송홀딩스의 자회사로, 그

관계사인 신송식품이 간장을 제조하는 회사이다. 2015년 말 갑질논란으로 온나라를 떠들썩하게 만들었던 몽고식품 역시 우리나라 간장판매 3위 기업임을 떠올려볼 수 있다. 이러한 장류제조업체의 물의에 대한 반사이익 기업으로는 당연히 간장 1위 업체인 샘표식품이 떠오른다. 특히 샘표식품은 2016년에 설립 70주년을 맞이한 장수기업으로 높은 브랜드 가치가 있다. 간장 시장점유율 1위, 전체 장류제조업체로는 1위 CJ제일제당, 2위 대상에 이어서 3위 업체이다.

CJ제일제당의 시총 5조 원, 대상+대상홀딩스의 시총 1.5조 원에 비해 현재 샘표식품의 시총 2,100억 원은 낮아도 너무 낮다는 생각을 지울 수 없다. 여기에 새로운 조미료인 요리에센스 연두의 성공적인 런칭을 생각하면, 왜 샘표식품 시가총액이 2,100억 원 밖에 되지 않는지 의문이 생긴다. 이러한 의문을 해결하기 위해서 삼박자 분석법을 통해 샘표식품을 분석해보기로 한다.

2. 재무제표 분석

• 임시주주총회결과 공시를 보니 분할승인을 위한 임시주주총회였고, 원안대로 승인되었음을 알 수 있다. 정관변경을 하였는데 내용을 보니 지주회사 전환에 따른 목적사업의 추가라는 것에서 분할을 진행중이며, 그 목적은 지주회사 전환을 위하여 지주회사와 사업회사로 분할하는 것임을 알 수 있다.

• 투자설명서 공시를 열어보니 분할의 개요, 당사회사에 관한 사항 등으로 분할에 대해서 설명하는 공시임을 확인할 수 있다. 분할되는 회사는 샘표식품, 분할존속회사는 샘표, 분할신설회사는 샘표식품이다. 분할존속회사인 샘표는 순수지주회사 체제로 운영될 계획이며, 분할신설회사는 식료품제조업으로 운영될 계획이다.

• 기존 최대주주의 30.02%와 분할되는 회사인 샘표식품의 자기주식 30.38%를 고려하면 분할후 분할신설회사의 최대주주및 특수관계인은 분할신설회사의 지분 60.40%를 보유하게 된다.

• 기존 샘표식품의 자기주식은 의결권이 없는 주식이다. 하시만 분할을 함으로써 샘표(지주회사)가 가지게 되는 자기주식 30.38%가 아닌 샘표식품 주식 30.38%는 의결권 행사가 가능해진다. 그렇기 때문에 분할후 샘표식품에 대해 기존 최대주주 30.02%와 분할후 샘표가 가지게 될 30.38%를 합한 60.40%의 보유라는 의미이다.

• 금번 분할 직후 시점 분할존속회사는 자산총계 1,000억 원 미만이며, 분할 존속회사의 자산총액 중 자회사 가액이 차지하는 비중이 50% 미만에 해당되어 공정거래법상 지주회사 성립요건이 충족되지 않는다. 이에 따라 분할 존속회사는 분할 및 분할신설회사의 재상장이 완료된 이후 일정 시점에 주식매매, 공개매수, 현물출자, 또는 주식의 포괄적 교환 등의 방법을 통하여 분할존속회사가 분할신설회사의 지분을 추가 취득하도록 한다. 그럼으로써 공정거래법상 지주회사 성립요건을 충족시키는 방안을 고려중에 있다.

• 핵심은 분할후 샘표가 분할후 샘표식품의 주식을 현재지분대로라

면 30.38%를 가지게 되는데, 이것 이상을 가져야 한다는 의미이다. 따라서 분할후 샘표는 분할후 샘표식품의 주식을 장내매매, 공개매수 또는 교환등의 방법으로 취득하고자 계획 중이라는 의미다. 가장 확률이 높은 방법은 대주주의 30.02%의 분할후 샘표식품 주식과 분할후 샘표가 보유할 자사주 30.38% 중 일정 부분의 교환이지 않을까 예상한다. 이러한 교환으로 대주주는 사업회사인 샘표식품의 지분을 지주회사인 샘표의 지분으로 바꿀 수 있으며, 또한 지주회사인 샘표는 자기주식을 대주주가 보유하고 있는 사업회사인 샘표식품의 지분으로 바꿀 수 있게 된다.

• 만약 이러한 시나리오가 가능해진다면 대주주 입장에서는 당연히 샘표보다 샘표식품의 주가가 상대적으로 상승을 해야 유리한 조건에서 교환이 이루어지게 된다. 따라서 기업분할 이후에 재상장 시점부터의 주가흐름은 당연히 샘표식품의 주가가 샘표의 주가보다 위로 훨씬 크게 열려 있음을 논리적으로 추론할 수 있다.

• 분할존속회사에 대한 설명 중 자산총계 837억 원, 부채총계 69억 원, 부채비율 9%, 차입금의존도 0%라는 것을 보면 초우량회사임을 알 수 있다. 분할신설회사의 설명 중 매출액증가율이 5.32%, −1.04%, 4.22%로 나쁘지 않음을 알 수 있으며, 영업이익률은 2014년 9.77%, 2015년 21.1% 증가율, 당기순이익은 30.64%의 증가율을 보였다는 것에서 샘표식품이 재무안정성 못지않게 성장성도 뒷받침되고 있는 기업임을 알 수 있다.

• SFS라는 캘리포니아에 설립되어 있는 자회사가 현재 자본잠식 적

자 상태라는 점에서 자회사 위험이 존재하고 있음을 알 수 있다. 분할후 분할존속회사인 샘표는 변경상장, 분할신설회사인 샘표식품은 재상장된다.

• 매매거래 정지 예정기간은 2016년 6월 29일부터 8월 8일까지로 환금성이 제약을 받을 수 있다. 즉 분할전 마지막 거래일이 6월 28일이며, 분할재상장일이 8월 9일로 약 40일간 거래정지됨을 알 수 있다. 샘표식품의 매매를 고려하고 있다면 6월 28일과 8월 9일이 매우 중요한 이틀이 될 것이다.

• 마지막으로 분할에서 빠뜨리기 쉬운 중요한 정보가 나온다. 기존주주에게 분할 후 존속회사는 0.486주, 신설회사는 1.027을 준다고 한다. 0.486주와 0.514주를 주어야 하는데 신설회사는 왜 2배를 주는 걸까?

• 현재 샘표식품의 액면가가 1,000원인데 500원으로 분할재상장과 동시에 신설회사인 샘표식품만 액면분할이 이루어짐을 알 수 있다. 왜 샘표식품만 액면분할을 할까?

• 경영진은 샘표보다 상대적으로 샘표식품의 주가가 오르기를 바라는 것은 아닐까? 예를 들어 계산의 편의상 현재 샘표식품이 주가 5만 원에 400만주 2,000억 원짜리 회사라고 가정하고, 분할비율을 0.5주 대 0.5주라고 가정한다면, 분할후 샘표는 주가 5만 원에 200만주, 1,000억 원짜리 회사가 되고, 샘표식품은 주가 5만 원에 200만주, 1,000억 원짜리회사가 되는 것이다.

• 그런데 실제 이번처럼 샘표식품만 액면분할을 하게 되면 샘표는 주가 5만 원에 200만주, 1,000억 원짜리 회사가 되고, 샘표식품은 주가

2만5,000원에 400만주, 1,000억 원짜리 회사가 된다. 시총은 같지만 주가가 샘표식품이 샘표보다 절반 가격으로 싸보이는 효과가 발생한다. 그렇다면 8월 9일에는 어떤 일이 벌어질까? 샘표는 하락하고 샘표식품은 상승하지 않을까? 아니면 샘표는 상승하고, 샘표식품은 더 크게 상승하지 않을까?

• 분할 소요비용을 보자. 법무법인이나 회계법인 증권회사 등의 모든 비용을 합해 9억 6,000만 원이 든다. 도대체 왜? 6,000만 원도 아니고 9억 6,000만 원을 들여서 기업분할을 할까? 분명 이유가 있다.

• 영업의 내용에서 보면 맛간장, 한식양념, 반찬통조림, 국수류 등 편의지향이라는 트렌드와 함께 1인소비가구, 쿡방 열풍 등에 따라 소비자가 확대되고 있음을 설명한다. 백일된장, 폰타타소스 등으로 맛을 지향하며 제품을 확대하고 있음을 설명하고 있다. 건강지향인 백년동안이라는 흑초상품에 대한 설명이 있다. 마지막으로 요리에센스 연두를 강조하고 있다.

• 한식의 세계화에 대한 설명 중 중요한 내용이 있다. 할랄 국제품질인증을 획득하여 현지화를 통한 시장개척을 하고 있음을 설명하고 있다. 이로 인해 2006년부터 2015년까지 연평균 12%씩 수출이 늘고 있음을 설명하고 있다. 현재 간장시장 점유율이 58%로 압도적인 1등임을 도표로 보여주고 있으며, 육포시장에서는 22%임을 보여주고 있다.

• 임원현황표를 보면 3세 경영인인 박진선 회장이 50년생이며, 대주주도 박진선 회장으로 16.46%를 보유하고 있음을 알 수 있다. 즉 상속 전에 증여로서 2세에서 3세로 지분승계가 이루어진 전례로 보았을 때, 3

세에서 4세도 상속 전에 증여를 계획할 확률이 높음을 알 수 있다. 또한 2대주주와 3대주주인 고영진, 고계원 씨는 바로 처남과 부인임을 알 수 있다.

• 4세경영자로 내정되어 있는 것으로 알려진 박용학 씨는 현재 2.36%의 지분을 가지고 있다. 여기에서 중요한 부분이 있다. 샘표식품의 경우 2세인 박승복 회장이 1997년 박승재 전 사장 일가와 경영권 다툼을 한 차례 벌인 바 있고, 그 이후에 3세인 박진선 사장도 사모펀드 마르스 1호와 경영권 분쟁을 한 바 있다.

• 3세인 박진선 사장이 50년생 67세이고, 4세인 박용학 씨가 아직 지분승계를 받지 못한점 등을 고려했을 때, 이번 기업분할 목적은 지주회사전환을 통해서 보다 쉽게, 보다 낮은 비용으로 경영권 승계를 이루기 위한 것이라고 유추해볼 수 있다. 이러한 추론이 맞다면 결국 앞에서 언급한대로 사업회사인 신설회사 샘표식품만 액면분할하는 이유를 이해할 수 있다. 결국 비싸진 샘표식품의 지분을 정리해 지주회사인 샘표의 지분율을 높이기 위함이라고 생각해볼 수 있다.

• 재무제표를 보면 음식료업종 PER 대비 굉장히 낮은 저PER 상태로 주가가 그동안 억눌러져 있었음을 알 수 있다. 아마도 여기에는 아직 4세로의 지분승계가 이루어지기 전이라는 것도 작용했을 것으로 보인다. 어느 정도 우량한 회사인지 조건검색에서 샘표식품의 장점을 살려 검색조건을 지정해보면 알 수 있습니다. 키움증권 조건검색은 다음과 같다.

A. 매출액증가율 〈최근3년 평균증가율〉 0% 이상

B. 영업이익증가율 〈최근 결산기대비〉 20% 이상

C. 순이익증가율 〈최근결산기대비〉 20% 이상

D. 영업이익률 〈최근결산〉 4% 이상

E. 순이익률 〈최근결산〉 4% 이상

F. 유보율 4000% 이상

앞의 조건으로 입력하면 총 16종목이 검색된다. 종목은 다음과 같다.

경방 / 아모레G / 농심 / 롯데칠성 / 동아타이어 / 샘표식품 / 한섬 /

동화기업 / SK머티리얼즈 / 메가스터디 / 컴투스 / 아모레퍼시픽 /

S&TC / 실리콘웍스 / 비씨월드제약 / 케어젠

종목을 줄이기 위해 시가총액 3,000억 원 미만종목으로 추가조건을 넣고 검색하자. 그러면 다음과 같이 나온다.

샘표식품 / 메가스터디 / S&TC / 비씨월드제약

즉 샘표식품은 우리나라 상장종목 중 매출이 3년 동안 증가하고, 영업이익과 순이익이 20% 이상 증가했으며, 영업이익률과 순이익률이 4% 이상인 종목 중 시가총액이 3,000억 원이 되지 않는 저평가 우량주 4종목 중 하나라는 뜻이다.

3. 차트분석

샘표식품 차트의 연봉 또는 월봉을 보면 중장기적으로 우상향하고 있음을 알 수 있다. 주봉상으로 봐도 여전히 이동평균선이 정배열에 위치하고 있지만, 2016년 7월경 고점에 비해 반토막 가까이 주가조정이 있었음을 알 수 있다. 일봉으로 보면 2016년 8월 11일 83,000원에서 11월 16일 34,500원까지 3개월 동안 주가를 반토막하는 주가조정이 있었음을 알 수 있다. 그 이후 저점을 높여가면서 주가는 4만 원과 5만 원의 단기박스를 형성하고 있다.

이러한 단기박스권의 경우 비추세매매를 하려거든 4만 원에 매수하고 5만 원에 매도하는 전략이 가장 유효한 전략이며, 추세매매를 하려거든 전고점 5만 원을 강하게 돌파하는 시점에 주가상승을 예상하고 매수에 동참하는 전략이 가장 유효한 전략이 될 것이다.

봉의 형태나 이동평균선의 위치 등으로 볼 때 단기차트로서는 매력적이라고 볼 수 없다. 즉 차트분석상으로는 중장기적인 차트는 여전히 우상향 차트로 볼 수 있지만, 단기적인 차트로서는 단기박스권 고점에 주가가 형성되어 있어 전고점 돌파 확인이 선행되어야 한다.

4. 재료분석

샘표식품의 재료들을 인터넷 포탈 등의 여러 채널을 통해서 수집해보면 우량주, 기업분할, 샘표간장 등의 관련글을 가장 많이 볼 수 있다. 이러한 글 중 앞에서 대부분 언급되었던 부분들을 정리하면 다음과 같다.

- 샘표식품은 음식료업종의 대표적인 중소형 우량주라는 글들에서, 시장에서 기업가치 우량주로 인식되고 있음을 알 수 있다. 신송과 몽고에 대한 반사이익을 얻을 수 있다는것이 호재이지만, 샘표식품 박진선 사장의 농지 불법전용이라는 기사는 사실 여부를 떠나 잠재적인 악재가 될 수 있다.
- 기업분할에 대한 기사가 가장 많다. 앞에서 분석한 공시내용들을 짜집기한 정도의 글들이 많다. 자사주가 받게 되는 분할후 샘표식품의 주식이 투자주식이 되면서 분할후 샘표식품의 지배력이 강화된다는 정도의 분석글이 가장 많다.
- 통상적으로 기업분할 거래정지를 앞두고 또는 거래정지 중이나 재상장을 며칠 앞둔 시기에 기업리포트들이 나온다는 점에서, 아마도 좀 더 심도 있는 증권사리포트들이 나오지 않을까 싶다. 또한 그 핵심은 결국 사업회사의 주가상승을 예견하는 리포트가 될 것이다.

5. 종합의견

2016년 6월 10일 금요일 기준으로 샘표식품은 시가총액 2,160억 원이다. 재무제표상으로 보았을 때 조건검색으로 추려지는 과정에서 밝혀졌

듯이 안정적인 매출액과 영업이익률, 당기순이익률의 이익구조를 가지고 있음을 알 수 있다. 특히 4,000%가 넘는 높은 유보율은 시총 2,000억 원대의 종목 중 독보적이라고 할 수 있다.

다른 음식료주의 평균 PER에 훨씬 못 미치는 것에서 알 수 있듯, 왜 샘표식품의 주가는 낮게 거래되고 있는지 악재요인을 찾아볼 수 있다. 분석결과 아마도 악재 때문이기보다 현재까지 대주주 입장에서 주가가 오르는 것을 바라지 않음이 악재라면 가장 큰 악재가 아니었을까 추론해본다.

즉 3세에서 4세로 지분을 승계하려는데 당연히 주가가 오르면 세금을 비롯한 필요비용 측면에서 불리해지기 때문이다. 하지만 이 악재 아닌 악재도 이제 해소되려는 시기가 왔다. 바로 지주회사 전환을 위한 기업분할을 하기 때문이다.

9억 6,000만 원이라는 분할부대비용을 지불하면서라도 지주회사 전환을 하는 이유는 간단하다. 시총을 절반으로 쪼개어 샘표(지주회사)와 샘표식품(사업회사)으로 나눈 후, 비싸진 샘표식품의 주식을 처분하여 상대적으로 싸진 샘표의 주식을 추가매수하여 경영권을 안정화시키려는 것이다. 다른 이유를 찾을 수 없다고 보여진다. 이러한 이유라면 샘표식품만 액면분할을 하는 것이 자연스럽게 설명된다.

즉 현재 샘표식품 30%를 소유하고 있는 대주주는 기업분할 후 주가변동을 고려하지 않는다 해도 같은 자금으로 샘표 60%, 샘표식품 0%(왜냐하면 샘표식품은 지주회사인 샘표가 50% 이상 지분을 보유하면 되므로)로 샘표지주회사에 대해 50% 이상 지분을 보유할 수 있게 되며, 심지어는 샘표식품이 샘표보다 상대적으로 주가가 더 상승한다면 좀 더 유리하게 지분 변경을 할 수 있게 된다. 이러한 기업분할 재료가 워낙 크기 때문에 요리 첨가제 연두나, 신송·몽고 등 라이벌업체의 악재 등은 굉장히 작은 재료로 보일 정도다.

차트분석상으로는 현재의 위치가 차티스트들이 보기에 좋아 보이지는 않는다. 즉 4만 원대 초반으로 밀리거나 5만 원을 강하게 돌파해야 차티스트들이 달라붙고 싶은 이쁜 차트로 바뀔 것이다.

음식료업종에서 오리온-삼립식품-농심-오뚜기 등으로 이어지는 중장기 상승추세의 대박종목들이 소리소문 없이 나왔다는 것을 감안할 때, 음식료업종이며 기업가치가 높고 기업분할의 이유가 명확하여 주가에 긍정적인 영향을 미칠 것이다. 그렇다면 샘표식품에 대해 긍정적인 높은 점수를 줄 수 있다. 다만 투자자의 타입별로 접근방법이 달라질 수밖에 없다.

저평가된 중소형 음식료주로 접근하는 재무제표를 중시하는 가치투자자라면 기업분할에 의한 주가변동과 관계없이 Buy & Hold 장기투자가 가장 훌륭한 전략이 될 것이다. 차트를 중요시하는 차티스트들은 4만 원대 초반(비추세매매)이나 5만 원 돌파시(상승추세매매)에 매수가담이 가장 훌륭한 전략으로 보인다. 재료를 중요시하는 재료분석가들에게는 이번 기업분할을 샘표식품 입장에서 호재냐 악재냐로 고민해본다면, 당연히 호재로 분석된다. 다만 분할정지가 변수이기 때문에 분할정지를 앞두고 정지전에 매도하겠다는 매도세가 정지기간을 버틸 자신이 있으니 매수하겠다는 매수세보다, 강해서 주가가 약세를 보일 것이라고 생

각한다면 분할 정지일인 6월 28일 종가매수가 그 위험을 덜 수 있을 것
이다.

　반대의 경우에는 6월 28일 전에 미리 사는 것이 더 유리할 수도 있다.
반면에 거래정지 40일의 환금제한 위험마저도 회피하고자 한다면, 분할
재상장일인 8월 9일에 분할사업회사인 샘표식품 공략이 유효한 전략으
로 보인다.

[삼박자 투자법 CASE 2] 노바렉스

1. 종목선정 이유

실전투자기법 8테크에서 '투자기법8_ 생활 속의 종목발굴법'이 있다. 앞에서 언급한 것처럼 필자는 '일상생활도 주식투자에 미쳐야 한다'라는 생각으로 일상생활의 거의 모든 것을 주식과 연관 지으면서 생활하고 있다. 뉴스에 나오는 모든 정보를 주식과 관련 지어 생각하다 보면 습관이 되어 자연스럽게 생활 속에서 종목을 발굴할 수 있을 것이다.

주변의 지인들과 여러 모임을 하고 있는데 특히나 또래 친구들을 만났을 때 자연스럽게 이야기의 주제로 언급되는 것이 건강 관련 이야기다. 예전에는 밤새 술을 마셔도 끄떡없었지만, 나이가 들다 보니 건강에 관하여 관심을 가질 수밖에 없는 듯하다. 물론 나도 그렇지만 말이다. 건강에 대한 관심으로 인하여 우리나라 제약바이오산업의 성장과 연관 지어 생각할 수 있게 되었다. 특히 제약바이오주의 여러 분야(신약개발/바이오시밀러/의료기기/건강기능식품 등) 중 일상생활에서 건강기능식품을 쉽게 접할 수 있게 되었다. 명절에 흔히 볼 수 있는 선물 중 건강기능 관련 식품들이 주를 이룬 것은 오래되었고, TV홈쇼핑 채널이나 마트의 진열대에서 꽤 비중 있게 차지하고 있는 것을 쉽게 볼 수 있다.

또한 여기에서 가장 주목해서 봐야 할 부분은 건강기능식품들의 연령대별, 기능별 시장의 확대다. 과거 노년층에서나 관심을 가졌다면 현재는 연령대와 상관없이 건강에 대한 관심이 증폭되고 있으며 그 기능 또한 매우 다양해졌다. 한참 성장하고 있는 어린아이들에게는 성장에 꼭 필요한 칼슘, 비타민 등, 미용에 관심이 많은 20~30대에게는 각종 다이

건강기능식품 관련주

종목명	시가총액 (억 원)	KEY POINT
콜마비앤에이치	19,410	건강기능식품 및 화장품 OEM/ODM, 에터미향 매출
서흥	6,745	하드캡슐, 의약품 및 건강기능식품 및 젤라틴 부문 사업 영위
종근당홀딩스	6,137	지주회사, 주요 자회사, 종근당/종근당바이오/종근당건강
노바렉스	3,746	원료부터 제품까지 Total Service 할 수 있는 OEM 영업
종근당바이오	2,825	항생제 및 당뇨치료제 원료를 주력으로 생산, 판매
에이치엘사이언스	2,638	천연물 기능성 원료 및 천연물 신약, 연구개발사업, 석류제품
뉴트리	2,128	이너뷰티 시장을 피부 건강(뷰티) 식품과 다이어트 식품 판매
코스맥스엔비티	2,073	건강기능식품 및 건강 지향 식품을 생산하는 제조 & 유통
쎌바이오텍	1,518	듀오락 브랜드 유산균 완제품 판매, 듀얼코팅 프로바이오틱스
팜스빌	983	주요브랜드- 애플트리김약사네, 악마다이어트 등
비피도	742	프로바이오틱스를 이용한 제품(지근억비피더스)
네오크레마	537	기능성 당과 기능성 펩타이드 등의 주요 제품을 보유

2020.08.14. 종가기준

어트 상품과 중장년층에게는 부족한 영양분을 보충해줄 수 있는 상품들이 연령대별 그리고 기능별로 확대되고 있다.

건강기능식품 관련주를 살펴보면 특정 브랜드(제품)를 보유하고 판매 유통하는 기업들과 건강기능식품을 OEM/ODM 하는 기업으로 나누어 볼 수 있다. 이 중 시장의 트렌드에 따라 변화하는 브랜드 중심의 기업보다는 늘어나는 건강기능식품의 수요에 따라 안정적으로 공급하면서 성장할 수 있는 원료기업에 좀 더 관심이 가며 건강기능식품 원료제공 기업 중 국내 최다 개별인정원료를 보유하고 있는 노바렉스를 관심종목으로 선정하여 분석해보기로 한다.

- **OEM**Original Equipment Manufacturing(주문자상표부착생산): 주문자가 요구하는 상표명으로 부품이나 완제품을 생산하는 방식
- **ODM**Original Development Manufacturing(제조업자 개발생산): 하청업체가 제품의 개발과 생산을 모두 담당하는 방식

2. 재료분석

재료분석 중 가장 신뢰할 수 있는 증권사리포트의 내용을 요약하면 아래와 같다.

건강기능식품 산업의 총아

서혜원 키움증권 애널리스트, 2020/06/02

건강기능식품 산업의 총아

– 개별인정원료 보유한 건기식 제조사

: 국내에서 36개 개별인정원료를 보유하고 있어 경쟁사 대비 개별인
  정형 원료를 사용하는 제품에 대해서는 높은 마진을 보장한다.

– 올해와 내년 최대 실적 이어갈 전망

: 코로나19 사태는 건기식에 대한 수요를 빠르게 촉진시키고 있는 것
  으로 판단, 전체 시장 규모가 성장하고 있다.

– 2021년 기대되는 증설 효과

: 현재 증설 중인 오송공장의 생산 캐파^{CAPA}는 2,000억 원 규모이다.
  2021년 전체 캐파는 4,400억 원으로 현재의 2배 수준이며 자동화 시
  설 구축으로 원가율 개선도 기대한다.

2Q20 Pre: 높아진 눈높이 충족 전망

심은주 하나금융투자 애널리스트, 2020/07/02

– 중장기 성장 여력 높아

① 과거 홍삼이나 비타민에만 국한되어 있었던 카테고리가 눈, 갱년
   기, 이너뷰티 등으로 확산되는 추세다.

② 셀프메디케이션 확대 흐름에 따라 건기식으로 질환을 예방하는 경
   향이 더욱 높아질 것으로 판단한다.

③ 정부의 현장밀착형 규제 혁신도 긍정적이다. 업황에 대한 이견

이 없다면 시장에 대한 투자가 유효하다고 판단한다. 시장 성장은 OEM/ODM 업체 실적 호조를 의미한다.

– 목표주가 4~5만 원으로 상향 조정

① 내년 상반기 오송 공장 증설 완공 시 CAPA는 기존 2천억 원에서 4천억 원으로 증가

② 오송 공장의 자동화 설비 기인해 유의미한 이익 레버리지 효과가 본격화될 것으로 추정

③ 건강식품시장 고성장에 따른 높은 이익 가시성 감안 시 여전히 저평가되어 있다고 판단

계절성 없는 가파른 성장세

한경래 · 이새롬 대신증권 애널리스트, 2020/04/27

– 2020년 영업이익 209억 원(+28% YoY)으로 추정치 7% 상향 선방

: 국내 건기식 시장의 구조적 성장과 더불어 코로나19로 인한 건기식 수요확대

기존 공장의 생산성 증대로 생산 능력 2,000억 원까지 확대했음에도 증가하는 수요 대비 타이트하게 공급될 전망

오송 공장은 2021년 상반기 증설 완료 계획. 생산 능력 2,000억 원에서 4,000억 원으로 확대 예정. 자동화 시설 구축해 생산 효율 증대, 원가 절감 효과 기대.

위 3개 증권사 애널리스트들이 분석한 내용의 공통점을 정리해보면 아래와 같다.

- 건기식 시장의 구조적 성장과 더불어 성장할 수 밖에 없는 OEM/ODM 기업
- 국내 최다 개별인정원료를 보유 : 높은 마진율 보장
- 오송공장 증설에 따른 매출 확대 & 공장 자동화를 통한 생산 효율 증대

그 외 주요 뉴스들을 살펴보면 아래와 같다.

"노바렉스 기존 고객의 주문량 확대에 따른 매출 증가 지속"

홍진석 기자, 〈글로벌이코노믹〉 2020년 8월 6일자

"쑥쑥 크는 건강기능식품 시장, OEM · ODM 기업 주목하라"

이홍표 기자, 〈한경비즈니스〉 2020년 5월 18일자

"코로나19에 건강기능식품 고속성장, 노바렉스 제조 경쟁력 주목받아"

박혜린 기자, 〈비즈니스포스트〉 2020년 4월 20일자

3. 재무제표 분석

① **설립일자 및 상장:** 건강기능식품 제조 및 수출입업, 건강기능식품원료 제조 및 수출입업, 건강기능식품 연구업 등을 주요 사업으로 하여 건강기능식품업을 영위할 목적으로 2008년 11월 27일 설립되었으며, 2018년 11월 14일자로 코스닥 시장에 상장했다.

② **시장점유율:** 한국인삼공사, 콜마비앤에이치, 종근당건강, 한국야쿠르트에 이은 5위를 기록했다(2018년 생산액 기준이며 2020.08.11. 반기보고서 사업내용 발췌).

③ **경쟁업체 비교우위:** 36개의 개별인정형 원료를 보유, 개별인정형 제품 원료 개수는 국내 1위에 해당한다.

수익성 비교

구분	재무비율	2019년	2018년	2017년	2016년	업종평균
수익성	매출액총이익율	17.99%	19.26%	21.07%	20.30%	27.21%
	매출액 세전순이익율	10.69%	10.70%	11.82%	14.14%	7.59%
	매출액순이익율	9.25%	8.84%	10.02%	11.93%	5.72%
	총자산 세전순이익율	11.02%	10.80%	13.31%	18.11%	7.21%
	자기자본 순이익율	16.02%	12.00%	15.48%	20.55%	9.82%

주1) 업종평균은 한국은행 기업경영분석(C107 기타 식품제조업)을 참고함.
주2) 수익성 비율 산정 시 지배기업 소유주 귀속 당기순이익을 사용하였다.

2020. 08. 11. 반기보고서 사업내용 발췌

④ 재무제표(2020년 반기보고서 기준)

주요재무정보	연간			2020년 분기	
	2017년	2018년	2019년	1분기	2분기
매출액	809	1,073	1,591	500	605
영업이익	99	113	163	55	69
영업이익률(%)	12.2	10.6	10.3	10.9	11.4
당기순이익	80	92	145	61	59
순이익률(%)	9.8	8.5	9.1	12.1	9.7
자산총계	718	1,063	1,544	1,636	1,966
부채총계	195	272	625	672	944
자본총계	523	791	919	963	1,022
ROE(%)	16.8	14.5	17.2	20.5	22.0
PER(배)		13.5	12.3	11.0	15.2
PBR(배)	−	1.6	1.7	1.8	2.7

DART에 공시된 사업보고서상 내용 중심으로 살펴보면 개별인정형 원료를 보유하여 업종평균대비 높은 수익률을 유지하는 것으로 파악된다. 재무제표를 살펴보면 매년 꾸준히 매출이 늘고 있는 것을 볼 수 있다. 2020년 또한 반기실적이 전년도 매출대비 69.5% 수준 달성으로 전년 대비 성장할 것으로 예상된다.

4. 차트 분석

① 일간차트

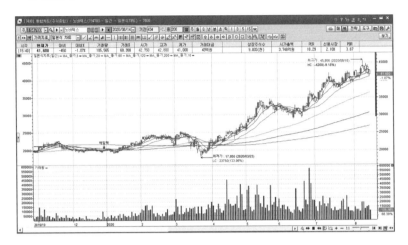

일간차트를 보면 코로나19 저점 대비 두 배가 약간 넘게 상승했지만, 단기 급등이 아닌 수개월간 조정받으면서 상승했기 때문에 진각이 일정한 정배열차트 상태가 됐다. 특히 4월부터 6월까지 세 달간 거래를 증가시키며 주가가 레벨업 되었다면 7월부터는 안정적인 거래량을 보이며 점진적인 상승을 보이고 있다.

② 월간차트

월간차트를 보면 신규상장 이후 1년 이상 물량 소화 과정을 거쳤고, 코로나19 악재 이후 오히려 건기식 관련주가 수혜주로 떠오르면서 6개월 연속 양선이 나오며 역사적 신고가를 매달 갱신하는 상황이다. 차트로 보면 굉장히 강한 움직임을 보이는 성장주임을 알 수 있다.

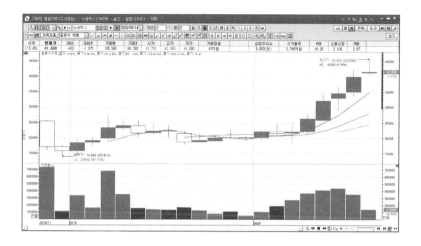

5. 종합의견

인구고령화로 필연적으로 성장할 수밖에 없는 건강기능식품시장에서
연령대별/기능별 다양한 상품군 확대로 시장의 성장이 예상되고 있는
가운데 OEM/ODM 생산 국내 1위 업체인 노바렉스의 수혜는 당연 시 된
다고 생각한다. 또한 개별인정형 원료 개수 국내 1위 보유기업으로 수익
성도 뛰어나며 올해 하반기 공장 증설에 따른 매출 확대 및 공장자동화
를 통한 생산·효율성 증대로 매출 및 안정적인 수익률이 증대될 것으
로 예상할 수 있다.

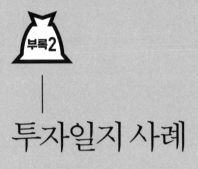

부록2

투자일지 사례

[단기매매 투자일지]

1. 장전 데일리 분석

(1) 오늘의 시황

① 8월 14일자 대신증권 시황

   – 8월 중순, 나스닥지수가 이끄는 변동성이 찾아온다

   – 닷컴 버블 활황국면(1999.10.19~2000.03.10)에 견줄만큼 상승폭(60.5% vs 닷컴버블 87.7%)이 높은 현 나스닥 지수, 닷컴 버블 상승일수 도달

   – 닷컴 버블 지수 하락의 트리거가 된 상황(매출 대비 시가총액이 크게 상회하는 기업수 속출)이 동일(닷컴 버블 33개 vs 코로나19 62개)

   – 현 나스닥 지수는 닷컴 버블 시기 상승일수에 도달하는 8월 중순(13일~) 이후 고점이 형성된 후, 닷컴 버블 시기 도머 형성 후 하락폭(-34.2%)과 하락일수(25일)를 반영해 9월 순 전으로 저점을 형성할 가능성, 동 기간을 미국 투자의 비중을 확대하는 계기로 삼을 필요

   – 팬데믹이 가져온 사회적 변화가 이끄는 기존 주도주 장세 다시 형성될 전망, 나스닥 지수를 메인으로 코로나19 피해주를 트레이딩하는

투트랙 전략(비중 70:30)이 유효할 전망

② 8월 14일자 신한금융투자 시황

미중 회담 경계, 코로나19 확진자 급증에 하락 전환

- 코스피는 외국인 차익실현 매물에 하락 개장 후 2400pt 부근에서 등락

- 15일 미중 고위급 회담 관망 가운데 국내 코로나19 확진자수 100명 대 급증

- 기관은 화학, 외국인 전기전자 업종만 1000억 원대 순매도, 유통, 유틸리티 소폭 매수세

- 코스닥지수는 제약바이오, 2차전지 소재주를 비롯한 전 업종 약세에 2%대 하락

- 코로나19 지역감염 급증에 따른 2학기 등교방식 재논의 소식에 온라인 교육주 상승

- 아시아 주요 증시 혼조: 일본 +0.003%, 대만 -0.18%, 홍콩 -0.04%, 중국 +0.26%

(2) 증권사 추천 종목

하나금융투자

HSD엔진: 선박 석유 연료는 없어지고 있음

세아제강: 선방했던 2분기, 하반기 기대감 고조

리노공업: 소켓(부합), 핀(상회), 의료부품(하회)

엔씨소프트: 기대감 가득한 4분기

한국전력: 3분기는 더 좋음

팬오션: 비주류 부문이 견인한 2Q20 어닝서프라이즈

대신증권

코스맥스: 보릿고개 속 서프라이즈 시현

엔씨소프트: 해외와 신작에 쏠린 시선

이마트: 할인점 GPM 개선 시급

펄어비스: 이브 에코스 흥행 성과 확인 필요

한화: 생명과 건설 일회성 이익으로 깜짝 실적 시현

팬오션: 비벌크 부문 손익 개선

리노공업: 비메모리 경쟁 심화는 동사에겐 기회

케이프투자증권

파라다이스: 단기전은 준비 완료, 장기전에는 가장 불리

강원랜드: 기다림이 연장되지 않기를 희망

현대차증권

현대해상: 건실한 2Q20 전망도 맑음

코스맥스: 이익 체력의 레벨업 재확인

한국전력: 역시 저유가가 최고의 모멘텀

한화생명: 손해율 개선과 증시 반등으로 컨센서스 부합

현대백화점: 부진한 실적 모멘텀 지속

이마트: 할인점 실적 개선이 관건

펄어비스: 견조한 검은 사막, 기대 이상의 이브

엔씨소프트: 다시 신작 기대감이 발현될 시점

NH투자증권

한화손해보험: 이익 체력 빠르게 회복 중

삼성생명: 안정적인 시차, 비차 실적

한국전력: 새 술은 새 부대에

코스맥스: 양과 질 모두 좋았다

이지웰: 가장 저평가된 쇼핑 플랫폼

롯데칠성: 바닥은 지났다

이마트: 경쟁사 폐점의 수혜보다 온라인 침투율 상승의 피해가 클 수도

디바이스이엔지: 사상 최대 실적으로 다시 재평가

SK증권

엔씨소프트: 2Q 과금 완급 조절로 부진, 3Q 실적 반등, 4Q 신작 모멘텀

CJ CGV: 흥행작 고무적이나, 회복을 위한 시간 필요

이베스트투자증권

다나와: 2Q20 고성장 유지

동국제약: 최대 매출액 경신

리노공업: 최대 실적 달성

메리츠화재: 고수익성 지속 예상

엔씨소프트: 2Q 숨고르기, 3Q 살짝 반등, 4Q 대폭 반등, 에너지 4Q 집중

이마트: 체질 개선 효과 기대

코스맥스: 시장 변화 대응 노력이 돋보인다

코스맥스엔비티: 만약 해외법인이 흑자전환 한다면

펄어비스: 검사 모바일 외엔 호조 그리고 이브 에코스 글로벌

유안타증권

미래에셋생명: 안정적인 호실적 지속

삼성생명: 주가는 비정상에서 정상으로 회귀하는 중

엔씨소프트: 이용자 확대

이마트: 마지막 퍼즐 조각이 맞춰졌다

한화: 실적은 기대 이상, 향후 지배구조 개편 가능성에 촉각을 세우자

키움증권

LS: 동 가격, 해상풍력, 인프라 투자

셀트리온헬스케어: 실적에 대한 믿음을 가질 때, 모멘텀도 가득

엔씨소프트: 부진한 2Q였지만 연말 축포를 기대

이마트: 할인점 턴어라운드 기대감 유효

현대백화점: 최악의 업황에서 선전

2. 장전 예상체결가 상위종목분석

TCC스틸: 전기차 부각 환경 속 2차전자부품사업 부각

에이텍티앤: 대선관련주

SK디앤디: 그린 뉴딜정책 환경 속 풍력사업 부각

KNN: 대선관련주

YBM넷: 언택트, 온라인교육관련주

디바이스이엔지: 사상 최대 수주 잔고, 저평가 분석

한국화장품: 시진핑 국가 주석 방한 기대감 부각

3. 장중 투자일지

12시 10분 거래소 −1.35%, 코스닥 2%대 하락

오전 장시작 후 지수가 몸통이 있는 음선으로 빠르게 하락

장 중 회복 기대했으나 음선 마감 거의 확정적

거래소 시총 상위 LG화학과 삼성SDI의 하락폭 확대

코스맥스, 한세실업, LF, 애경산업, 신세계, 아모레퍼시픽 등 중국관련주 강세

코스닥 시총 상위주 씨젠, 에이치엘비 등 10% 하락

전체 상승률 상위는 대선관련주, 소형개별주 선별적 상승

4. 장마감 후 상승률 TOP30 분석(8/27)

1. 이스트아시아홀딩스(30.00%): 국내상장중국기업주, 시총 400억 원대, 스포츠용품사업, 상장유지 결정 소식에 부각

2. 금호에이치티(29.95%) : 자동차부품주, 시총 3600억 원대, 부품사업, 다이노나와 합병 + 코로나19 치료제 개발 추진 부각

3. 알서포트(29.90%) : SW관련주, 시총 1조 원대, 원격SW사업, 코로나19 재확산 ⇨ 3단계 격상 우려감 ⇨ 화상회의&원격제어 솔루션 수요 증가 기대감 부각

4. 링네트(29.89%) : IT서비스주, 시총 1200억 원대, 네트워크솔루션사업, 코로나19 재확산 ⇨ 3단계 격상 우려감 ⇨ 화상회의시스템사업 후발 부각

5. 코오롱글로벌(29.86%): 건설주, 시총 4,500억 원대, 건설사업, 호실적 바탕에 그린 뉴딜정책 관련 풍력사업 + 코로나19 관련 음압병동 건설 중 지속 부각

6. 카스(29.85%): 기계주, 시총 500억 원대, 전자저울사업, 구로구 아파트 환기구 추정 코로나19 집단감염 소식 ⇨ 바이러스 사멸 효과 공기살균기 출시 소식 부각

7. 바디텍메드(29.84%): 제약바이오주, 시총 6800억 원대, 진단기기사업, 코로나19 + 독감 동시 진단 검사키트 개발 소식 부각

8. 영림소프트랩(29.78%): SW관련주, 시총 1400억 원대, ERP사업, 코로나19 재확산 ⇨ 3단계 격상 우려감 ⇨ 재택&원격근무 관련 클라우

드 ERP사업 후발 부각

9. 시스웍(29.76%): 기계주, 시총 2200억 원대, 클린룸사업, 코로나19 진단키트사업자 비비비의 경영권 인수 추진, 6연상

10. 제노포커스(29.65%): 제약바이오주, 시총 2700억 원대, 효소사업, 코로나19 진단용 효소 국산화 성공 소식 지속 부각

11. 엘엠에스 (29.40%): 전자부품주, 시총 900억 원대, 프리즘시트사업, 자사주 매입 영향 추정

12. YBM넷(26.60%): 교육관련주, 시총 2000억 원대, 교육서비스사업, 코로나19 재확산 + 태풍 ⇨ 원격수업 전환 ⇨ 온라인교육관련주 부각

13. 제이씨현시스템(26.30%): PC관련주, 시총 1300억 원대, 컴퓨터기기사업, 코로나19 재확산 ⇨ 3단계 격상 우려감 ⇨ 자회사 엘림넷의 미국 비됴사의 화상회의시스템 국내 총판사업 후발 부각

14. 파수(18.89%): SW관련주, 시총 700억 원대, 보안SW사업, 코로나19 재확산 ⇨ 언택트 ⇨ 영상회의&재택근무 ⇨ 보안 수요 증가 부각

15. 에스디생명공학(18.23%): 화장품주, 시총 1500억 원대, 화장품사업, 코로나19 관련 마스크신사업 추진 중

16. 청담러닝(18.20%) : 교육관련주, 시총 2100억 원대, 교육서비스사업, 코로나19 재확산 + 태풍 ⇨ 온라인교육관련주 부각 환경 속 ⇨ 중국 교육시장 진출 기대(금일 하나금융투자 리포트)

17. 메가엠디(17.74%) : 교육관련주, 시총 1300억 원대, 교육서비스사업, 코로나19 재확산 + 태풍 ⇨ 원격수업 전환 ⇨ 온라인교육관련주

부각

18. CJ씨푸드(17.13%) : 음식료주, 시총 1700억 원대, 수산식품사업, 코로
    나19 재확산 ⇨ HMR산업 성장 ⇨ 음식료관련주 내 개별 등락

19. 제닉신(16.99%) : 제약바이오주, 시총 4조2천억 원대, 신약개발사업,
    코로나19 중증환자 인터루킨-7 안전성&효능 확인 소식 부각

20. 벽산(16.95%) : 건자재주, 시총 1600억 원대, 단열재사업, 코로나19
    발 ⇨ 가구&인테리어 부각 환경 + 정부의 그린리모델링 정책 환경
    ⇨ 건자재사업 기대감 부각

21. 영풍정밀(16.45%) : 기계주, 시총 1200억 원대, 산업용펌프사업, 전방
    사업군(건설, 정유&화학)의 지연된 수주&증설 기대감 부각 추정

22. 이원컴포텍(16.32%) : 자동차부품주, 시총 1100억 원대, 부품사업, 비
    트갤럭시아 1호 투자조합 2대주주, 개별 등락

23. 대화제약(14.89%) : 제약바이오주, 시총 3200억 원대, 의약품사업, 모
    더나 노년층 대상 코로나19백신 실험에서 항체 형성 ⇨ 모더나관
    련주 이미지 부각 추정

24. 소프트캠프(14.41%) : SW관련주, 시총 900억 원대, 보안SW사업, 코
    로나19 재확산 ⇨ 3단계 격상 우려감 ⇨ 재택근무솔루션사업 지속
    부각

25. 한창산업(14.40%) : 금속주, 시총 300억 원대, 아연말&인산아연사업,
    홍정욱 SNS에 작별인사 언급 ⇨ 정계 복귀로 해석 ⇨ 임원 스탠포
    드동문설 ⇨ 홍정욱관련주 부각 추정

26. 이씨에스(14.08%) : SW관련주, 시총 800억 원대, 콜센터사업, 코로나

19 재확산 ⇨ 3단계 격상 우려감 ⇨ 화상회의솔루션사업 지속 부각

27. 포비스티앤씨(13.99%) : 교육관련주, 시총 900억 원대, 교육SW사업, 코로나19 재확산 ⇨ 온라인교육관련주 부각 ⇨ 교육용 SW사업 후발 부각

28. 크리스탈(13.82%) : 제약바이오주, 시총 8200억 원대, 신약개발사업, 간암 신약후보물질 FDA 희귀의약품 지정, 다이노나 ⇨ 화일약품 ⇨ 크리스탈지노믹스 ⇨ 지분관계 부각

29. 비트컴퓨터(13.77%) : SW관련주, 시총 2300억 원대, 의료용SW사업, 코로나19 재확산 ⇨ 원격진료관련주 이미지 부각

30. 한국팩키지(13.09%) : 포장관련주, 시총 700억 원대, 포장용기사업, 무상급식관련주 이미지, 재료미노출, 개별 등락

상승률 TOP30 정리

코로나19 관련주(비대면, 키트, 교육 등)

알서포트, 링네트, 카스, 바디텍메드, 영림원소프트랩, 시스웍, 제노포커스, YBM넷, 제이씨현시스템, 파수, 에스디생명공학, 청담러닝, 메가엠디, CJ씨푸드, 제넥신, 벽산, 대화제약, 소프트캠프, 이씨에스, 포비스티앤씨, 비트컴퓨터 등(21)

5. 주간, 월간, 분기, 연간 상승률 분석(2020년 8월)

1. 시스웍(263.20%): 기계주, 시총 1500억 원대, 클린룸사업, 코로나19 진단키트사업자 비비비의 경영권 인수 추진, 6연상 이력

2. 진원생명과학(218.89%): 제약바이오주, 시총 1조2천억 원대, 코로나19 DNA백신 개발 중 + 정부 지원 소식 지속 부각

3. 엑세스바이오(196.82%): 제약바이오주, 시총 9000억 원대, 진단기기사업, 코로나19 신속진단키트 수출 허가 ⇨ 진단키트관련주 내 후발 부각

4. 오리엔트바이오(171.03%): 제약바이오주, 시총 2000억 원대, 실험동물사업, 오리엔트시계 근무 이력으로 이재명관련주 이미지, 코로나19관련주와 연동하며 개별 등락

5. 제넨바이오(167.74%): 폐기물&제약바이오주, 시총 5600억 원대, 폐기물&이종장기사업, 첨단재생바이오법 ⇨ 이종장기사업 + 코로나19백신 관련 제넥신컨소시엄 참여 + 폐기물사업 등 부각

6. 우리바이오(130.19%): LED&바이오관련주, 시총 1200억 원대, 조명&건기식사업, 코로나19관련주와 연동하며 개별 등락

7. 셀리버리(129.62%): 제약바이오주, 시총 1조9천억 원대, 신약개발사업, 경구용 비만치료제 생산, 코로나19 면역치료제 독성시험 안전성 입증 소식 부각

8. GH신소재(126.09%): 섬유주, 시총 900억 원대, 부직포사업, 코로나19 재확산 ⇨ 자회사 원방테크의 음압병동관련주 이미지성 부각

⇨ 지분관계로 동반 부각

9. **제노포커스(117.50%)**: 제약바이오주, 시총 2900억 원대, 효소사업, 코로나19 진단용 효소 국산화 소식 부각

10. **유니슨(115.76%)**: 풍력관련주, 시총 4800억 원대, 풍력발전기사업, 도시바 ⇨ 삼천리자산운용 사모펀드 아네모이로 최대주주변경 + 그린 뉴딜정책 수혜 기대

11. **일신바이오(113.51%)**: 제약바이오주, 시총 3200억 원대, 바이오장비사업, 삼성바이오로직스 증설에 따른 바이오장비사업 수혜 기대 + 코로나19 혈장 관련 장비사업 부각

12. **엔에스(106.24%)**: 기계주, 시총 1400억 원대, 2차전지장비사업, 테슬라 + 현대기아차 상승 환경 속 ⇨ 호실적 + 2차전지관련주 부각

13. **알서포트(102.00%)**: SW관련주, 시총 1조 원대, 원격SW사업, 코로나19 재확산 ⇨ 사회적 거리 두기 격상 ⇨ 재택근무 확산 ⇨ 화상회의&원격제어 솔루션 수요 증가 기대감 부각

14. **유나이티드제약(101.41%)**: 제약바이오주, 시총 8000억 원대, 의약품사업, 천식치료제로 코로나19치료제 개발 중 부각

15. **신풍제약(97.83%)**: 제약바이오주, 시총 7조2천억 원대, 의약품사업, 코로나19 치료제 개발 중, MSCI 지수 편입 수급 부각

16. **우리들제약(97.75%)**: 제약바이오주, 시총 2700억 원대, 의약품사업, 코로나19 신속진단키트 수출 허가 ⇨ 엑세스바이오 상승 ⇨ 지분관계 동반 부각

17. **스페코(92.84%)**: 기계주, 시총 1600억 원대, 건설&방산&풍력장비사

업, 그린 뉴딜정책 환경 속 ⇨ 2분기 호실적 발표에 풍력사업 후발
부각

18. 알루코(90.37%): 금속주, 시총 3100억 원대, 알루미늄사업, LG화
학&SK이노베이션과 4700억 원 규모 배터리팩 하우징 공급 계약
체결 부각

19. 이더블유케이(89.76%): 발전관련주, 시총 900억 원대, 지열발전설비
사업, 300억 원 규모 자금조달 진행 중, 개별 등락

20. 엔브이에이치코리아(88.97%): 자동차부품주, 시총 1500억 원대, 내장
부품사업, 코로나19 재확산 ⇨ 자회사 원방테크의 음압병동관련
주 이미지성 부각 ⇨ 지분관계로 동반 부각

21. 금호에이치티(88.62%): 자동차부품주, 시총 3900억 원대, 자동차조
명사업, 코로나19 치료제 개발 중인 다이노나와 합병 추진 중 부각

22. 에이티세미콘(87.50%): 반도체주, 시총 900억 원대, 테스트&패키징
사업, 코로나19치료제&건기식사업자 에이펙셀생명과학과 에이펙
셀 JV 설립으로 바이오사업 추진

23. 한국비엔씨(83.80%): 제약바이오주, 시총 2600억 원대, 보톡스&건기
식&화장품사업, 대만 골든바이오텍사와 코로나19치료제 후보물
질 본계약 협의 중 부각

24. 소프트캠프(83.51%): SW관련주, 시총 800억 원대, 보안SW사업, 코
로나19 재확산 ⇨ 사회적 거리 두기 격상 ⇨ 재택근무 확산 ⇨ 원
격솔루션사업 후발 부각

25. 디엔에이링크(83.43%): 제약바이오주, 시총 2100억 원대, 진단기기

사업, 국내&유럽 등 단계별 코로나19 진단키트 승인 ⇨ 미국 FDA 긴급사용승인 기대감 부각

26. 코오롱글로벌(80.95%): 건설주, 시총 4700억 원대, 건설사업, 호실적 바탕 ⇨ 코로나19 관련 음압병동 건설 + 그린 뉴딜정책 관련 풍력사업 부각

27. 이씨에스(80.19%): SW관련주, 시총 800억 원대, 콜센터솔루션사업, 코로나19 재확산 ⇨ 사회적 거리 두기 격상 ⇨ 재택근무 확산 ⇨ 화상회의솔루션사업 부각

28. 우리들휴브레인(75.59%): 제약바이오주, 시총 2500억 원대, 메디컬&의자사업, 엑세스바이오 상승 ⇨ 우리들제약 상승 ⇨ 우리들휴브레인 상승 ⇨ 코로나19 진단키트사업자 비비비 지분 보유 후발 부각 ⇨ 450억 원 규모 타법인 증권 취득용 자금조달 추진 부각

29. 바른테크놀로지(74.77%): 통신관련주, 시총 500억 원대, 네트워크사업, 지분 매각 진행 중, 개별 등락

30. 글로스퍼랩스(73.93%): 금속주, 시총 300억 원대, 철스크랩사업, 구)지엠알머티리얼즈, 무상감자 ⇨ 자금조달 ⇨ 최대주주변경 논의 중

상승률 TOP30 정리

코로나19 백신 & 치료제 관련주

진원생명과학, 제넨바이오, 셀리버리, 일신바이오, 유나이티드제약, 신풍제약, 한국비엔씨, 에이티세미콘, 금호에이치티 등(9)

진단키트관련주

시스웍, 엑세스바이오, 제노포커스, 우리들제약, 디엔에이링크, 우리들휴브레인 등(6)

재택근무관련주

알서포트, 소프트캠프, 이씨에스 등(3)

음압병동관련주

GH신소재, 엔브이에이치코리아, 코오롱글로벌 등(3)

기타

오리엔트바이오, 우리바이오 등(2)

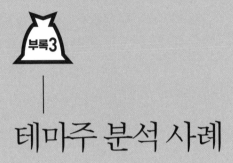

부록3

테마주 분석 사례

1. 테마주 분석 이유

한국판 뉴딜 관련주가 요즘 뜨겁게 부각되고 있다. '한국판 뉴딜'이란 선진국으로 도약하기 위한 대한민국의 대전환을 위해 정부가 대규모 투자를 계획하고 추진하고 있는 정책이다. 정책 방향은 크게 디지털 뉴딜과 그린 뉴딜로 나누어진다. 디지털 뉴딜은 디지털 인프라 구축을 위한 HW격의 5G와 비대면 산업 육성을 위한 SW격인 인터넷으로 구체화할 수 있다. 또한 그린 뉴딜은 친환경 · 저탄소 전환을 위한 재생에너지 부문의 부각으로 나타나고 있다. 정부는 한국판 뉴딜정책의 기조 아래 일자리문제를 동시에 해결하려는 데 목적을 두고 있다. 주식시장의 수많은 격언 중 "정부 정책에 반하지 마라"라는 말이 있다. 큰 줄기의 정책 방향성을 시장에 던져준 이때, 주식 투자자는 이를 바탕으로 연구하고 끝내는 종목으로 도출시켜 성공적인 투자해야 한다.

2. 테마주 종목

1) 디지털 뉴딜

① 5G 관련주

- 에이스테크: 기지국용 안테나 국내 점유율 1위(RF부품, RRH, 기지국 및 모바일 안테나, 중계기, 방산용 안테나, 차량용 안테나 등)
- 서진시스템: 통신장비·부품, 휴대폰 부품, ESS 제품 제조
- 케이엠더블유: 통신장비부품(RRH, 안테나, 필터 등) 제조
- 오이솔루션: 광트랜시버(송수신용 모듈) 제조
- 이노와이어리스: 이동통신용 계측시스템&장비, SmallCell 제조
- 에치에프알: 유무선통신장비(유무선복합HF, 무선통신품질관리시스템, 랜 정보통신 부품, 멀티드롭광중계기, 광모듈) 제조
- RFHIC: 질화갈륨트랜지스터, GaN 전력증폭기 제조

② 인터넷 관련주

- NAVER: 인터넷 포털 NAVER와 글로벌 메신저 LINE 서비스
- 카카오: 국내 1위의 메신저, SNS 서비스 업체
- 더존비즈온: 기업용 솔루션 판매, 유지보수
- 엔씨소프트: 인터넷게임 사업
- NHN한국사이버결제: 전자결제대행서비스 사업
- 케이아이엔엑스: 호스팅, 클라우드, 데이터 서비스 사업

2) 그린 뉴딜

① 풍력 관련주

- 씨에스윈드: 풍력발전 타워(윈드타워) 제조
- 씨에스베어링: 풍력용 선회베어링 제조
- 두산중공업: 발전, 건설사업, 해상풍력발전기 제조
- 삼강엠앤티: 스테리스 강관, 조선기자재, 풍력 하부구조물 제조
- SK디앤디: 부동산, ESS, 신재생에너지, 풍력발전사업
- 스페코: 건설기계, 방산, 풍력장비 제조
- 유니슨: 풍력발전기, 풍력발전용 타워 제조
- 태웅: 풍력 단조 제품 전문업체
- 동국S&C: 윈드타워와 해상구조물 제조, 시공의 풍력 전문기업

② 태양광 관련주

- OCI: 폴리실리콘 분야 생산능력 기준 세계 3대 제조 업체
- 한화솔루션: 합성수지, 태양광 사업
- 현대에너지솔루션: 태양광 모듈 사업
- 윌링스: 전력변환장치(태양광 인버터, IH 인버터), 태양광 발전장치 제조

③ 수소 관련주

- 두산퓨얼셀: 연료전지사업(전기, 열, 수소 등)
- 효성중공업: 수소충전소 국내 1위 사업자
- 에스퓨얼셀: 건물용, 발전용 연료전지 제조

- 제이엔케이히터: 수소 충전소용 추출기 사업

- 에코바이오: 바이오가스사업, 수소충전소사업

- 이엠코리아: 공작기계, 수소충전소사업

- 일진다이아: 자회사 일진복합소재 수소저장탱크 사업

[테마주 분석 사례 CASE 2] BBIG 관련주

1. 테마주 분석 이유

코로나19의 충격 이후 시장은 빠르게 재편되어 BBIG 관련주가 2020년 주도주로 자리매김하고 있다. BBIG 관련주는 바이오의 B ⇨ 삼성바이오로직스, 셀트리온 등, 배터리의 B ⇨ LG화학, 삼성SDI, SK이노베이션 등, 인터넷의 I ⇨ NAVER, 카카오 등, 게임의 G ⇨ 엔씨소프트 등으로 시장지수 상승률보다 더 큰 폭으로 상승하고 있다. 넘치는 유동성을 바탕으로 돈이 넘쳐나는 증시에서 매분기 성장하는 업종의 대장주에 수급이 쏠리고 있다. 시장을 선도하는 종목들은 언제나 시기의 대상이 된다. 이와 반대로 트렌디한 투자자는 시장의 중심에 있는 BBIG관련주를 연구함으로써 시장초과수익에 대한 가능성을 높인다. 추가로 몇몇 업종의 시가총액 1위 기업에 대해서 조금 더 알아보겠다.

2. 테마주 종목

① 바이오^{bio}의 B: 코로나19발 반도체 강국 DNA를 제약바이오에 심는 중

삼성바이오로직스: CMO 사업, 코로나19 백신 & 치료제 위탁생산 지위 부각

셀트리온: CMO 사업, 코로나19 백신 & 치료제 위탁생산 지위 부각

② 배터리^{battery}의 B: 폭발하는 전기차 시장의 선도적 지위를 위해 무한 투자 중

LG화학: 배터리 사업 부문의 성장으로 빠르게 기술 & 생산능력 확대 중

삼성SDI: 케미칼 사업부 물적 분할 & 매각 후 소형전지에서 자동차 전지까지 성장 중

SK이노베이션: 배터리셀 3사 중 후발주자로 투자에 대한 규모를 늘리며 성장 중

③ 인터넷^{internet}의 I

NAVER: 자회사 라인과 야후재팬 통합 중, 아시아 최대 인터넷 플랫폼 사업자로 변모 중

카카오: SNS 기반 광고, 게임, 웹툰, 결제, 모빌리티 지브니스 등 성장 중

④ 게임^{game}의 G

엔씨소프트: 리니지IP의 모바일화 성공으로 추가 성장 후 신작 모멘
텀 대기 중

● **추가 업종**

• **반도체의 삼성전자:** 우리나라 시가총액 1위 기업, 비메모리 반도체
설비투자 지속

• **자동차의 현대차:** 우리 자동차산업을 이끈 기업, 최근 전기, 수소차
에 집중하며 성장 기대감

• **엔터의 빅히트(상장 예정):** 기획 3사의 영업이익을 합친 것보다 더 큰
이익인 새로운 대장주

• **음식료의 CJ제일제당:** HMR 시대에 가장 맞는 전통의 음식료 기업 강자

《삼박자 투자법》 읽고
저자의 무료 동영상 강의로
완벽히 공부하자!

책으로 배우고, 저자 직강 무료 강의로 다진다
구독자를 위해 슈퍼개미가 준비한 주식투자 강좌

가치
재무제표 분석

가격
차트 분석

정보
재료 분석

《삼박자투자법》의 학습효과를 극대화

시킬 수 있도록 진짜 '슈퍼개미' 이정윤세무사(저자)가

동영상 강의를 준비했습니다.

네이버에 '밸런스투자아카데미'를 검색하고,

회원가입만 하면 누구나 무료로 강의를 들을 수 있습니다.

밸런스투자아카데미 무료 강의 구성
삼박자 투자법_ 총24강

1. 성공투자 8단계, 8T 성공법칙_ 8강
2. 이세무사 실전투자기법, 8테크_ 8강
3. 성공투자를 위한 꿀팁, 8Tip_ 8강

1. 슈퍼개미의 왕초보 주식수업_ 총 16강
2. 완전 초보를 위한 주식투자_ 총 16강
3. 주식투자자를 위한 경제학_ 총 16강

밸런스투자아카데미는 국내 최고의 온라인 주식아카데미입니다.
주식투자로 행복한 부자가 되는 방법을 밸런스투자아카데미가
찾아드리겠습니다.
이세무사와 함께 하면 성공투자의 길이 열립니다.

밸런스투자아카데미 www.balanceinvest.co.kr
네이버카페 café.naver.com/wldus7158

주식 공부엔 끝이 없다!
슈퍼개미 이세무사TV 📺

저자 이정윤 세무사의 유튜브 채널
슈퍼개미 이세무사TV

저자에서 유튜버로 변신한
대한민국 최고 성실한 슈퍼개미 이정윤

유뷰브에서 '슈퍼개미 이세무사TV'를
검색하고 지금 만나보세요!

'슈퍼개미 이세무사TV' 주요 프로그램

1. 슈퍼개미 관심종목

매일 업데이트 되는
장마감 후 시황 브리핑
시장 주도 종목과 테마 분석

2. 성장주에 투자하라!

지금은 성장주 시대!
수익나는 성장주 투자
매월 성장주 TOP8 테마 공개

3. 슈퍼개미 따라 부자되자!

신나고 재밌는 슈퍼개미의 일상
REAL 슈퍼개미가 알려주는
부자되는 방법

4. 삼박자 투자법

저자 직강
가치 분석, 가격 분석, 정보 분석
'삼박자 투자법' 영상 강의

거래량이 실체이고, 주가는 그림자일 뿐이다!
거래량으로 투자하라

버프 도르마이어 지음 | 신가을 옮김 | 408쪽 | 22,000원

찰스 다우상 수상작! 거래량을 통해 주가를 확인하고 해석하며, 선행하는 방식을 알려준다. 전통적인 거래량 지표를 살펴보고, 자신만의 획기적인 접근법들을 이 책에 소개한다. 현명하고 효과적인 트레이딩을 하도록 도와줄 것이다.

실제 사례로 기초부터 배우는
재무제표 처음공부

대럴 멀리스, 주디스 올로프 지음 | 백승우 옮김 | 신현식 감수 | 264쪽 | 15,500원

재무제표 공부의 가장 중요한 포인트는 '핵심적인 회계 원리를 완벽히 이해하느냐'에 달렸다. 재무제표들이 상호적으로 어떻게 작용하고 맞물리는지 이해하는 큰 그림을 보아야 한다는 것. 읽고 따라하기만 한다면 바로 실제에 적용할 수 있다.

경직된 사고를 부수는 '실전 차트 패턴'의 모든 것
차트 패턴

토머스 N. 불코우스키 지음 | 조윤정 옮김 | 420쪽 | 24,000원

세계 최고의 차티스트가 말하는 '똑똑한 돈'의 발자국인 차트 패턴을 분석한다. 저자는 25년 동안 주식을 매매하며 3만 8,500개 이상의 차트를 조사 및 연구했다. 그 패턴을 시뮬레이션하여 엄밀한 과학적 수치로 결과를 제시한다.

내일의 주가가 보이는
전자공시 100% 활용법

이래학 지음 | 396쪽 | 17,500원

내일의 주가를 알려주는 고급정보, 어떻게 찾을 것인가? 이해하기 어려운 기업공시를 읽고 해석해서 투자에 활용할 수 있다. 종목발굴에서 매수·매도까지 숨겨진 고급정보를 찾도록 도와주는 해석 가이드!

연평균 수익률 70%, 90%, 그리고 220% 시장을 이기는 마법을 찾아서!

주식시장의 마법사들

잭 슈웨거 지음 | 김인정 옮김 | 456쪽 | 21,000원

월스트리트 최고의 베스트셀러 작가이자 헤지펀드 전문가인 잭 슈웨거는 '시장의 마법사들' 시리즈를 통해 금융시장의 다양한 마법사들을 밀도 있게 소개해왔다. 성공한 트레이더가 강세장과 약세장을 어떻게 대응하는지 엿볼 수 있다.

위대한 투자자 윌리엄 오닐의 제자들처럼 투자하라

우리는 어떻게 주식으로 18,000% 수익을 얻었나

길 모랄레스, 크리스 케쳐 지음 | 박준형 옮김 | 488쪽 | 19,500원

윌리엄 오닐의 투자 방식에 세부규칙을 만들어 시장이 보내는 신호를 활용했고, 그들만의 규칙을 고안했다. 그렇게 경이적인 18,000% 이상의 수익을 얻었다. 세계 최고의 트레이더가 찾아낸 불변의 주도주 매매법과 시장 타이밍을 포착하는 방법!

주식시장에서 살아남는

심리투자 법칙

알렉산더 엘더 지음 | 신가을 옮김 | 25,000원

정신과 의사라는 독특한 이력을 가진 저자가 투자자들의 심리를 꿰뚫어 봄으로써 이를 시장에 적용시켜본 후 개발하게 된 '심리투자'. 새로운 해법을 제시함으로써 이 책의 저자 알렉산더 엘더 박사는 세계적 베스트셀러 작가 반열에 올랐다.

가치투자의 교과서《증권분석》핵심 요약판

벤저민 그레이엄의 증권분석

벤저민 그레이엄 지음 | 프레스턴 피시·스티그 브로더스 편저 | 김인정 옮김 | 16,500원

《증권분석》의 핵심만 정리하여 원전의 이해를 돕고, 현대 투자자들에게 유용한 투자 전략을 중심으로 제시하고 있다. 벤저민 그레이엄의 투자 철학과 기법 그리고 현대에 맞는 투자 전략을 세우는 데 유용한 지침을 쉽게 파악할 수 있다.

삼박자 투자법

초판 1쇄 발행 2017년 4월 21일
개정판 1쇄 발행 2020년 10월 30일
개정판 8쇄 발행 2024년 1월 1일

지은이 이정윤

펴낸곳 (주)이레미디어
전화 031-908-8516(편집부), 031-919-8511(주문 및 관리) | 팩스 0303-0515-8907
주소 경기도 파주시 문예로 21, 2층
홈페이지 www.iremedia.co.kr | 이메일 mango@mangou.co.kr
등록 제396-2004-35호

책임편집 심미정 | 디자인 박정현 | 마케팅 김하경
재무총괄 이종미 | 경영지원 김지선

ISBN 979-11-88279-90-6 03320

·가격은 뒤표지에 있습니다.
·잘못된 책은 구입하신 서점에서 교환해드립니다.
·이 책은 투자 참고용이며, 투자 손실에 대해서는 법적 책임을 지지 않습니다.

이 도서의 국립중앙도서관 출판예정도서목록(CIP)은 서지정보유통지원시스템
홈페이지(http://seoji.nl.go.kr)와 국가자료종합목록시스템(http://www.nl.go.kr/kolisnet)에서
이용하실 수 있습니다. (CIP제어번호: CIP2020039370)

당신의 소중한 원고를 기다립니다. mango@mangou.co.kr